休闲项目策划与营销

主　编 李　妍　唐　昊

上海交通大學出版社
SHANGHAI JIAO TONG UNIVERSITY PRESS

内容提要

本书从多维视角系统介绍了休闲产业，不仅涵盖了休闲项目的策划、管理、营销及安全管理等核心内容，而且深入解析了十大主流休闲项目的具体运作模式。在内容构建上，本书融合国内外休闲产业理论成果和实践经验，特别强化休闲项目策划与营销的阐释，为读者提供了宝贵的行业洞察和实用指导。

本书既适合高等院校休闲服务与管理专业学生作为教材使用，又适合休闲服务与管理工作从业者作为参考资料阅读。

图书在版编目(CIP)数据

休闲项目策划与营销/李妍，唐昊主编. —上海：上海交通大学出版社，2025.5(2025.8 重印). —ISBN 978-7-313-31769-8

Ⅰ. F590.71

中国国家版本馆 CIP 数据核字第 2024DJ6561 号

休闲项目策划与营销
XIUXIAN XIANGMU CEHUA YU YINGXIAO

主　　编：李　妍　唐　昊
出版发行：上海交通大学出版社　　地　　址：上海市番禺路 951 号
邮政编码：200030　　电　　话：021-64071208
印　　制：浙江天地海印刷有限公司　　经　　销：全国新华书店
开　　本：787mm×1092mm　1/16　　印　　张：10
字　　数：245 千字
版　　次：2025 年 5 月第 1 版　　印　　次：2025 年 8 月第 2 次印刷
书　　号：ISBN 978-7-313-31769-8　　电子书号：ISBN 978-7-89424-920-3
定　　价：58.00 元

前　言

为加强我国休闲服务与管理人才的培养，进一步提高休闲产业管理人员、服务人员的知识水平和业务素质，推动休闲产业规范、健康发展，更好地为休闲产业发展服务，加快推进国民旅游休闲高质量发展，更好地满足人民群众的美好生活需要，经国务院同意，根据国家发展改革委、文化和旅游部联合印发的《国民旅游休闲发展纲要(2022—2030年)》，要求进一步优化我国旅游休闲环境，完善相关公共服务体系，提升产品和服务质量，丰富旅游休闲内涵，促进相关业态融合。本书围绕培育现代休闲观念、保障旅游休闲时间、优化旅游休闲空间、丰富优质产品供给、完善旅游休闲设施、发展现代休闲业态、提升旅游休闲体验、推进产品创新升级、持续深化行业改革、不断加强国际交流10项重点任务，组织编写。

本书内容不仅包含休闲产业、休闲项目策划与管理、休闲项目营销与安全管理等方面的知识，还包含十大主流休闲项目的内容，吸收了国内外休闲产业理论和实践成果，以突出休闲项目策划与营销的相关前沿知识。本书既可作为高等院校休闲服务与管理专业的教材，又可作为休闲服务与管理工作从业者的参考用书。

本书由辽宁生态工程职业学院李妍、唐昊担任主编，何欣竹、魏巍、孟玲娜担任副主编，参与撰稿工作的还有张颖、温昭苏。具体分工如下：项目1由唐昊编写；项目2由李妍编写；项目3由孟玲娜编写；项目4由温昭苏编写；项目5由张颖编写；二维码中项目6任务6.1至任务6.5由何欣竹编写，任务6.6至任务6.10由魏巍编写。

本书在编写过程中，参考了大量国内外教材和书籍以及相关文献资料，并引用了众多学者和专家的研究成果，同时也得到了从事休闲服务与管理行业的前辈、同行的大力支持与热情帮助，在此一并表示诚挚的谢意！

本书的编写过程中得到了辽宁生态工程职业学院生态旅游学院阎文实教授的指导与支持，邀请内蒙古商贸职业学院陈程副教授、鞍山立昂马术俱乐部总经理张雨萌担任编委，负责编审工作，在此特别感谢。

由于编者的专业知识和业务水平有限，加之本书涉及内容极为广泛且相关领域更新较快，疏漏错误之处在所难免，敬请广大读者对本教材的不足之处提出宝贵意见和建议。

编　者

2024年8月

目　录

项目1 认识休闲产业

学习目标

了解休闲产业的内涵，掌握休闲产业对经济发展的积极促进作用，掌握休闲产业发展模式；了解休闲产业发展现状及趋势，掌握休闲产业发展阶段，掌握我国休闲产业主要特征；了解休闲消费的内涵，掌握休闲消费主要特征，掌握休闲消费潜力的内涵；了解休闲政策内涵，掌握休闲政策分类、发展历程；了解休闲教育内涵，掌握休闲教育的四个维度及其意义。

任务 1.1 休闲产业的概念

休闲产业是满足人们休闲需求、服务人们自由生活的产业体系。其核心是旅游、娱乐、商业、文化体育、影视传播等一系列产业，涉及文化、体育、影视、交通、旅游、餐饮、社区服务及相关产业群。

休闲产业不仅涉及物质产品的生产，还为人们提供精神文化生活的保障。现在有这么多人存在休闲需求，休闲产业一定是一个很大的产业。同时，人们度过闲暇时间的方式也不同，所以休闲板块必须包括不同的板块。虽然能够满足休闲用户需求的可以是自然环境，也可以是休闲设施。但在市场经济条件下，休闲产业通常是收费的，是需要进行管理和运营的。

拓展案例

1.1.1 休闲产业

休闲已经成为我们这个时代的重要特征之一。在发达国家，休闲产业在国民经济中的地位已经达到了以往难以想象的水平。在中国这样的发展中国家，休闲产业的地位也得到了提升，其发展速度也很快。中国从 1995 年开始实行五天工作制。1999 年 9 月，国家实行“三长假”，即春节、五一、国庆节。这意味着三分之一的时间花在空闲时间上。中国的休闲产业发展迅速，作为新的经济增长点，是黄金产业。

目前，休闲产业的发展随处可见，包括商业开发、娱乐设施、餐饮服务、体育竞赛、旅游、历史古迹的开发利用、节假日和各种庆典活动的商业营销等。各类成人非职业技能教育和众多高雅艺术的蓬勃发展，都体现了经济模式向休闲化的转变。许多地方政府还根据闲暇时间的长短制定新的经济政策，促进各方面的消费，调整新的产业结构，创造新的市场，这既解决了失业问题，又维护了社会的安定团结。繁荣社会文化，提高人民精神文明水平。发达国家已进入“休闲时代”，休闲活动将成为人类生活的重要组成部分。休闲、娱乐、旅游已成为又一经济趋势，并在全球蔓延。人们对物质财富的满足让位于对精神财富的追求，发展的质量标准将放在人的生存质量、生活质量和人的全面发展上。

早在 20 年前，西方未来学家就做出了预测，当人类进入 21 世纪——一个以知识创造和信息传播为基础的经济时代——社会结构、生活结构、生存方式将发生重大变化。令人惊讶的是，这些预测不仅成真了，而且现实生活的发展速度甚至比预测的还要快。1999 年第 12 期《时代》杂志的封面故事描绘了新世纪初的社会面貌，指出随着知识经济时代的到来，未来社会将以前所未有的速度发生变化。2015 年前后，发达国家将进入“休闲时代”，休闲时间将成为人类生活的重要组成部分。休闲产业将在 2015 年主导劳动力市场，并占美国国内生产总值的一半。新技术和其他趋势让人们可以将一生中高达 50%的时间花在空闲时间上。

休闲将继续演变为人类生活的核心部分，人类对“进步”的定义也将发生根本性的变化。传统意义上的“进步”往往意味着物质生活水平的不断提高。今天，人们对物质财富的满足将使人们对物质财富的追求让位于对充实精神生活的追求，发展的质量标准将变为人的存在质量、生活质量和人的全面发展。几千年来，人类一直致力于改造世界。进入 21 世纪，人们将更加致力于改造自己。美国宾夕法尼亚州立大学休闲研究著名教授杰弗里·戈德比因此预测，未来几年休闲的中心地位将得到加强，人类的休闲时间观念将发生根本性的变化，它将继续在经济和工业中发挥重要作用。休闲行业从业人员将占社会劳动力总量的 80%～85%。休闲服务方向将从标准化、集中化服务转向个性化服务。人们将更加关注休闲与健康的关系。休闲教育将占据教育领域 10%的巨大市场份额，为休闲产业、经济、文化的发展开辟更广阔的空间。

1.1.2 休闲产业与城市经济

1. 休闲产业逐渐成为城市经济的基本需求

城市的发展逐渐从依靠工业、加工业的繁荣转向休闲产业的繁荣，城市经济的良性循环在很大程度上越来越依赖于休闲需求的满足。目前，休闲产业的发展体现在城市发展的各个方面，如商业开发、娱乐服务、餐饮服务、体育赛事、旅游开发，以及各种节庆活动、各类非职业成人教育和众多顶尖艺术的强势发展等。这些都体现了经济向休闲模式的转变，甚至大部分生活质量指标都与人们的空闲时间有关(如公园绿地、艺术空间、社区安宁度、自然环境条件等)。如果该地区拥有并利用这些条件进行建设，它将对未来的经济福祉发挥关键作用。在此基础上，在很多地方，娱乐设施、商业场所、花卉、草坪和休闲服务都是经济投资的一部分。国家和地方政府经常根据闲暇时间的长短不同制定新的经济政策，从不同角度促进消费，适应新的产业结构，创造新的市场，不仅解决了失业和就业问题，还促进和改善服务，增加人们的机会。休闲的欲望，还可以维护社会安定团结，繁荣社会文化，提高人民精神文明素质。

2. 休闲产业拉动消费需求

以美国为例，1990 年美国消费者在娱乐产品和服务上总共花费了 2 800 亿美元，占全部消费者支出的 7%，然而，这只是全部休闲消费的一小部分，大部分休闲支出被捆绑到其他类别中。例如，在 4 580 亿美元的交通支出中，超过三分之一用于休闲旅行。以机动车公里数计算，三分之一的出行是休闲产品，60%的飞机乘客是为了休闲而不是工作。如果采用这种计算方法，相当一部分的住房、衣服、食品和教育费用可以折算成休闲费用。如果将上述支出加在一起，休闲支出将超过 1 万亿美元，约占所有消费支出的三分之一。旅游业是一个与休闲活动密切相关的产业，它或许已经成为世界上最大的产业之一。全球每年创造产值 3 万亿美元，其中美国税收超过 6 000 亿美元。如果将休闲产业定义为所有业务的整合，包括与之相关的实体产品和服务，那么，美国排名前三的产业是旅游业，总支出为 6 210 亿美元；医疗保健行业 6 040 亿美元；教育产业每年 3 310 亿美元。如果我们将商务旅行与旅游总支出分开，再加上家庭和当地社区的休闲支出，我们还可以得到近 1 万亿美元的休闲总支出。休闲产业通过拉动城市需求，极大程度地促进了城市经济的发展。

3. 休闲产业为城市提供了巨大的劳动力市场

休闲产业涉及面广，包括旅游、娱乐、服务业等，其所需劳动力极大地解决了城市剩余劳动力问题。在欧美国家，休闲产业高度发达。如美国，相关数据显示，休闲产业在其国内生产总值中排名第一，其就业份额占全部劳动力的四分之一。据统计，美国旅游业就业人数高达 900 万人。联邦、州、县和地方娱乐设施、公园和其他娱乐机构大约有 250 000 个公共服务工作岗位，以及近 200 万名作家、艺术家、演艺人员和职业运动员。没有人能够将所有与休闲相关的工作分开，并将其转换为相应的全职工作时间。评价所有休闲工作最简单的方法就是将休闲消费转化为工作并进行统计。如果每 40 000 美元的消费支出创造一个就业机会(相当于一份全职工作)，那么 1 万亿美元的休闲支出将相当于 2 500 万个就业机会，几乎占 1990 年所有就业机会的四分之一。近十年来，工业化国家休闲产业进入快速发展的新时代，工作时间缩短，合作兴起。例如，美国和法国目前使用不同的工作制度，德国和其他国家政府认为缩短工作时间可以降低失业率，政府用更少的财政支出获得公众和个人更大的支持，让休闲产业更快发展。

休闲产业大多是资源占用少、投资回报快、劳动力需求量大的产业。休闲产业属于劳动密集型产业，就业门槛较低，人员结构对技能要求普遍不高，就业培训成本较低。休闲产业是一个强大的雇主，可以容纳更多的劳动力。与其他行业相比，更有利于解决就业问题，在提供就业机会方面具有优势。休闲产业就业人数占社会就业总人数的很大一部分，它的发展不仅能够增加人们休闲的欲望、促进经济的良性循环，而且有助于解决就业问题、提高服务质量。尽管在纯粹的休闲行业很难找到工作，但与休闲相关的工作在所有行业都很常见。休闲产业不断向纵深发展，吸纳了更多的专业人才，增加了新的岗位和职业。

4. 休闲产业是城市产业体系的重要组成部分

休闲产业是城市产业体系的重要组成部分，对于优化城市产业结构、提高社会协调性、改善人文人居环境、增强城市活力发挥着不可替代的作用。以上海虹口区为例，近年来，虹口区提出将区域丰富的历史文化资源转化为休闲产业发展优势，加大资源整合和汇集力度，打造休闲产业链。休闲产业将进一步提升虹口的产业水平和城市功能，增强城市核心竞争力，充分体现虹口中心城市的繁荣富强特色。在结合休闲资源方面，虹口区坚持历史文化的延续与现代活力塑造的有机统一，采取了三种保护和开发的方法：一是原则性保护，尽力保护体现地方文化特色的文化资源，保持当地文化的连续性、完整性和协调性；二是发展性保护，开发能产生市场效应、具有较大开发价值的资源，制定保护计划，促进保护；三是战略性保护，不能随心所欲地发展，但对规模大、适应性强、特色鲜明、具有整体概念的休闲资源予以保护，作为休闲产业发展的后备资源，使其能够从形式和功能上为休闲产业发展提供持续支撑。虹口拥有发展休闲产业的良好区位条件和资源，同时 2010 年上海世博会和黄浦江两岸的综合开发，给虹口休闲产业的发展带来了巨大的市场机遇。虹口区围绕“推动高品质休闲，攻克城市休闲产业高峰”的目标，整合优秀创意人才资源、项目资源和内容资源，在概念、业态、形态等产业要素领域引领着城市休闲产业的潮流，抓住国际大都市文化休闲产业的发展机遇，确立虹口休闲产业的市场地位，促进区域内产业的整体发展。

1.1.3 休闲产业对经济发展的促进作用

1. 休闲产业对经济发展的拉动作用

在西方发达国家，休闲产业是国民经济的重要收入来源，也是各部委在制定相关政策时必须考虑的重要因素。休闲产业对国民经济的拉动作用是通过需求和供给来实现的，主要表现为拉动市场需求和人们的消费欲望。休闲产业与国民经济各部门有着很强的关联性。休闲消费带动了旅游、交通通信、娱乐服务、餐饮服务、体育健身、贸易、文化教育、咨询、金融保险、社区服务等众多行业的发展。它将继续成为一股强大的力量，为我国区域经济乃至整个国民经济的发展贡献力量。人们在休闲中提高生活质量的强烈愿望，使得人们购买更大更宽敞的房子，从而加速了房地产的发展，特别是休闲房地产的快速发展。房地产的发展又带动了相关连锁产业的发展，促进了家电的更新换代，甚至加速了经济型汽车进入家庭。休闲产业具有投资少、见效快、利润大的特点。由于休闲过程与休闲消费同步，休闲产业能够较快地将新商机、就业机会、外汇收入和额外购买力融入经济体系，提高自身发展能力，因此，其增速远超经济发展的平均水平，世界旅游业的增长速度往往是全球经济增长速度的 2 倍以上。休闲产业在增加外汇收入和国内生产总值方面也具有独特优势，在国际收支中发挥着至关重要的作用。

2. 休闲产业对经济结构变化具有引导作用，促进产业结构调整和优化

当前，我国产业结构不合理的突出问题是服务业整体市场不足、占国民经济比重过低。服务业繁荣是现代经济增长的重要标志，也是提高人民业余生活质量的重要标志。大力发展服务业特别是休闲产业，是我国产业结构优化更新的重要组成部分。休闲产业作为一个新兴的

服务业，几乎涵盖了从传统服务业到现代服务业的所有行业和门类，是一个综合性很强的产业。休闲产业不仅能直接促进第三产业中的金融业、保险业、服务业、通信业的发展，而且作为主导产业，还能间接影响一二产业的发展及整个产业结构的调整，进而促进产业结构的优化。加快发展休闲产业，不仅可以提高我国服务业在国民经济中的比重，而且可以进一步加快传统服务业的改革，使其朝着现代产业规范化、标准化的方向发展，特别是鼓励金融、信息等现代服务业加快创新步伐，拓展服务领域和范围。

3. 休闲产业对经济发展具有调节作用

随着中国经济逐步深入发展，经常会出现瓶颈，甚至出现不平衡状况和波动，限制了一些行业的发展。休闲产业的发展有一定的市场平衡作用，特别是在当前世界经济中，休闲产业的重要性更加凸显。从国内市场需求来看，虽然日常消费没有明显增长，但人们对旅游、娱乐、文化等休闲消费的支出继续保持强劲增长速度。因此，扩大我国经济发展的有效需求、提高经济活动质量，需要休闲产业更大更快发展，确保国民经济稳定。休闲产业的发展也有助于缩小地区间经济发展差距。旅游带来的人流、物流、知识流、资金流可以使地区间经济发展达到动态平衡，有利于缩小地区间经济发展差距。正是由于休闲产业具有上述优势，它正逐渐成为国民经济的支柱产业和先导产业，已迅速超过石油工业、汽车工业等传统产业的发展速度，并已成为世界上最大的产业，成为许多国家和地区新的经济增长点。

休闲产业还可以提高员工素质和工作效率。放松并享受生活的空闲时间往往有助于增强道德情感、增长知识、提高技能、促进身心健康。这对于提高员工素质、工作质量和工作效率非常有用。相关研究表明，在一周的五个工作日中，周二和周三的生产力最高，表明休假通过人为因素带来了生产力和工作效益。通过定期从事休闲活动和锻炼，不仅可以预防疾病、提高工作效率，而且活动本身对经济的发展也有积极的作用，比如全民体育活动的普及可以刺激体育消费市场，促进体育产业的发展。

1.1.4 休闲产业的发展模式

休闲产业不仅具有较强的产业意义，而且具有浓郁的区域特色。确保休闲产业可持续发展，必须正确处理企业经营、产业管理和区域发展的关系。休闲产业的发展不是一个单独的系统，而必须融入整个地区的可持续发展体系中。任何产业的发展都不是一个孤立的行为体能够带来的，任何产业的发展都可以看作是区域内外行为体相互作用的结果，休闲产业也不例外。这些功能的正常执行是基于局域网的。局部网络是在一定时期、一定区域内，将不同行为体之间的正式或非正式活动联系起来的一种特殊关系。区域休闲产业的核心部分可以认为是那些与区域休闲市场有直接关系、依赖区域休闲市场生存和发展的经营者。他们并不局限于这个关系网络，还与核心部分之外的行动者有联系，这种连接有两层含义：首先，核心部分的参与者与区域内核心部分之外的参与者相连，其次，核心部分的参与者与区域之外的参与者相连。休闲产业是一个开放的系统，不仅对区域内开放，而且对区域外也开放。

总体而言，整个休闲产业体系主要由四个子系统组成：市场系统、旅游系统、休闲场所系统和支撑系统。市场系统是由休闲人群和支持其休闲活动的产品供应等因素组成的子系统。本系统的产品市场是为了满足休闲用户实现各种休闲目的，并获得某些产品的生产和贸易市场而创建的。旅游系统是由若干基本制度因素组成的子系统，确保或鼓励休闲旅游者离开家乡前往目的地，它包括交通服务、休闲咨询、休闲预订和休闲服务以及为休闲旅游者提供的信息服务。休闲场所系统是为完成旅行的休闲旅游者提供游览、娱乐、食宿、享受、体验、购物或某些特色服务等休闲需求的若干要素的集合。它由景点、设施和服务三部分组成。支撑系统不能独立存在，而是依赖于其他三个子系统，并分别或同时在三个子系统中发挥重要作用。其中，政府处于尤为重要的地位，教育机构也肩负着非常重要的任务。

从行业的一般模式来看，区域休闲产业是一个大的休闲载体系统，其主要部门不仅是满足休闲人群餐饮、住宿需求的酒店、饭店，还包括许多行业，如娱乐、休闲运动、购物等。休闲旅游客源体系包括入境休闲游客、外国游客和本土休闲游客。客源结构分析是区域休闲市场研究的核心，休闲客源特征研究对于休闲发展战略的制定具有决定性作用。旅行社等中介组织在区域休闲发展中也发挥着重要作用，它们从根本上合理地将休闲人群的各种休闲需求与区域休闲的最大限度供给结合起来。休闲产业的发展继续沿着工业化的发展道路。在工业文明之前，工作和休闲并没有绝对的界限，但人们总是在工作中寻求娱乐，在娱乐中寻求工作。工业革命后，人们将休闲逐渐产业化以满足休闲需求。工业化和组织化已经区分了工作和休闲活动，休闲作为一种产业仍在经济生活中兴起。随着工业化进程的不断深入，世界各国休闲产业趋于从单一行业向专业化、产业集群化发展，并不断强调各国自身休闲产业的优势。随着休闲产业继续在合作社和社区经济中发挥重要作用，在几乎所有发生工业革命的国家，政府都加强了对娱乐和休闲活动的控制。这种管理主要包括两种方式：一是国家提供娱乐休闲设施、活动内容和其他服务，二是加强对休闲活动的限制。随着人们的空闲时间越来越多，经济能力不断提高，人的本能使人们寻求刺激感官的休闲活动，这就要求政府不仅要为人们的休闲时间提供健康的渠道，还要排除一些不健康的休闲时间，休闲行为也必须受到限制。只有这样，才能保证休闲产业健康合理发展。在早期工业化国家，如英、美、法等西方发达国家，休闲产业的发展水平、规模和管理经验远远领先于新兴工业化国家。这表明世界休闲产业存在明显的发展阶段差异。欧美等西方发达国家的休闲产业处于第一级，韩国、新加坡等新兴工业国家处于第二级，中国等发展中国家处于第三级。目前，美国、法国、西班牙、意大利等西方国家的休闲产业不仅在国内经济中发挥着重要作用，而且已形成了一批具有绝对国际效益的休闲产业体系。在与休闲经济密切相关的“游、行、住、食、娱、购、询”七大类消费中，世界各个休闲强国都拥有多家制造产品和提供服务的世界一流企业。例如，肯德基自 1987 年落户北京以来，截至 2000 年 12 月，已在中国 100 多个城市开设了 400 家连锁店，位居中国快餐业第一；后来的麦当劳也在 1991 年至 2000 年的 10 年间在中国 66 个城市开了 300 多家连锁店。从中国某些休闲产业的发展来看，可以说，作为发展中国家，中国完全可以赶上世界一流的休闲水平，特别是在一些新型休闲项目上，中国拥有得天独厚的资源优势，可以充分加快休闲产业发展的步伐。中国完全可以放弃循序渐进的发展阶段，优先进入这些行业，在一些新兴领域和成熟项目上敢于超越发展。

1.1.5 “柠檬问题”是中国休闲产业发展最核心的制约因素

“柠檬”在美国俚语中表示次品或不中用的东西。在市场中，如果一方对要交易的商品所包含的信息掌握得比另一方更多(信息不对称)，则另一方(一般指买方)对商品的支付价格较大地高于商品的实际价格，这一被购买的商品就称为一个“柠檬”。“柠檬问题”是指买卖双方对商品或服务存在信息不对称所导致的正常市场价格机制的失灵现象。

无论世界哪个国家，休闲产业的发展都存在“柠檬问题”。休闲产业不仅非常综合，而且难以维护和转移。在法制不健全、执法不力的情况下，不少休闲产品供应商往往采取各种方式“敲诈勒索”，使需要休闲机会的消费者面临严重的信息不对称。休闲产业的“柠檬问题”实际上是服务质量问题，极大地限制了人们休闲活动的多样化和高级化。当休闲产业出现“柠檬问题”时，市场价格机制无法预防或解决该问题。为了打击导致市场失灵或低效率的公司或个人欺诈行为，有必要发布和传播有效的准确的市场信息。政府或行业协会等中介组织应制定严格的休闲产业服务标准，并向买家做出有效的承诺，即当买家发现他们所接受的服务质量与所支付的价格不符时，即可按标准立即获得补偿。休闲产业具有一定的区域特色。当“柠檬问题”发生时，影响的不是单个休闲企业或个人，而是整个地区。因此，对于某个地区的休闲产业来说，创建统一的区域休闲品牌非常重要。

总之，要发展该地区的休闲产业，消除市场失灵或市场低效率的情况，需要加强政府或行业协会等组织的建设，以确保区域休闲活动的有序性，并最终使这些中介机构能够发挥作用，或使政府组织成为有效的贸易和交流平台，确保整个行业的高度自律，从而使休闲产业买家和卖家之间的信息保持对称。当然，还需要更多的组织机构加入来保障国民休闲产业的健康可持续发展。

1.1.6 休闲产业改变了商业经营模式

1. 休闲产业改善商业经营

当今世界，休闲产业给生活带来了深刻的变化，人们在休闲时注重体验式消费，去购物中心购物不再是唯一的形式，人们把休闲时间和购物有机地结合起来，休闲与购物融为一体，休闲活动变得更加重要。它打破了传统的商业模式，分为百货、主食、生产资料、生活用品、硬件、音像娱乐等多种形式，正如经济学家预测的那样，未来的商业社会将是一个“服务业社会”，可以在超市购买各种产品，从全球最大零售商沃尔玛的经营发展模式可以看出，休闲理念在商业零售中的作用。沃尔玛在全球的经营模式体现了休闲产业的人性化、个性化特点。戴尔认为，最好的管理团队经验丰富、睿智，能够迅速且高效地应对不断变化的商业模式，它会仔细权衡所有新想法，考虑是否值得为新机会投入一切。在经营上，他改变了传统的经营模式，推出了“薄利多销”的直销方式，成为商业休闲营销的又一重要手段。

2. 休闲产业带来商业的新特色

休闲产业的发展，使商业街与休闲产业相结合，形成了现代商业的新面貌。商业街上有商场、超市、专卖店和餐馆，加之交通便利，人们把“购物”作为首要的休闲活动，商场已成为休闲产业的最大窗口之一。如今，商场、专卖店非常注重美化购物环境，其巧妙的创意和高雅的品位让人流连忘返。很多商场都引进了盆景、鲜花、灯光喷泉、艺术雕塑甚至岩石鱼池，让购物环境成为一个生机勃勃、温馨的世界，让顾客在浏览、购物的同时享受到美景。在一些商业楼宇和购物中心，实行开架销售，设立咖啡馆、休息室和展示角，使商店的产品不再与顾客争夺空间。还有更多的时尚专业商场举办时装展览、名师获奖作品展、时装模特秀等，让人们领略文化氛围，增添不少艺术再现力，让顾客感受到的不仅仅是购物活动而是一种享受。

3. 休闲产业调整了商业门店的合理布局

休闲行业正在不断改变商业形式。例如，如今超市里设立了银行，书店里开设了咖啡店或茶室，加油站里增设了杂货店，邮电部门不仅负责邮件的分发，还提供各种商品的投递服务。商店不仅是人们购物的地方，也是人们交流的场所。所以，商店成为人们生活中必不可少的一部分。如今，城市和农村的商业卖场布局更加科学合理。

4. 休闲产业推动商业体验式消费

休闲体验式消费在商业销售中得到充分利用。购物已从简单的钱物交换变成了理性的休闲活动：飞行不再只是从 A 点飞到 B 点，还可以在途中体验按摩、看电影；当你在火车或汽车上时，你有收音机可以听、有电视可以看；手机不仅仅是一个通信产品，它还能够听音乐、网上冲浪……因此，利用娱乐营销方式，将娱乐因素"粘"在产品销售上，最大限度地提高产品的附加值，特别是最大限度地提高休闲娱乐的附加值，已成为现代企业吸引顾客的重要法宝。经综合测算，2024 年春节假期辽宁省共接待游客 4086.6 万人次，同比增长 299.6%，按可比口径较 2019 年同期增长 64.6%；实现旅游综合收入 412.7 亿元，同比增长 572.7%，按可比口径较 2019 年同期增长 149.4%，人均消费过千元。其中，全省 7 家 AAAAA 旅游景区累计接待游客 39.53 万人次，同比增长 43.82%，与 2019 年同期相比增长 29.81%。旅游收入 2045.86 万元，同比增长 47.56%，与 2019 年同期相比增长 65.00%，人们在旅游中同步实现了消费需求。

1.1.7 休闲产业创造新的商机

我们生活在信息时代，人们通过各种信息花费大量时间寻找商机，商业发展遇到前所未有的新机遇。网上购物已成为发达国家重要的商业销售渠道。自 2007 年 7 月 1 日起，我国人民乘坐飞机不再使用纸质机票，而是将电脑连接到互联网，通过网络进行订票。

北京、广州、长沙等地出现了面积超过 10 万平方米的超大规模 MALL。这是一种集购物、休闲、娱乐、餐饮服务等于一体，由专业的商场管理团队开发和维护的行业类型非常全面的商业业态。国外有分析机构曾分析，一个人参与休闲经济活动，带来的效益是 1∶9。在台北和香港，休闲经济提供的就业岗位比例为 60%到 70%，如果休闲经济能够更快发展，将大大增加城镇就业率和税收收入。除了对经济的推动作用之外，该业态对于改变消费观念和消费习惯也发挥着巨大的作用。

休闲的生活方式越来越丰富，从事收藏品商业投资的人也越来越多。人们自古以来多有休闲收藏名人字画、邮票、钱币、印章、动植物标本、工艺美术品等爱好。据文化和旅游部门统计，全国从事艺术品投资和收藏的人数日益增多。20 世纪 90 年代初全国大约 1 000 万人，2000 年约为 3 000 万人，2005 年约为 7 000 万人，并以每年 20%的人数和投资增长。全国有大小画廊及画店上万家，仅 2002 年北京建立 798 艺术中心一地就有上百家。2007 年以来，书画拍卖价大幅上升，徐悲鸿的《放下你的鞭子》拍出 7 128 万元，吴冠中的《交河故城》拍出 4 070 万元，李可染的《万山红遍》拍出 3 468.96 万元。收藏各种纪念品，既是个人的兴趣和爱好，又是商机，休闲收藏也成为人们投资的一种渠道。中国申办2008年奥运会成功后，奥运会的黄金纪念品面世，19 880元一枚的纪念币成为人们收藏的抢手货。中国“嫦娥一号”探月成功之日，“嫦娥一号”的模型黄金收藏纪念品以19 880元的价格面世，人们也都争相购买。

休闲服装已经成为生活中一种时尚。在中国人的服饰领域，历来讲究“正规”，但随着休闲生活的发展，人们不再被这种“正规”的服饰所束缚，休闲服装已经成为一种时尚，是一种自由生活的象征。人们休闲生活的变化，带来服装观念的彻底改变，从服装观念的改变可以看到人们向往自由生活的缩影。从西部牛仔服到中式的唐装，从儿童服装的多样化、女人服装的缤纷多彩，到老年服装的丰富性、白领的休闲西服……服装的自由度、舒适性、个性化、随意性，更能反映人的特点、反映文化的特色，由此应运而生的各类休闲服装专卖店如雨后春笋，各类服装展示节层出不穷，休闲服装已成为一种时尚。休闲鞋类已成为人们生活中不可缺少的部分。休闲鞋不再是简单的保护功能，而是人们舒适生活的一种体现。休闲食品成为人们日常生活的必需品，尤其是学生和单身的务工人员，更是一天都不能离开它。现在进入超市，琳琅满目的都是休闲食品，占据着超市的主要货架。

休闲文化体育用品受到人们的喜爱，丰富了人们的业余生活。巨人集团重整旗鼓后在美国上市，从开发脑白金到开发游戏产品，开辟了休闲产品的新天地。休闲文化用品已成为生活中的重要消费品。各类通信、电子、音像设备和图书报刊成为人们业余时间消费的重要部分，也是人们消费的重要支出部分，同时也是经济增长最快的一部分。休闲旅游用品已成为人们向往的对象。随着人们生活水平的不断提高，人们旅游出行的次数逐步增多，各种旅游用品市场日益得到发展。

休闲房地产已悄然进入人们的生活。在消费支出中，住房是人们消费支出的重头戏。对于相当一部分人来讲，住房不再是基本生存需求，而是一种生活的改善和舒适要求。一部分人平时住在城市中心，节假日到自己的“度假公寓”，享受安静的休闲环境。休闲元素进入房地产行业将成为今后房地产业的一个重要发展方向。

休闲茶文化的传统商业特色得到持续发展。我国的成都市是全国有名的休闲城市，我们到处都可以看到人们在茶社里品味着香茗，而更为重要的是在那里“摆龙门阵”。因其休闲的特点，被联合国授予最佳宜居城市。随着休闲的普及，中国最具特色的传统茶文化得到很好的传承和迅速发展，人们参与茶文化的活动越来越多，茶叶的市场也火了起来。早在2005年，武汉全市茶叶交易总额就达到了3亿元，市场规模居中南区域之首，人气之旺，全国少见，正在复兴汉口“茶叶港”的历史地位。在福州街头，每走几步就有一家茶店，经营着各式各样的名茶，成为福州商业的一个亮点。在杭州，茶社是一大文化特色，是游客必去的场所，也是人们休闲交友的重要地方。天桥作为北京民俗文化的发祥地，在最鼎盛的时候有50多家曲艺茶社，是人们品茶、看曲艺的文化场所，更是国内外游人必去之所。饮茶文化在现代又有了新的发展，各类咖啡吧也顺应茶文化而得到充分发展。在巴黎，几乎与鲜花一样密集的咖啡店里，经常能看到捧着一本书一看就是半天的市民。牙买加蓝山咖啡是世界上的极品咖啡，现在也能在中国的商业市场上见到它的身影。霍华德·舒尔茨创建星巴克咖啡屋时的目的是“营造家庭般的工作环境”，“快乐工作，享受生活”，仅仅30年就缔造了咖啡王国。

任务 1.2 休闲产业的趋势

休闲产业作为经济产出的显著变量和文化要素，已成为现代社会生产力的重要组成部分。随着休闲时代的到来，越来越多的国家将发展的目光投向了休闲产业。春节、国庆节、清明节、劳动节、端午节、中秋节等节假日制度的实施，也从一个侧面显示了我国休闲时代的到来。正确认识与把握世界范围内休闲产业的发展趋势，对于推进我国现代化的建设有着极为重要的现实意义。

拓展案例

1.2.1 对休闲时间的占有已成为人们获取社会资源和财富的重要途径和手段

从休闲的时空来看，休闲时间的有无和长短，与人类文明的发展进程如影随形、相伴而生。在原始社会、奴隶社会和封建社会，由于生产力水平低下，人类为了解决温饱与生存问题，大部分时间主要用于生产维持生命的物质产品。这就意味着，那时的自由劳动与非自由劳动在时间的分布状况上基本上属于同一个概念。随着工业化进程的推进，特别是在知识经济背景下，由于劳动生产率的提高，大大缩短了社会必要劳动时间，为休闲时间的增加创造了条件，从而加快了现代经济社会的发展和人类文明的历史进程。这一趋势彻底改变了传统意义上的人为了谋生而付出全部劳动的观念，使休闲的地位逐步提高。在后工业社会，随着闲暇的增加，温饱已不是生活的主要问题，于是人们开始着眼于工作以外的休闲活动，此时经济本身出现了休闲化倾向，工作与休闲的概念有了迥异的性质和内涵。一方面，现代人把休闲看成是对闲暇时间的有效利用；另一方面，休闲又成为人类获取社会资源和财富的重要途径与手段。

从现代经济学看，闲暇已经作为边际成本进入消费者的视野，这使它有了财富和利润的经济学意义。人们在休闲状态下能获得身心的愉悦和幸福感与满足感。这是一种不同于物质消费的有价格的“福利”，其消费的对应物是提供休闲产品和服务的生产者或供给者，由此产生的劳动当然是财富的构成要素。而人们在休闲过程中获得的身心愉悦和幸福感与满足感，又会转化为创造更多的社会财富的精神力量。由此可见，剩余劳动时间转化为可以自由支配的闲暇时间，不仅体现了现代生活模式逐步向具有高度文明的“普遍有闲社会”转变的历史进程，同时也反映出人类将从繁重的体力劳动中解脱出来，从以解决生存问题为主的低级阶段转向以解决人类自身发展、自我完善为目标的高级发展阶段。

1.2.2 休闲产业的产业结构将以精神要素为主导

休闲是对闲暇时间的自由支配或有效利用，人们在休闲之前可以作出多种选择。不同的休闲方式不仅需要不同的休闲产品和服务与之相匹配，而且更需要有为满足这种需要的休闲产业存在。这既遵循三次产业结构演进的一般规律，也符合马斯洛的需求层次理论中自我完善的高级化理念。在工业化初期，产业结构中的农业和轻纺工业的比重较大，资本有机构成低的产业在整个产业结构中占主导地位，因此此时的产业结构比重呈现出“一、二、三”的格局特征。而到了后工业社会，随着经济发展水平的提高，技术进步速度的加快，社会需求的剧增，产业结构相应地加大了附加值，以科技、信息、教育、金融、保险为内容的第三产业迅猛发展，带来了产业结构的迅速裂变，随之演化出“三、二、一”的产业格局。这时的社会需求开始瞄向追求个性和自由发展的以精神性消费为主导的层面，现代服务业和以高科技为中心的新兴产业层出不穷。其显著特征是，精神生产所创造的产品价值占一国GDP比重明显加大，而且休闲产业的从业人员在未来的世界经济格局中所占的比重将达到80%～85%。这一趋势表明，在实现工业型社会向服务型社会的转型过程中，产业结构调整的重点是由以物质生产为主的生产模式向以精神生产为主的生产模式的转换。休闲作为拉动消费需求的增长因素，在作用于供求领域的同时，会推动消费行为上升为产业行为，而产业行为的直接后果是从根本上使传统经济增长模式彻底改变。它集中体现在对第三产业内部的劳动力结构和产值结构产生巨大的提升和催化作用上。它具体表现为：一是休闲产业已具备拉动内需、实现总量扩张的经济能量，它的出现将为生产者创造大量获取财富的机会，为社会提供大量的就业岗位；二是休闲的增加将意味着GDP的增加，这就为休闲产业较为发达的地区提供了发展的后劲；三是获得休闲的人将获得较高的道德境界和文化修养，从而使精神生产力的市场化、社会化和现代化的步伐加快。

1.2.3 休闲产业的发展体现出高度的时代精神

作为工业社会的伴生物，休闲产业的崛起有其历史的必然性。后工业社会的生产和消费将不再以物质产品为主，而是以服务为主。这一趋势体现了以消耗自然资源和人力资源谋求效益的传统产业，正经历着向休闲产业的历史性飞跃。这意味着，未来的社会经济结构变革将把人的全面发展和享受生活层面的问题置于核心地位。在高度发达的工业化社会提供的有闲、有钱的条件下，作为主体的人不仅能够以健康的心态、充实的生活、良好的适应能力和创造性的活动来满足自己的需要，而且还可以不断探索的精神来实现自己的意愿和理想。人的主体性的全面发展并不完全指其自身，而是依赖于社会关系即人与外部世界、人与自身关系的丰富和发展。这是人得以全面发展的必要条件。过去我们一提发展首先想到的是GDP，并不考虑经济增长所隐含的成本与代价。虽然我们积累了丰富的物质财富，但却忽略了社会其他目标的协调发展，造成了自然资源的浪费和生态环境的破坏，因而人们的生活水平和质量往往不能随着经济增长而相应提高，甚至出现两极分化和社会动荡的严重后果。随着环境保护和可持续发展理念的兴起，这种产业形态已不符合绿色GDP和人文GDP发展的价值取向。任何系统中的要素均处在相互作用、相互联系之中，而不是单个要素孤立地发展。将社会经济看成一个发展的系统，追求系统的整体优化与系统内各要素功能的最大化，使人及其创造物、资源和环境等均能达到一种整体上的相互依赖和共生的平衡状态，应该是未来经济发展的目标和科学发展观的最终目的。社会物质基础的增强，特别是休闲时间的增加，为人的全面发展和文明程度的提高创造了必要的物质基础。在未来的休闲经济时代，人类将会在殷实宽裕的物质生活、健康民主的政治生活、美丽怡人的生态环境的基础上，有意识地提高具有高尚人格的精神素质和道德修养，以良好的工作态度和伦理秩序自觉维护社会系统中能够给人带来愉快的、且有助于社会进步的工作环境和人际关系，从而达到人与自然、社会全面协调和可持续发展的和谐状态。由此可见，以科学发展观为主导的休闲产业，其社会实践活动的核心思想，旨在使人类获得高质量的生活环境和实现自我价值的同时，绝不以消耗自然资源为代价。它体现着人类对以往只片面追求经济增长和发展，不顾投入与产出在总体上的得失和平衡的深刻反思。

1.2.4 休闲产业发展阶段

与国际经验相似，我国休闲产业也是经济现代化和城市化过程中产生和发展的产业部门集合。在此过程中，经历了三个发展阶段，产业规模由小变大，产业格局由点状走向全局式发展。

1. 20世纪90年代中晚期的个体层面发展

20世纪90年代晚期，我国东部几个大城市人均GDP开始迈入3 000美元的发展时期，休闲产业发展呈现出地理集中性的特点。1997年深圳人均GDP率先进入3 000美元，随后，上海于1998年、广州于2000年、北京于2001年先后进入人均GDP3 000美元阶段。这一时期，深圳已经由一个边陲小镇发展成了初具规模的新兴城市，但是城市功能的单一性限制了其进一步的发展。经济的快速发展也催生着城市功能向多元化转变，1995年深圳提出建设"现代文化名城"战略，之后一系列有关文化建设的政策文件出台，并致力于"两城一都一基地"文化项目建设，即"图书馆之城、钢琴之城、设计之都、动漫基地"，真正做到把文化发展纳入城市发展规划战略中。

此时的上海，确立了都市旅游的发展目标，包括都市风光、都市文化和都市商业三大内容。现实实践已表明，东方明珠、杨浦大桥、上海博物馆、上海图书馆、上海大剧院等先后成为上海休闲产业发展过程中的标志性建筑与休闲服务设施。历史的发展总是表现出相似性，北京于1997年提出大力发展文化产业后，文艺演出、出版发行、影视节目、文化会展、古玩艺术品交易、动漫、网络游戏等文化产业项目的规划和发展被提上日程，尤其是798艺术区的规划项目，成为北京休闲产业发展的品牌项目。

此时的广州，正站立在改革开放的前沿，一大批休闲文化设施先后建成。1992—1998年，广州建设了电视台、购书中心、芭蕾团、美术馆、雕塑公园、歌剧院、报业文化广场等休闲文化娱乐设施，同时博物馆、文化馆、艺术表演场所等规模不断扩大，旅行社、星级酒店、旅游景区等旅游部门快速发展。这一时期，广州的文化艺术、新闻出版、广播电视、旅游业等休闲相关部门发展起来，并逐渐走向规模化。

2. 21世纪初期的区域层面发展

20世纪90年代晚期，受制于经济发展水平，休闲产业还只是"零星式"的发展状态。进入21世纪，随着更多城市的人均GDP水平迈入3 000美元，休闲产业的区域性发展特点逐步呈现。除了北上广深外，2002年后人均GDP超过3 000美元的城市还包括天津、南京、厦门、青岛、大连、宁波、杭州、苏州等城市。由此可见，这些城市主要集中在东部地区，分布在京津冀、长三角、珠三角三大区域。

休闲产业的发展，正是高度聚集在以少数几个大城市为核心的都市圈里。这些城市中，尤以杭州的休闲产业发展进程最为快速，并形成了自身的特色。2006年杭州举办世界休闲博览会，围绕"休闲"要素，杭州优化城市休闲功能，譬如"还湖于民"的举措，拓展城市休闲空间，增强休闲的公平性；发展十大特色潜力行业，包括美食、茶楼、疗休养、演艺、化妆、保健、运动休闲等，延伸休闲产业链条；注重城市休闲特色打造，将城市定位为休闲之都，其本质是做大休闲产业规模，服务于本地居民需求，从而吸引更多的人才进入城市，提高城市竞争力。

与杭州城市定位相似的是成都，尽管成都人均 GDP 于 2006 年才突破 3 000 美元，但成都安逸的休闲气质促使其 2003 年就提出打造“休闲之都”，此后，成都积极打造文化娱乐、体育休闲、医疗保健、餐饮等产业的发展，逐渐促进了成都休闲产业的规模化发展。现如今，成都已经成为除了北京、上海、广州、深圳外，年轻人最期待和渴望去工作和生活的城市，这与成都良好的城市休闲环境有密切的联系。

3. 2008 年至今的整体层面发展

在经济继续高速发展的背景下，2008 年中国人均 GDP 整体突破 3 000 美元，这标志着中国休闲产业发展的全新版图开启。值得关注的是，这一年中国政府颁布了新的休假制度，居民享有的总休闲时间大约占到全年时间的 1/3，这为休闲产业的发展提供了制度保障。值得注意的是，2008 年的全球金融危机，也暴露了我国经济发展模式的问题，即对出口的依赖以及政府为了追求短期社会稳定而牺牲环境和长远的理性发展。

为此，建立新的发展方式，即依靠国内消费和降低对投资和出口依赖的方式，成为中国经济发展的转折。2008 年的金融危机冲击了各个行业，但是以网络销售和 B2B 中小企业电子商务为代表的网络经济，在此过程中获得了快速发展；同时部分外贸型的 B2B 企业转向内贸，因此 2008 年后“互联网＋内贸”的发展模式刺激和带动了国内消费，有学者称这种经济发展模式为信息经济。国内消费需求的旺盛，为中国休闲产业的崛起和发展提供了机遇。

从发展实践看，2008—2015 年，中国平均每人互联网消费支出每年增长 15%，用户的消费内容主要包括娱乐、信息、社交、电子商务，这些内容基本都涵盖在休闲产业范围内。可以发现，经济发展模式的转变，居民可支配收入水平的提高，以及休闲时间的增多，这些背景和条件直接影响了居民的消费支出模式，显著的改变是更多分配用于有趣的产品和服务消费，如金融服务、医疗保健、住房家具、传媒娱乐、文化娱乐、餐馆酒店、观光旅游等，而用于普通必需品的花费减少；相应地，带来的是休闲相关产业的发展，如消费金融服务业、医疗保健行业、家居行业、文化娱乐业、餐饮业、旅游业等。

2014 年中国的经济增速回落，这意味着中国经济发展进入了一个新的发展阶段，2015 年经济工作会议首次提出“中国进入经济发展新常态”。因而我们看到，大数据在休闲产业中的地位越来越重要，比如一部电影可以通过对数据的分析和运用提升票房，可以被越来越多的消费者通过智能手机、平板电脑等科技产品观看，可以被儿女们通过购买在线服务为父母提供观影服务等。

一道餐饮通过 O2O 平台打通了消费者和商家之间包括下单、支付、配送等环节，便捷了消费者的生活需求；一部交通工具通过出行平台使得消费者的出行更加智能化和便捷化；一部智能手机让消费者的娱乐方式更加多样。不可否认，大数据全方位联结着消费者的休闲娱乐生活，这种模式已经渗透到工作中。如今的工作场所开始追求场景化，除了工作空间，还囊括了咖啡厅、书吧、酒吧、剧场、画廊、健身房、医疗诊所、游戏室等空间，提供工作者最舒适的工作与休闲环境，以便最大程度地发挥他们的创造力。

需要进一步说明的是，除了经济、时间等因素，休闲产业的发展与城市的发展、中产阶层的崛起也密不可分。

首先，相比乡村，城市拥有三个独特的优势，即投入品的分享、劳动力市场的群聚、知识的溢出。投入品的分享可以使得供应商能够根据客户的需求提供高度专业化的产品和服务，城市之所以能够举办大型的节庆演艺活动，是因为城市有足够的观众来共同分担成本；劳动力的群聚使得城市的各种生产要素可以更好地匹配，城市的休闲娱乐活动之所以丰富多彩，是因为城市的规模经济使得餐馆、饭店、咖啡吧、酒吧等做到专业化，于是，消费者就获得了休闲娱乐消费的多样性；知识的溢出指的是，生活在城市中的人，其创意和思想的产生和传播更快，人与人之间的信息交流更频繁，从而可以获得更高的劳动生产率，促进产业的创新发展。纽约、伦敦、巴黎等国际大都市的繁荣同样受益于不断放大人类的创造性这一能力，其本质体现就是大量人才的汇聚带来了人与人之间交流的更多机会，因而休闲这一要素就在其中发挥了重要作用。

其次，我国经济的快速发展造就了中产阶层的崛起，他们的消费习惯和理念已发生重大转变。最显而易见的是家庭消费结构的改变，娱乐、教育、文化、交通和通信消费支出升幅较快，食品消费支出不断下降。“他们不再会为柴米油盐酱醋茶的‘茶’付钱，但会为琴棋书画诗酒茶的‘茶’买单”，这意味着精神层面的消费成为社会的主流，消费者对产品和服务的品质、效率、体验的认知程度越来越高，这其实就是当今社会人民对美好生活的向往和追求的体现。但现实的发展问题是产业供给质量还有待提升，比如电影类型的单一、娱乐节目的一成不变等；产业链条还有待延伸；产业布局的均衡性还要加强……这也正是党的十九大报告中提出的社会主要矛盾转化的问题，即人民日益增长的美好生活需要和不平衡不充分的发展之间的矛盾。

从 20 世纪 90 年代晚期至今，中国休闲产业经历了从散点式到区域型再到全面型的发展历程，基本形成初具规模的产业体系。但在资料利用、内容提供、消费渠道、创新能力等方面还存在一些明显的短板，这些问题都需要通过供给侧结构性改革来有效解决。

1.2.5 我国休闲产业呈现的主要特征

1. 休闲产业综合性特征显著

休闲活动的范围实际上是无限的，因为它取决于每个人的动机。这一观点隐含了休闲产业的综合性特征。随着休闲产业在国民经济中的地位日益增强，几乎每个产业部门，都或多或少地与休闲产业相关。从学者对休闲产业相关概念的界定看，休闲产业涵盖的门类较多，无法把握其边界，就好比休闲和生活的其他部分之间很难划出一个明显的界线。那么，休闲消费和人们的其他消费活动之间也没有清晰的界限，因为休闲产品和服务本身就包含在“消费者的产品和服务”之中。从现实生活中看，我们也无法区分开消费者购买的生活必需品的花费和购买纯休闲产品和服务的花费，因此，休闲产业内部企业之间的较强的关联性，造就了休闲产业本身的综合性和行业边界的模糊性。

2. 休闲产业精神需求性特征明显

从某种意义上说，休闲首先是一项消费活动。如果把人的消费活动分为物质消费和精神消费，那么显然，休闲消费的精神属性更强。尽管休闲产品和服务的提供要借助于物质化的载体，但休闲产品和服务的真正价值体现在其精神内涵上。从休闲产业门类看，旅游、文化、娱乐、体育等都是人们寻求愉悦、满足幸福感等精神层面的产业部门。以与大众居民休闲娱乐消费密切相关的餐饮业为例，曾几何时，餐饮是家庭生活的重要组成部分，正所谓“民以食为天”，人们在“吃”上重点解决的是“吃饱”问题；而如今随着人们生活水平的提高，餐饮消费从家庭转移到社会，如今的人们更愿意外出就餐，在“吃”上重点解决的是“吃好”问题，即餐饮环境要好、餐饮服务要高、餐饮品类要多等，这些要求实际上都是精神消费的重要内容。为满足人们转变的消费需求，餐饮企业也是纷纷改良，推出各色佳肴。单就上海来说，已经形成覆盖国内八大菜系，辐射欧美、东南亚、日本、韩国甚至非洲的菜肴，类型包括了正餐、快餐、团餐、主题餐厅、商务套餐、休闲餐饮、婚庆餐饮、农家乐等各种业态。足以见得，精神性的消费需求极大地延伸和拓展了休闲产业链条。

3. 休闲产业跨界融合力度增强

产业的跨界融合已成为经济转型升级的重要手段，反映到休闲产业上，这种融合主要体现在两个层面。其一是部门之间的融合，休闲产业涵盖门类广，在创新驱动的经济发展模式下，部门之间的融合力度不断增强。比如文化产业，与旅游、体育、餐饮、零售、房地产、金融、信息、创意等相关产业的融合密度加强，已经形成了“文化＋”产业发展模式，既拓宽了产业的广度和深度，又提升了产业的附加值和竞争力。其二是技术与产业的融合，比如数字化技术。数字化技术与休闲产业的融合，一方面形成了数字电视、数字广播、数字图书、数字电影等产品形式，它不仅深刻改变了人们的休闲娱乐体验方式，同时也推动休闲产品和服务的生产方式改进，提高生产效率；另一方面催生了数字图书馆、数字博物馆、数字艺术馆以及动漫游戏、网络视频、创意设计等产业业态，不仅极大提升了休闲产品的生产能力和服务水平，而且推动了休闲产业规模和质量的发展。

4. 休闲产业组织行为复杂性强

相比一般的物质生产和交易，休闲产业内部的生产和交易行为要更复杂，因为它与人的关系更为密切，尤其是人的精神消费需求具有多元性和不可控性，所以其产品的供给和人的需求之间往往存在较强的信息不对称性。这一特征一方面表明休闲产业发展的风险较高，另一方面说明休闲生产和交易过程的分工和专业化较强。以电影业为例，电影的制作和发行已经演变成一个多元化、复合型的产业。在每一部电影的拍摄、发行和营销过程中，都有各种不同规模和类型的组织参与其中。

电影开拍前需要多方协调，涉及剧本策划团队、投资方、演员、制作团队等，拍摄结束需要后期剪辑、配音和混音等工作；一部电影真正制作完成后，要考虑发行数量和影院票价问题，这又决定着整个产业的营业利润。因此，一部电影的生产和交易不可能由一家公司独立完成，通常都是由围绕一部电影的生产、制作、发行等工作成立的、分属各个专业化公司的人员组成的团队。电影产业的生产和交易的复杂过程在一定程度上反映了整个休闲产业生产和交易的缩影，休闲产业链上的各个环节都需要高度专业化的团队成员来完成，可见其组织行为的复杂程度。

任务1.3 休闲消费

休闲消费是居民在闲暇时光中对休闲产品与服务的消费活动。休闲消费具有娱乐性强、短期行为和节奏感强等特征，是实现人民对美好生活的向往的主要方式。

拓展案例

1.3.1 认识休闲消费

休闲消费由图1.3.1所示的三部分组成，虚线说明，三者之间存在某种程度的交叉与联合。其中在市场主导领域内，休闲消费是指图1.3.2所示的部分，而在市场原则所不能涵盖的领域，则由政府和第三部门来提供。在市场主导领域内，交换双方按照市场交换的商业原则获得/提供休闲服务和休闲产品；在非市场主导领域内，公民和政府、组织及其成员或服务对象之间按照政治或者社会原则来获得/提供休闲服务。

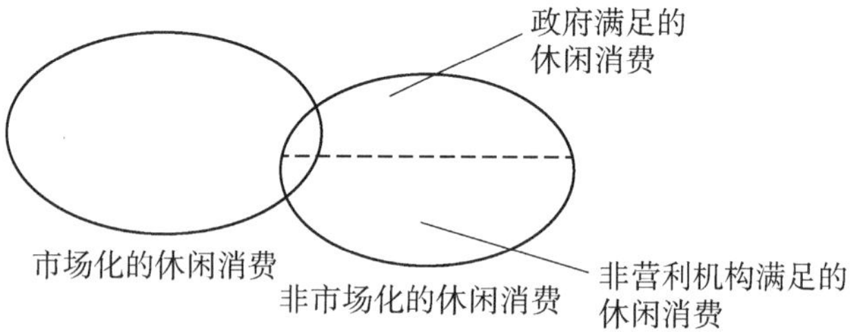

图1.3.1 休闲消费的组成部分

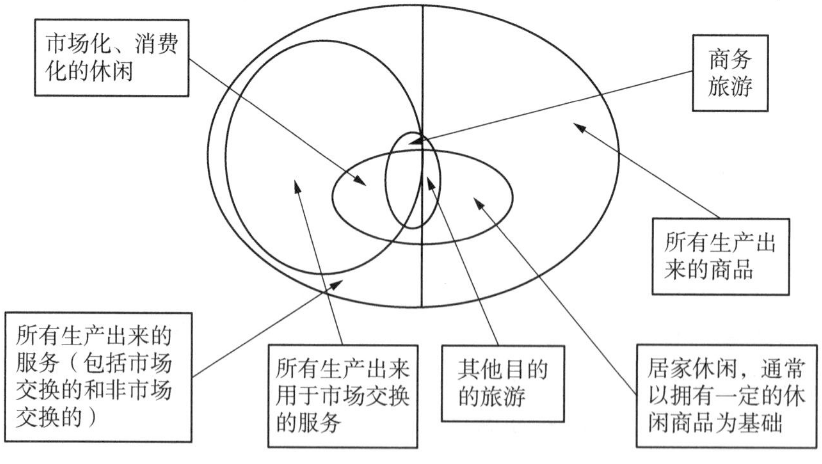

图1.3.2 市场原则主导领域中的休闲消费

1. 从奢侈品到必需品

提倡休闲消费并不是鼓吹消费主义、物质主义，也不是推崇所谓的炫耀性消费。休闲消费是作为人们为了开心享有、神清气爽、消遣放松或娱乐的一种活动，它并非必然地与大量的货币支出、昂贵的商品、炫耀性的目的、“独占性”的占有欲望等相关联，而是人们丰富生命、提高生活品质、完善自我、满足个性偏好、追求生存意义的活动，是与每一个人息息相关的活动。

2. 从单纯的物质消费到时间、物质、精神的综合消费

人们对于休闲的一种误解是将其与物质主义相联系，认为休闲就是穷奢极侈，就是对物质的无限追求。实际上，如果我们把时间作为一种能够为人们带来特殊效用的稀缺性资源来对待的话，如果我们将消费从单纯物质的桎梏里解脱出来，将其看成是对所有人们认为能够带来效用的对象(包括时间和精神性感受在内)来消耗的话，也许我们会更接近于休闲的本意和内核。

3. 休闲消费与 GDP 内外的经济贡献

衡量经济增长的一个重要指标是 GDP，因此，对于各个产业和经济部门来说，对 GDP 的贡献率，或者说占 GDP 的比例(以及相当于 GDP 的比率)就成为衡量其对整个国民经济重要性的一个指标。在运用这一指标对休闲消费进行衡量和测度时，有这样几个问题需要注意。

对于休闲消费来说，在缺乏与人们的休闲时间和休闲需求相对应的供给时，休闲是对 GDP 的一种“净损失”，因为本来可以将这部分时间用于工作，而现在这种社会交易活动没有了。但是，当具备合适的供给时，一部分人的休闲消费的增加，意味着另一部分人生产活动的增加，无论是物质生产活动(如运动器械)还是服务性生产活动(如旅游服务)，都将对 GDP 的增长起到极大的推动作用。

GDP 所衡量的是经过市场交换所生产出的产品和服务，但是对于休闲这种个体性极强的消费活动来说，自我供给式休闲占据了相当大的比例，而自我供给式的休闲的价值并未能反映在现有的经济指标体系之中。实际上，从逻辑角度看，我们付费给别人而获得的服务与自我提供的服务在价值上并没有太大差别。如果我们把自我提供的休闲服务也纳入这一统计体系的话，GDP/GNP 将会翻番。因此，休闲消费的贡献大部分还处于 GDP 之外，GDP 之内的统计数据只不过是其经济贡献的冰山一角。在过去的几十年里，社会科学家试图建立更加适合、比 GDP 包含更多变量的指标来衡量发展。1972 年耶鲁大学的两位经济学家威廉・诺德豪和詹姆斯・托宾共同提出了净经济福利指标(net economic welfare，简称 NEW)，后经保罗・萨缪尔森完善。“NEW 建立在 GNP 的基础上，但是它做出了两个重要的变化，一是剔除了那些不能为个人福利作出贡献的 GNP 成分，二是包括 GNP 所忽略的一些关键消费项目(如休闲时间价值和环境污染问题)”。另外，还有物质生活质量指数(physical quality of life index)(Morris, 1979)、可持续经济福利(sustainable economic welfare)和人类发展指数(the human development index，简称 HDI)等。从 GDP 到 NEW 再到 HDI，随着经济学家和人类视野的不断扩展，休闲在其中的重要性不断凸显。如果我们能够将经济增长看作是实现人类发展的一个手段，而不是目的的话，那么就会看到在 GDP 增长之外，在数量的不断增加之外，在劳动效率的提高和物质财富的积累以外，人类最终追求的是福利、幸福，而休闲正是人类福利指数中

一个非常重要的表征。

4. 休闲消费的统计体系

要准确了解休闲经济的发展，明确其在整个社会生产、居民生活和国民经济中的地位，比较不同国家/地区以及同一国家/地区不同时段内休闲经济的发展状况，建立科学、统一的统计体系是前提。在这方面，发达国家进行得比较多，其中以美国、加拿大、澳大利亚、英国为代表，亚洲地区的韩国也有相应的统计，但由于对休闲的理解以及各国的特点不同，因此统计体系之间差异较大，缺乏可比性。即使同一个国家中的不同组织，所提供的数据往往也迥然相异。总体而言，对休闲经济的统计调查是从消费/需求和生产/供给两个角度来进行的。从需求角度进行的调查主要有：家庭时间调查中用于休闲的时间、家庭支出中用于休闲的支出、不同人群对不同休闲活动的参与比例与频率等。从生产和供给方面进行的统计比较少，主要有：从事休闲职业的就业人员及休闲商业企业的收入、政府用于休闲供给的支出等。其中从消费/需求方面的统计比较多，而生产/供给方面的统计较少，这是与休闲消费的特点密切相关的。在建立国家休闲统计体系方面，澳大利亚走在了世界各国的前列。澳大利亚统计局为了消除不同数据体系之间的差异，为相关部门提供统一的、权威性的数据，委托其下属国家文化和娱乐统计中心建立了一个统一的统计体系，即澳大利亚文化和休闲分类体系（Australian culture and leisure classifications，简称 ACLC)，该分类体系分三部分：休闲部门分类、休闲产品分类、休闲职业分类，为人们了解文化和休闲的经济意义提供了一个重要的框架。长期以来，我国对休闲的研究和统计几乎处于空白。在经济高速增长，人们消费结构快速变化的今天，加强对休闲消费的经济特性的研究及休闲消费的统计体系的建立就显得尤为重要。

1.3.2 休闲消费的主要特征

1. 休闲消费是一种现代生活方式

休闲消费是在人们收入水平不断提高的基础上基本生活消费满足以后更高层次上的消费。其形成的必要条件是要有钱同时有“闲”。但是具备了“有钱有闲”休闲消费的基本条件，消费者是否就一定会加入休闲消费的行列中去，还取决于消费者是否具有休闲消费的欲望，他们是否接受休闲消费这样一种现代的生活方式。休闲消费作为一种现代生活方式在中国才刚刚兴起，其形式不仅限于参加旅游、体育、娱乐等休闲活动，而且体现在人们日常的消费行为中。它是一种时尚，一种能够体现人们个性、身份、地位、文化品位与生活态度的消费时尚。从人们的发型、穿戴到身上的各种饰物，从人们消费的各种生活用品到居室中的家具摆设，甚至是人们日常消费的食品，都存在着休闲消费市场，只是需要我们去发掘。

2. 休闲消费是一种多层次、多形式的消费

休闲消费不仅限于节假日的集中消费和高消费，如打高尔夫球，作为会员去乡村俱乐部度假，付费参加各种体育运动和旅游等，同时也有在工作之余，看体育比赛、看一部电影、与朋友喝咖啡、去网吧、酒吧、舞厅、卡拉 OK 厅放松精神的日常休闲消费。此外，人们逛商场购物，甚至逛夜市，吃点小吃也不失为一种休闲消费。人们除了参加一些休闲活动会构成对休闲服务

的消费，在日常工作与生活的非正式场合，穿上一套高品质、款式随意的休闲服配以与之相协调的休闲鞋、背包、帽子及手表等各种饰物，同样可以体现人们轻松、潇洒、不拘谨的生活态度。所以休闲消费市场包括休闲服务与休闲产品两大类，并可细分为不同层次，在每一层次的市场都存在商机。

3. 休闲消费是一种以精神消费为主的多目的的消费

在休闲消费中，无论是人们外出旅游、运动、用餐、从事文化娱乐活动，还是购买一些具有休闲消费时尚的商品，都不是为了满足基本生活需要，而主要是为了满足某些精神上的需要。例如，人们锻炼身体的方式很多，可以跑步、散步、夏季到室外游泳池游泳、打打羽毛球等。从实际锻炼的需要来看，并不一定非要花钱到健身房去锻炼，也不必非要以十分高昂的费用打高尔夫球才能达到锻炼身体的目的。人们之所以要以付费的方式锻炼身体，显然另有所求。不仅在达到锻炼身体目的的同时，也将个人的消费时尚、生活品位和事业有成与消费实力等内容展示给了公众。

1.3.3 企业商机凸现的应对之策

1. 创造休闲消费时尚

休闲消费不是一种人们生活必需的物质消费，而主要是一种精神消费，一种时尚消费。那么，企业要想让消费者实现休闲消费，就必须设法创造出一种时尚氛围，赋予一些商品、活动与服务以丰富的文化与精神内涵，让人们在休闲消费时能够获得一种心理上的满足。例如，人们在外用餐(主要指中式正餐、西式快餐与西式正餐)，不仅仅是为了填饱肚子，满足生理需要，更重要的是要通过品尝各地的美味佳肴，了解不同国家和地区的饮食文化。所以，企业要设法满足消费者的心理需要，在保证提供给消费者精良美味可口的饭菜的基础上，还要设法在环境布置、灯光设计、音乐播放、餐具款式、服务方式等方面营造出一种文化氛围，让消费者在用餐之余，还能获得一种精神上的满足。

2. 加强宣传引导休闲消费

休闲消费是一种时尚，企业如何才能创造休闲消费的时尚？首先要靠广告宣传。一些广告成功地将自己的产品与休闲时尚联系起来。例如，喜之郎果冻的广告词这样说道："工作休闲来一个，健身娱乐来一个，游山玩水来一个，朋友聚会来一个，果冻还是喜之郎"，休闲食品的含义尽在广告中。除此之外，休闲消费的广告宣传要有感染力与诱惑力。因为休闲消费本来就不是人们生活必需的消费，或者可以说是一种可有可无的消费，人们往往不会主动地去消费。所以，广告不仅是要告诉消费者又有了一个休闲消费的好去处、又增添了一种新的休闲商品或休闲服务，还要让消费者从心理上感觉到这种休闲消费是必须的，是自己真正的需要，不去消费或许还要后悔。广告宣传既可以使人们去消费本不想消费的商品和服务，也可以潜移默化地影响人们的消费观念，使之接受休闲消费的现代生活方式。

3. 休闲消费要打文化牌

因为休闲消费是一种以精神消费为主的现代生活方式，休闲消费涉及人们吃、穿、住、用、行，以及娱乐等方方面面。所以，休闲消费与人们日常的物质消费不是完全隔绝的两个市场，它们之间存在一定的替代关系。企业要想让消费者在基本物质消费满足以后，再消费本企业的产品与服务，甚至以本企业的产品替代其他产品，就必须打文化牌，增加商品与服务的文化内涵。让消费者感觉到自己消费的不仅是商品与服务，而且消费本身能够展示个人的身份、地位与生活品位，从而获得一种心理上的满足。例如，如今的休闲服饰已不限于在参加各种休闲活动时穿着，而且正在成为一些正式场合人们的着装。所以休闲服饰的款式、用料、做工以及品牌的含金量，就必须满足消费者运动方便，体现人们轻松、潇洒、不拘谨的生活态度，以及高品质的生活质量等多方面的要求。再比如，人们出游往往想购买一些旅游纪念品，或留作纪念或赠送他人。这本是一个很大的市场。但是，目前我国各旅游景点的旅游纪念品，普遍存在着缺乏艺术与文化内涵、工艺粗糙、没有实用功能等问题，很难吸引国内文化层次较高的，同时具有较高支付能力的旅游者，这一市场有待开拓。

4. 根据市场定位加大开发力度

随着国内人们收入水平的不断提高，休闲消费规模也将不断扩大。目前全国著名的风景名胜与人文旅游景点，在节假日已经处于人满为患的状况，休闲活动的项目也还不能满足各个层次人们休闲消费的需要。“十一”黄金周，全国出行交通全面紧张，各大旅游景点人满为患，景点的服务设施如厕所、餐馆等已不堪重负。考虑到上述原因，大量的市民干脆选择在家里休息的休闲方式度过假期。

除此之外，城市中的一些旅游休闲项目对于生活在市区的市民来说，或许早已不再新鲜，人们总想前往未曾去过的旅游与休闲场所。这一方面说明休闲消费服务还存在着巨大的市场潜力与拓展空间，另一方面也告诉投资者，应在大城市的周围开辟更多的供游人休闲娱乐的场所，即选择那些有独特的自然、生态、人文景观特征的地点，以及那些具有特殊的民风民俗的村落、街巷作为新的旅游对象加以开发。例如，北京周边的河北、内蒙古、山西、山东省，都应努力挖掘自然文化旅游资源，这将是北京市民驾车出游最理想的区域范围。

总之，休闲消费正在中国兴起，一旦成为时尚，就将成为大众的生活方式，由此将带来零售、旅游、餐饮、运输、文艺、体育、娱乐业乃至住房(别墅)、汽车销售的全面发展。企业可根据休闲市场调查的结果确定不同人群休闲消费的需求，按照不同的市场定位进行休闲市场的开发。特别要注重了解目前家庭人均收入水平 20 000～30 000 元这一层次中等收入人群的休闲消费意向，他们是未来休闲消费潜力最大的市场所在。

1.3.4 休闲消费潜力

休闲消费潜力是居民现实和潜在休闲消费需求的共同体现，除了与居民的客观物质基础和主观消费意愿直接相关外，还受到来自休闲供给水平和休闲消费环境等外部因素的重要影响。

消费潜力是在具有一定的货币支付能力、市场中存在一定量可供消费的某种物品时转化而成的。据此,可以将居民在休闲消费中的货币支付能力、货币实际支出、宏观的市场与公共供给视为理解休闲消费潜力的三个维度。因此,休闲消费潜力可以视为由休闲消费能力、休闲消费支出和休闲消费环境组成的综合系统。

首先,休闲消费能力是指居民购买休闲产品的支付能力或享受休闲产品与服务的消化能力,其直接影响居民休闲消费的最终实现。可以说,休闲消费能力在一定程度上反映的是居民休闲活动中能消费、会消费的问题,主要以个人可支配收入的增加和休闲技能的提高作为基础和保障。一方面,随着收入水平尤其是可支配收入的不断提高,居民在满足基本生活需求前提下,相应休闲消费的意愿会持续增强,居民拥有了实现消费意愿和完成休闲消费的支付能力;另一方面,现阶段休闲消费类型日趋多样化,休闲市场中的部分消费内容需要一定的休闲知识、经验和技能才能完成,深度休闲特征明显。

其次,休闲消费支出是居民休闲消费潜力的直观表现,它反映了居民休闲消费潜力的维度与潜在需求。居民休闲消费支出的当下行为,会很大程度影响他们未来休闲消费的水平和行为习惯。因此,与居民休闲消费潜力有着密切的关联。休闲消费支出结构反映了居民休闲消费质量的变化状况,是衡量休闲消费内容是否合理化的重要标志,更加能够体现居民休闲消费潜力的强度。此外,耐用休闲消费品是居民休闲消费的特定商品,具有购买价格相对较高、对居民休闲活动影响相对持久的属性,同样是反映休闲消费支出的重要指标。

最后,休闲消费环境也是居民休闲消费潜力的直观显现,由社会经济状况和休闲公共供给组成。休闲消费环境的好坏决定了休闲消费潜力的延展空间,具体表现为:一是完备的休闲基础设施和优越的自然生态环境能够为城镇居民休闲消费营造良好的休闲氛围;二是相对较高的经济发展水平和成熟的城市服务业为城镇居民休闲消费创造良好的条件;三是完善的养老、卫生、医疗等社会保障环境为城镇居民的休闲消费解决了后顾之忧。

1.3.5 休闲消费潜力测度指标体系构建

在遵循科学性、综合性、层次性和系统性原则的基础上,构建以 3 个一级指标、9 个二级指标、30 个三级指标组成的休闲消费潜力测度指标体系,具体见表 1.3.1 所列。首先,3 个一级指标分别代表组成休闲消费潜力系统的休闲消费能力、休闲消费支出和休闲消费环境。其次,在休闲消费能力子系统(LCC)中,从支付水平和知识水平视角测度休闲消费能力,因为休闲消费能力可反映为居民休闲时的货币支付能力。因此,支付水平可进一步细分为工资性收入、经营性收入、财产净收入、转移净收入 4 个三级指标。知识水平实际上也决定了消费的知识与技能,因而通过在校大学生数、教育经费支出来衡量不同地域城镇居民休闲消费的知识与技能。在休闲消费支出子系统(LCS)中,选取支出水平、支出结构、设备支出 3 个二级指标,其中,支出水平反映了城镇居民当前的实际消费情况,包括人均消费支出、社会消费品零售总额 2 个指标;支出结构则显示了城镇居民休闲消费的结构特征、消费偏好;设备支出考察了居民在耐用消费品上的支出状况。在耐用品上的支出会刺激或减缓居民的休闲消费需求,产生挤出或挤入效应,如对家用汽车的消费可能导致居民在当期休闲中的零支出,即挤出效应;在购买家用汽车之后,又会引发居民一系列购买或驾车出游的消费行为,即挤入效应。在休闲消费环境子系统(LCE)中,休闲消费是以物质基础和经济社会制度作为保障和前提的,因此,选取经济环境、基础环境、社会环境、自然环境 4 个指标作为衡量休闲消费环境的指标,并细分为人均

GDP 等 12 个三级指标。

表 1.3.1　城镇居民休闲消费潜力(LCP)测度指标体系

一级指标	二级指标	三级指标
休闲消费能力(LCC)	支付水平	工资性收入、经营净收入、财产净收入、转移净收入
	知识水平	在校大学生数、教育经费支出
休闲消费支出(LCS)	支出水平	人均消费支出、社会消费品零售总额
	支出结构	教育文化娱乐、交通通信、医疗保健、生活用品及服务、其他用品及服务、城镇居民家庭恩格尔系数
	设备支出	居民家庭年末彩色电视机拥有量、居民家庭年末家用汽车拥有量、居民家庭年末移动电话拥有量、居民家庭年末家用电脑拥有量
休闲消费环境(LCE)	经济环境	人均 GDP、第三产业占 GDP 比重
	基础环境	城镇化率、公共图书馆数量、博物馆数量
	社会环境	养老保险参保人数、失业保险参保人数、基本医疗保险参保人数、每千人口医生数、每千人口医疗卫生机构床位数
	自然环境	建成区绿化覆盖率、人均公园绿地面积

为了保证指标数据的客观性与准确性,以《中国统计年鉴》《中国社会统计年鉴》公开发布的 1999—2020 年统计数据作为 30 个指标的资料来源,个别缺失数据以相邻年份均值代替。

1.3.6　休闲消费潜力时间演变分析

1. 指标权重的变化

1998—2019 年我国城镇居民休闲消费潜力测度指标权重数值表明,休闲消费能力、休闲消费支出和休闲消费环境子系统的指标权重赋值区间分别为[0.139,0.233]、[0.381,0.558]和[0.258,0.450],均值分别为 0.190、0.436 和 0.374。休闲消费支出子系统指标权重相对较大,而休闲消费能力子系统指标权重相对较小,这充分表明休闲消费支出在反映城镇居民休闲消费潜力方面占据重要的地位。可能的原因有:一是休闲消费支出是休闲消费潜力最直接的衡量指标;二是休闲消费环境是休闲消费活动开展的基础和保障,其虽然有助于城镇居民休闲消费的实现,也能够为城镇居民的公共休闲活动提供必要条件,但其在休闲消费活动方面的重要性仍然不够显著;三是休闲消费能力中的支付水平显然对休闲消费产生极为重要的影响,然而,随着信贷政策的利好以及居民休闲消费观念的改变,收入并非始终是制约休闲消费的核心因素。

2. 休闲消费潜力演化阶段划分

为了更清晰地考察 1998—2019 年我国城镇居民休闲消费潜力的时序变化特征,遵循中心对称原则,以 2005 年和 2012 年为时间节点进行阶段划分,见表 1.3.2 所列。

1) 潜力初显期(1998—2004 年)

表 1.3.2 显示,1998—2004 年中国城镇居民休闲消费潜力值区间为[8.79,60.73],均值仅为 24.28。尽管某些省份休闲消费潜力水平已经达到相对较高的阶段,然而整体而言,中国城镇居民休闲消费潜力仍然偏低。原因有:一是宏观经济政策导向。这一时期我国仍采取以投资、出口为主的经济增长方式,走新型工业化道路、积极推进西部大开发、加入 WTO 等战略举措和实施路径,仍是当时国民经济社会发展的重点。虽然 2000 年前后中国政府也通过设置"黄金周"制度,确立旅游业的支柱产业地位以及发展假日经济等措施,大力推进居民消费以激发市场经济活力,但对我国居民休闲消费潜力的提升仍显乏力。二是经济发展和居民收入水平的制约。从分析指标的数据来看,此阶段国内经济发展和居民收入水平还远不能为休闲消费的快速提升提供强有力的支撑。2005 年以前,中国 GDP 增长速度仍较为缓慢,2001 年国内人均 GDP 才跨过 1 000 美元,到 2004 年也仅增加至 1 509 美元,与主要发达国家存在着较为明显的差距。三是休闲基础设施、产品、服务供给和休闲氛围的匮乏。在这一阶段,各省份城市公园数量和面积还未达到一定规模,图书馆、博物馆等文化休闲场所利用率仍然偏低,城镇居民的休闲习惯尚未形成。

表 1.3.2 1998—2019 年我国城镇居民休闲消费潜力基本统计量

项目	1998 年	1999 年	2000 年	2001 年	2002 年	2003 年	2004 年	1998—2004 年	
最小值	10.52	9.97	10.89	11.99	11.01	9.89	8.79	8.79	
最大值	56.74	55.03	55.17	58.90	60.73	55.69	55.51	60.73	
均值	24.00	23.15	24.33	24.48	25.22	24.40	24.37	24.28	
项目	2005 年	2006 年	2007 年	2008 年	2009 年	2010 年	2011 年	2005—2011 年	
最小值	12.01	13.71	11.83	13.93	12.48	10.86	12.38	10.86	
最大值	71.81	68.82	70.21	67.15	66.29	69.12	70.46	71.81	
均值	29.90	30.59	29.97	30.52	30.90	31.73	32.00	30.80	
项目	2012 年	2013 年	2014 年	2015 年	2016 年	2017 年	2018 年	2019 年	2012—2019 年
最小值	12.77	13.79	14.43	15.58	15.90	15.01	13.75	14.15	12.77
最大值	71.73	63.05	64.61	63.33	60.59	59.86	59.27	61.26	71.73
均值	32.65	32.88	30.13	30.39	30.03	30.12	30.48	31.93	31.08

2) 快速提升期(2005—2011 年)

此阶段中国城镇居民的休闲消费潜力值处于[10.86,71.81],并且均值达到了 30.80,与前一时期比较,休闲消费潜力测度值有了较大提升。主要有三个方面原因:第一,消费在国民经济中地位的提升。随着扩大内需战略的落实,居民消费率逐步提升,形成了消费、投资、出口协调推动的经济增长格局。优化居民消费结构、初步建立居民最低生活保障制度、增强居民消费对经济增长的拉动作用,成为这一时期党和国家的重要任务。第二,国内居民人均 GDP 持续增长,休闲消费的支付能力显著增强。2008 年国内居民人均 GDP 突破 3 000 美元,2012 年已接近 5 600 美元,与主要发达国家的差距在逐步缩小。相应地,城镇居民人均休闲消费额也从2004年的3052元上涨到2011年的约6575元，休闲消费潜力得以充分彰显。第三，城市休闲环境得以改善，社会保障水平全面提高。2011年我国城镇化率达到51.27%，较2004年的41.76%提高了近10个百分点；建成区绿化覆盖率和人均公共绿地面积均提高4个百分点左右；养老保险、社会保险、基本医疗保险等参保人数显著增加，医疗卫生条件得到较好改善。值得注意的是，2008年，中宣部、文化部等四部委联合下发了《关于全国博物馆、纪念馆免费开放的通知》，对于城市休闲环境的优化、休闲氛围的塑造、休闲消费的激发起到了积极促进的作用。

3）增长与平稳调整期（2012—2019年）

此阶段中国城镇居民休闲消费潜力值区间为[12.77,71.73]，均值为31.08，与上一时期的快速提升相比，休闲消费潜力测度值总体上平稳增长和微调，表现为休闲消费潜力最低值呈逐年上升趋势，最高值趋势稳定略有下降，但休闲消费潜力均值仍有一定增长。其原因是：第一，进一步释放居民消费潜力，完成消费结构转型升级，成为新常态下国民经济发展的必然选择。加快转变经济增长方式，大力发展包括休闲产业在内的现代服务业，是近年来国家重点推进的扩大内需战略的反映。2015年提出的供给侧结构性改革，就是试图以改善和创新供给来更好地满足、创造消费需求，持续增强消费拉动经济的作用。第二，经济快速增长和收入水平不断攀升为居民休闲消费的扩张注入持续动力。2010年，中国GDP总量升至全球第二，国内人均GDP在2015年超过8000美元。2016年，国内人均GDP跨过10000美元的省份达到了9个，增长速度可见一斑。城镇居民人均休闲消费额也从2012年的6641元增长到2019年的9886元。由此可见，国民经济发展和社会繁荣稳定增强了城镇居民休闲消费的信心，这为休闲消费潜力的进一步释放创造了良好的外部环境。第三，多个地区在发展休闲产业、增加休闲供给和扩大休闲消费方面逐步落实实施计划和工作细则，使得休闲消费潜力提升步伐日益加快。随着《国民旅游休闲纲要（2013—2020年）》《关于促进旅游业改革发展的若干意见》的颁布和落实，各省份加大了对休闲发展的投入和引导。

1.3.7 休闲消费潜力空间演变分析

1. 分地区比较

通常按地域将我国各省份划分为东中西三个区域。选取1998年、2001年、2006年、2011年、2016年和2019年6个年份，比较东中西部城镇居民休闲消费潜力的变化。

1）东部地区

东部地区主要年份城镇居民休闲消费潜力的最大值区间为[56.74,70.46]，最小值区间为[17.31,21.16]，均值区间为[35.34,47.36]，休闲消费潜力整体上处于相对较高水平，江苏、山东和福建等省份的增长速度相对较快。第一，北京和上海分别为国内的政治文化和商业金融中心，经济规模总量庞大、人力资本分布密集、休闲设施建设完善、休闲供给水平较高，使得城镇居民休闲消费具有良好的基础和条件，休闲消费潜力一直处于前列。第二，广东、浙江和江苏分处珠三角和长三角经济圈，经济发展活跃、交通条件优越、社会文明程度较高，为城镇居民休闲消费提供了便利和保证，有利于进一步激发城镇居民的休闲消费潜力。第三，山东、福建近年来经济增长迅速，人均GDP逐年攀升，并于2016年超过10000美元；

同时促进消费结构转型升级相关政策的出台和实施，对于城镇居民休闲消费起到了重要的引领和促进作用。

2）中部地区

中部地区主要年份城镇居民休闲消费潜力的最大值区间为[22.79，35.12]，最小值区间为[11.26，21.30]，均值区间为[16.86，27.15]，休闲消费潜力较东部地区有所落后。从区域内部比较来看，安徽城镇居民休闲消费潜力增长速度较快，湖北、湖南和河南等省份休闲消费潜力也处于相对较高水平。一是安徽邻接江苏、山东等发达省份，并于 2016 年正式纳入长三角城市群规划，优越的地理位置和良好的政策条件为其经济社会发展创造了良好机遇。依据统计资料，2014—2019 年，安徽城镇居民人均消费从 16 107 元增长到 23 781 元，其中交通通信消费和教育文化娱乐消费占比逐步提升，城镇居民休闲消费潜力得以凸显。二是通过对湖北、湖南和河南的分析可知，湖北城市化水平相对较高，2011 年已经突破 50%，同时该省人均 GDP 增速较快，2019 年达到 77 387 元，这为城镇居民休闲消费的快速增加提供了充分保证；湖南人均消费支出增幅较大，尤其是 2012 年以来增长率均保持在 10%以上，2019 年恩格尔系数已降至 27.85%，说明城镇居民的休闲消费特征日益明显；河南人口规模较大，但其经济总量相对突出，加上具有浓郁的历史文化底蕴，文化休闲消费具有一定优势。

3）西部地区

西部地区主要年份城镇居民休闲消费潜力的最大值区间为[29.81，40.93]，最小值区间为[10.52，15.90]，均值区间为[19.97，23.44]，与东部和中部省份相比，除了重庆、四川休闲消费潜力较高外，区域休闲消费潜力整体相对较弱。从区域内部比较来看，四川、重庆、陕西、云南和广西的休闲消费潜力相对较高，内蒙古增速相对较快。一是重庆、四川有着得天独厚的自然和文化休闲资源，城市休闲氛围浓郁，休闲消费活动十分活跃。其中，2019 年四川的公共图书馆和博物馆数量分别达到 206 个和 256 个，而重庆的城市建成区绿化覆盖率自 2010 年以后就保持在 40%以上。二是陕西在扩大内需政策引领下，城镇居民消费潜力有序释放。城镇居民人均消费水平增长较快，尤其是恩格尔系数降幅较大，从 2013 年的 0.37 降至 2014 年的 0.28，并维持在这一水平，说明其消费结构逐步向以休闲消费为主的方向转型。三是云南在“十二五”期间城镇居民消费结构呈现明显优化，教育文化娱乐、医疗保健、家庭设备用品及服务增幅分别达到 21.4%、19.1%和 18.3%。广西的消费性服务业在 2009 年国务院发布了《关于进一步促进广西经济社会发展的若干意见》后取得显著成效。四是内蒙古有着极为优越的自然生态休闲环境，2014—2019 年人均公共绿地面积已增长至近 20 平方米。除此之外，内蒙古城镇居民人均 GDP 由 2010 年的 47 347 元增至 2019 年的 67 852 元，其中，2016 年人均 GDP 甚至达到 72 064 元，极大地提高了休闲消费的支付能力，休闲消费潜力提升空间大幅增加。

2. 地区聚类分析

基于休闲消费潜力测度数据，选择 31 个省份进行类型划分，采用 1998 年、2001 年、2006 年、2011 年、2016 年和 2019 年城镇居民消费潜力子系统测度数据，运用基于距离聚类算法的 K-均值聚类方法对 31 个省份进行类型划分。为便于对聚类情况进行对照和比较，本文将聚类个数设定成 4 个，聚类结果见表 1.3.3 所列。

表 1.3.3　主要年份我国城镇居民休闲消费潜力地区聚类情况

年份	类型Ⅰ	类型Ⅱ	类型Ⅲ	类型Ⅳ
1998	北京、上海、广东	江苏、山东、福建、四川、天津、浙江、云南	安徽、甘肃、广西、贵州、海南、河北、河南、黑龙江、湖北、湖南、吉林、江西、辽宁、内蒙古、宁夏、青海、陕西、山西、新疆	重庆、西藏
2001	北京、上海、广东、浙江	江苏、山东、福建、四川、天津、云南、湖南	安徽、甘肃、广西、贵州、海南、河北、河南、黑龙江、湖北、吉林、江西、辽宁、内蒙古、宁夏、青海、陕西、山西、新疆	重庆、西藏
2006	北京、上海、广东、浙江	江苏、山东	福建、四川、天津、河北、河南、湖北、湖南、辽宁	云南、安徽、甘肃、广西、贵州、海南、黑龙江、吉林、江西、内蒙古、宁夏、青海、陕西、山西、新疆、重庆、西藏
2011	北京、广东、江苏	上海、浙江	福建、重庆、山东、四川、天津、云南、广西、河北、河南、湖北、湖南、辽宁、内蒙古、陕西	安徽、甘肃、贵州、海南、黑龙江、吉林、江西、宁夏、青海、山西、新疆、西藏
2016	北京、上海、江苏、浙江	广东、山东	福建、重庆、四川、天津、河北、河南、湖北、湖南、辽宁、内蒙古	云南、安徽、甘肃、广西、贵州、海南、黑龙江、吉林、江西、宁夏、青海、陕西、山西、新疆、西藏
2019	北京、广东、上海、浙江、江苏	山东	福建、河北、河南、湖北、湖南、安徽、四川、天津、辽宁、内蒙古	重庆、云南、甘肃、广西、贵州、海南、黑龙江、吉林、江西、宁夏、青海、陕西、山西、新疆、西藏

根据休闲消费潜力子系统的最终聚类中心值，可以做出聚类区分，见表 1.3.4 所列。

表 1.3.4　主要年份城镇居民休闲消费潜力子系统测度的最终聚类中心值

年份	消费潜力子系统	类　型			
		Ⅰ	Ⅱ	Ⅲ	Ⅳ
1998	休闲消费能力	12.84	3.35	6.56	3.21
	休闲消费支出	26.66	14.77	13.32	6.19
	休闲消费环境	11.26	20.00	8.78	7.18
2001	休闲消费能力	12.71	4.47	5.69	3.08
	休闲消费支出	28.44	12.04	12.24	6.09
	休闲消费环境	11.25	23.67	9.48	6.92
2006	休闲消费能力	15.44	11.47	7.11	3.92
	休闲消费支出	31.21	16.79	11.51	7.87

（续表）

年份	消费潜力子系统	类　　型			
		Ⅰ	Ⅱ	Ⅲ	Ⅳ
2006	休闲消费环境	18.95	18.53	12.53	8.40
2011	休闲消费能力	12.30	12.00	6.91	3.53
	休闲消费支出	34.16	28.22	14.01	7.52
	休闲消费环境	15.95	21.27	11.27	8.29
2016	休闲消费能力	13.52	11.45	6.12	3.75
	休闲消费支出	25.32	16.10	11.63	7.54
	休闲消费环境	18.91	24.56	12.07	8.55
2019	休闲消费能力	13.78	10.43	6.86	4.38
	休闲消费支出	28.18	16.27	14.07	8.36
	休闲消费环境	20.55	18.47	11.85	9.36

表 1.3.4 显示，仅有 2006 年休闲消费环境在类型Ⅰ和Ⅱ中心值的差距较小，类型Ⅰ在休闲消费能力和休闲消费支出测度指标上的中心值最大，类型Ⅱ在休闲消费环境测度指标上的中心值最大。类型Ⅲ除了 1998 年和 2001 年休闲消费能力测度指标中心值较类型Ⅱ略大外，三个子系统测度指标中心值均低于类型Ⅰ和Ⅱ。类型Ⅳ的最终聚类中心值相较于其他类型处于最低点。这说明，类型Ⅰ在休闲消费能力和休闲消费支出方面优势明显，类型Ⅱ在休闲消费环境方面略微占优，处于类型Ⅲ的省份在休闲消费潜力三个子系统方面均不突出，处于类型Ⅳ的省份则更弱。

结合表 1.3.3 和表 1.3.4 可以看出，我国城镇居民休闲消费潜力省份类型划分情况如下：①1998 年，北京、上海和广东的休闲消费潜力相对较高，尤其是休闲消费能力和休闲消费支出较为突出，属于同一类型。江苏、山东、福建、四川、天津、浙江、云南等省份属于同一类型，休闲消费环境具有一定优势。除重庆、西藏外，其余省份属于类型Ⅲ。需要说明的是，重庆在 1997 年被批准单独设立直辖市，各项工作仍处于有序推进过程之中，而西藏由于指标缺失较为严重，使得测度结果的解释力有所下降。正因为如此，处于类型Ⅲ的省份较多，类型划分的精确度受到一定影响。②相较于 1998 年的聚类结果，2001 年各省份的类型划分出现如下变化：一是浙江城镇居民休闲消费潜力有所提升，与北京、上海、广东同时划归为类型Ⅰ；湖南休闲消费环境有所改善，划归为类型Ⅱ。③2006 年，随着重庆、西藏城镇居民休闲消费潜力的逐步提升，与其他省份的差距逐渐缩小，从而使得类型划分有所调整。应当指明的是，尽管云南等省份被划归为类型Ⅳ，但并不表示其休闲消费潜力出现下降，而是显示了省份类型划分更为精细、准确。江苏、山东城镇居民休闲消费潜力得到凸显，属于类型Ⅱ。河北、河南、湖北和辽宁等省份的休闲消费潜力出现相应改善，与福建、四川、天津等省份同属于类型Ⅲ。④2011 年、2016 年和 2019 年，类型Ⅰ和类型Ⅱ的省份出现了部分调整，但仍然是在北京、上海、广东、江苏、浙江和山东等省份中进行调整。休闲消费类型调整呈现这种状况的原因是，上述省份的休闲消费能力、休闲消费支出和休闲消费环境等方面此消彼长，使得休闲消费潜力随之发生一定变化。值得一提的是，重庆城镇居民休闲消费潜力整体上得以改善，与福建、四川等省份同属于类型Ⅲ。

3. 空间分布特征

为全面分析我国城镇居民休闲消费潜力的空间分布状况，更加清晰地划分休闲消费潜力等级，选取休闲消费潜力均值个数 25%、50%、75%节点处的实际值作为等级划分的依据，将休闲消费潜力从低水平到高水平划分为 4 种类型，它们的取值区间分别为(0，24.480)、[24.480，30.120)、[30.120，30.900)和[32.880，100)。研究发现，在不同时间节点上，我国城镇居民休闲消费潜力的等级分布是不同的，大致呈现如下特点：①休闲消费潜力等级处于高水平的省份数量呈梯度增长，由 1998 年的 4 个增加到 2019 年的 12 个。高水平省份主要集中在东南沿海和京津冀地区，在 2019 年空间布局得以扩散，湖北、湖南等省份城镇居民的休闲消费潜力得到了快速提升。②休闲消费潜力等级处于中高和中低水平的省份数量不断增加且逐步连接成片，如云南、河北、山西等省份的休闲消费潜力有所提升，且相应等级从低水平跨入更高等级。但在 2019 年，辽宁等省份的休闲消费潜力有所降低，相应等级也出现下调。③新疆、西藏、甘肃、宁夏、青海、贵州和吉林等省份的休闲消费潜力一直处于相对较低水平。

为了深入分析我国城镇居民休闲消费潜力的空间差异状况，将 31 个省份按照东中西三大区域进行分组，分析休闲消费潜力等级的区域分布及其演变状况。由表 1.3.5 可以发现：①东部地区处于高水平等级的省份由 4 个逐步增加到 9 个，处于中高和中低等级的省份由 5 个减少到 2 个，各省份休闲消费潜力等级逐渐脱离低水平，但 2019 年海南却因休闲消费潜力下降而降至低水平。②中部地区高水平等级的省份从 2006 年开始出现，2019 年则增加到 3 个，中高和中低等级的省份各有 1 个，处于低水平的省份逐步增加到 3 个。③西部地区处于高水平的省份也开始出现，并在 2 个区间波动，处于中高和中低等级的省份增加到 3 个，处于低水平的省份逐步缩减到 7 个。总体看来，城镇居民休闲消费潜力处于高水平的省份主要集中在东部地区，处于低水平的省份主要集中分布在中西部地区，而处于中高和中低等级的省份表现出由东向西转移趋势。

表 1.3.5 我国城镇居民休闲消费潜力等级的区域分布及数量演变

年份	等级	东部	中部	西部	年份	等级	东部	中部	西部
1998	高水平	4	0	0	2001	高水平	4	0	0
	中高水平	1	0	0		中高水平	1	0	0
	中低水平	4	1	0		中低水平	3	2	1
	低水平	2	7	12		低水平	3	6	11
2006	高水平	8	1	0	2011	高水平	8	1	0
	中高水平	1	0	0		中高水平	1	0	1
	中低水平	2	3	3		中低水平	2	4	5
	低水平	0	4	9		低水平	0	3	6

（续表）

年份	等级	东部	中部	西部	年份	等级	东部	中部	西部
2016	高水平	9	1	2	2019	高水平	8	3	1
	中高水平	0	0	0		中高水平	0	1	0
	中低水平	2	3	3		中低水平	2	1	3
	低水平	0	4	7		低水平	1	3	7

为全面释放我国城镇居民消费潜力：①充分认识休闲消费潜力的内涵，明晰休闲消费包括的项目内容，准确认识休闲消费潜力释放问题。从多指标体系的分析看，城镇居民休闲消费的类别、内容非常广泛，因此，要从多层次去分析解读。一方面，以现有的休闲消费统计指标数据为基础，分析休闲消费支出、休闲消费实际状况，以此为导向调整和优化休闲产业供给结构，使之与城镇居民休闲消费需求达到良好匹配。另一方面，休闲消费潜力的释放仍需回到休闲消费行为这一基点上，因此，必须分析城镇居民休闲消费的需要与目的，休闲消费行为及变动趋向。②改善和创造更好的休闲消费环境，为居民休闲消费创设良好的外在条件，为进一步释放居民休闲消费潜力提供保障。在分析休闲消费潜力各子系统的客观数据基础上，辨别城镇居民休闲消费潜力的限制性不良因素，并谨慎梳理和消除这些不良因素。例如，可以通过增加可支配收入，提升居民支付能力，进而提升休闲消费支出；完善社会保障体系，通过提供良好的医疗保障，减轻居民休闲消费的后顾之忧。③优化城镇居民休闲消费形式与消费结构，改善休闲消费的行为习惯，培育良好的社会休闲消费氛围。一方面，政府通过增加休闲公共基础设施的建设，提供多样化的休闲设施，确保城镇居民能够充分享受社会提供的新时代美好生活的福祉；另一方面，合理引导居民休闲消费的方向、方式，实现休闲消费结构的合理化配置，并不断拓宽和延展休闲消费的边界和内容。

2022 年，中国人均 GDP 达 12 741 美元，接近高收入国家水平，中国居民消费结构也不断向休闲类消费转型升级。在此背景下，探寻不同地区休闲消费潜力的释放路径，对于扩大内需、为经济增长提供持久性拉动作用具有较强现实意义。

任务 1.4 休闲政策

1.4.1 休闲政策的定义

拓展案例

休闲政策是国家的政府部门为实现既定目的所制定的与公民休闲需求、休闲产业发展等相关的行为规范、准则和规章制度。所以休闲产业政策是一个旨在引导休闲产业可持续发展的政策体系，包括：确定休闲产业的发展目标，体现休闲产业的发展方向，调整休闲产业的产业结构，促进休闲产业向着有利于社会和经济的方向健康发展，并限制休闲产业发展中的不正当行为等。

这样的指导思想也在我国休闲产业政策的具体文件中得以体现。例如《国民旅游休闲纲要》指出，纲要制定的目的在于满足人民群众日益增长的旅游休闲需求，促进旅游休闲产业健康发展，推进具有中国特色的国民旅游休闲体系建设，这与我国对休闲产业政策的定义一一对应。

1.4.2 休闲政策的分类

吴承忠将国外休闲政策初步分为六大类：户外游憩政策、艺术和娱乐政策、运动政策、旅游政策、针对特殊人群的休闲政策以及休闲服务业的人力资源管理政策，如图 1.4.1 所示。户外游憩包括了所有那些以自然和以休闲为出发点、但不一定是竞赛性或有组织的活动。艺术和娱乐产业大致包括艺术、传媒、娱乐、图书馆业，以及互联网。旅游政策则以主题细分，例如海滨旅游政策、乡村旅游政策、生态旅游政策、文化旅游政策以及国际旅游政策。针对特殊人群的休闲政策中有针对妇女与少数民族的，有针对残疾人和小孩的，也有针对青年人和老年人的。由此可见，吴承忠的分类方式是依据休闲政策本身的特点，比较直观，针对的客体比较多样，按活动类型、按地理、按人口特征都有。但缺点也比较显著，同样的政策会因不同的维度而分入不同门类，这些维度也无法包括全部政策。

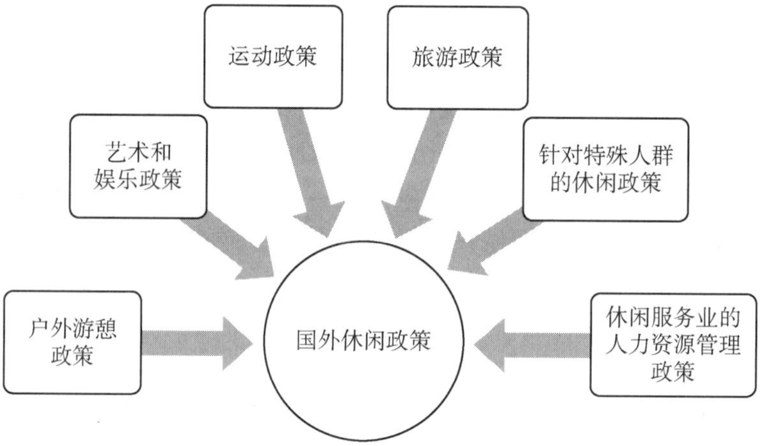

图 1.4.1 吴承忠对国外休闲政策的分类方式

维尔将国外的休闲产业政策分为四类，分别是原生类休闲资源保护政策、人文类休闲资源开发政策、旅游目的地政策以及服务于典型对象的休闲政策，如图 1.4.2 所示。原生类休闲资源保护政策主要针对各类自然公园、滨海、森林、湿地、传统乡村等，由于其自然资源难以再生，环境容量有限，生态功能也更为重要，所以从降低人类对自然影响的角度出发制定资源保护政策。人文类休闲资源开发政策主要针对文化休闲产业和娱乐产业，目的在于提高全民素质，发展相关休闲产业。典型目的地旅游政策出台背景则是旅游目的地既有扩大旅游收入的需求，同时也试图减小外来游客的影响，为了缓和两者之间所存在的矛盾需要典型目的地旅游政策的干涉。服务于典型对象的休闲政策则是针对一些典型人群，包括妇女儿童、老年人和残疾人等，在享受社会休闲产品时，往往受到歧视而不能享受到社会的公平公正的待遇，为了解决这样的问题所推出的产业政策。维尔的分类方式其实和吴承忠类似，但是分类方式更为简洁明了。

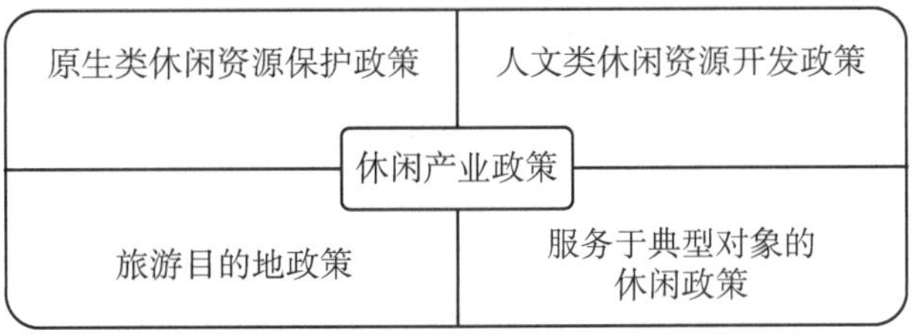

图 1.4.2　维尔的休闲产业政策分类方式

1. 根据政策主题的分类

参照国务院的分类，分为旅游、文化、体育、广播电影电视、劳动就业等主题。

2. 根据文件等级

这既可以根据发文单位得出，也可以根据文件等级直接得出。政策的发文单位涉及人民代表大会、人大常委会、国务院、国务院办公厅、发改委、财政部、文化和旅游部办公厅、国家体育总局及全国老龄办、残疾人联合会等相关部门。部门之间既有平级关系，也有上下级关系。例如国务院对人大负责，向人大报告；文化和旅游部是国务院的组成部门，文化和旅游部和国家体育总局是国务院的直属机构等。所以，发文单位可以在一定程度上体现文件等级。政策的分类也可以直接根据文件等级进行。根据我国法律渊源，法律法规可依次分为基本法律、一般法律、行政法规以及部门规章，分别由人民代表大会、人大常委会、国务院以及国务院部委及其直属机构制定，有明确的效力等级区别。参照法律渊源将剩余的政策分为三类：一是纲领性政策，一般由人大或国务院制定，虽然不具有法律的强制性，但具有较强广泛性和纲领性。例如《中华人民共和国国民经济和社会发展第十三个五年规划纲要》，政策标题内一般包含“指导”“纲要”等文字；二是具体政策；三是行业标准。

3. 根据产业政策目的分类

根据上述产业政策的目的分类，将其分为产业发展政策、产业结构政策、产业组织政策，并收录了部分对产业有间接影响的非产业政策。而最能体现休闲产业政策的分类方式是根据维尔对休闲产业政策的分类方式，将休闲产业政策分为资源保护政策、资源开发政策、休闲目的地政策以及典型对象政策。

4. 政策主题维度

将主要来源于国务院、文化和旅游部、国家体育总局等官方网站，以及《中国旅游法规全书》和《旅游政策与法规》的 535 项休闲产业政策，根据政策主题分类，涉及文化领域的有 259 项，约占所有政策的 48%；涉及旅游领域的有 176 项，约占 33%；涉及体育领域的有 46 项，约占 9%；涉及广播、电影、电视等娱乐领域的有 49 项，约占 9%；另有两项涉及劳动就业领域，如图 1.4.3 所示。由于文化包含了文化、艺术、娱乐等多个方面，这与休闲有大量重合之处，所以在休闲政策中，文化政策占据着举足轻重的地位。对文化产业发展的扶持，结构的优化调整，行为的规范，成了休闲政策的主要体现形式。

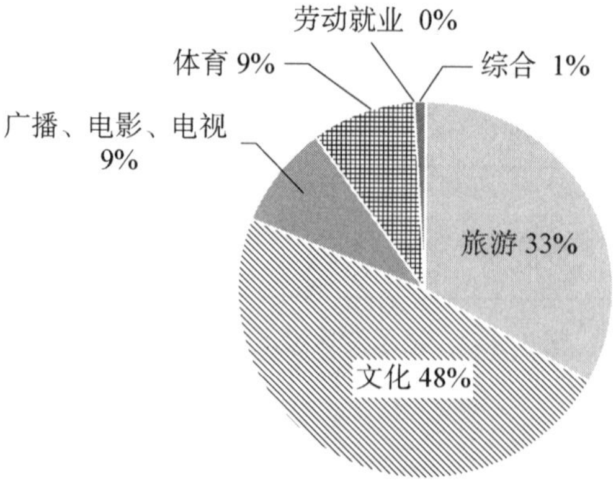

图 1.4.3 休闲产业政策的政策主题分布

5. 文件等级维度

将 535 项休闲产业政策根据发文单位分类，其中，中共中央和人大出台政策 43 项，约占 8%；国务院出台政策 144 项，约占 27%；文化部出台政策 179 项，约占 33%；国家旅游局出台政策 108 项，约占 20%；国家体育总局出台政策 32 项，约占 6%；另涉及财政部、发改委、商务部、公安部等多个部委，可见休闲政策涉及领域之广，如图 1.4.4 所示。大量的政策不仅来源于旅游局、文化和旅游部、体育总局等职能部门，还来自中央、人大、国务院，也表明部分休闲政策具备一定的全局性和纲领性。但是，涉及财政部的政策较少，也从一定程度上反映财政金融支持产业的力度还有所不足，金融行业服务于休闲经济仍有较大空间。

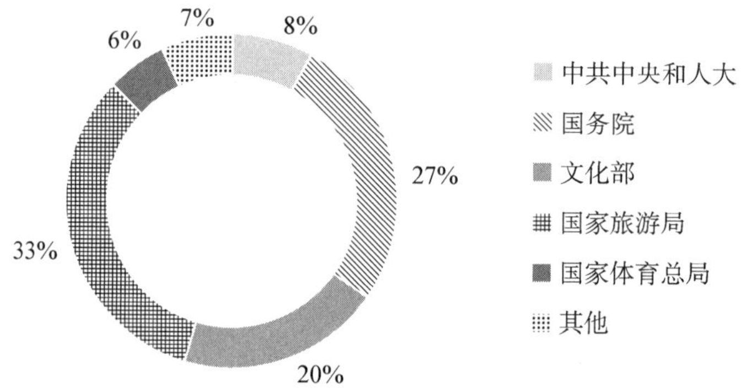

图 1.4.4 休闲产业政策的发文单位分布

将 535 项休闲政策根据文件等级分类，有一般法律 20 项，行政法规 42 项，部门规章 169 项；纲领性政策 74 项，具体政策 196 项，另有行业标准 34 项，基本实现了从顶层设计到具体政策的立体式金字塔形休闲政策体系，如图 1.4.5 所示。

6. 政策目的维度

在剔除了一些对休闲产业仅起到间接性影响的政策后，对 293 项休闲产业政策进行统计。其中，休闲产业发展政策 110 项，约占 38%；休闲产业结构政策 4 项，约占 1%；休闲产业组织政策 179 项，约占 61%，如图 1.4.6 所示。由此显示出我国对休闲产业发展的态度，既支持休

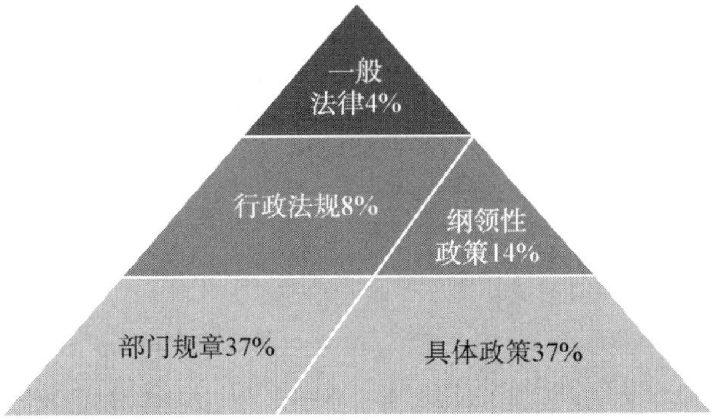

图 1.4.5 休闲产业政策的文件等级分布

闲产业发展，又重视休闲产业的市场秩序，规范市场行为，目的是实现休闲产业的可持续发展。

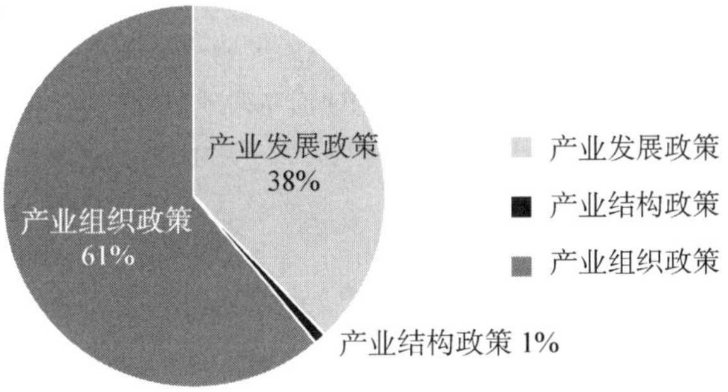

图 1.4.6 休闲产业政策的目的分布

休闲政策中符合维尔分类方式的有 169 项。其中，资源保护政策 52 项，约占 31%；资源开发政策 17 项，约占 10%；休闲目的地政策 56 项，约占 33%；典型对象政策 44 项，约占 26%，如图 1.4.7 所示。由于休闲目的地政策主要针对的是景区、博物馆、图书馆等特定的旅游文化体育设施，资源保护政策主要针对文物、艺术品、文化遗产等特定客体，这两种政策占比较高反映出我国休闲政策相对比较重视“物”的管理；典型对象政策较少，反映出对“人”的重视程度相对不足。

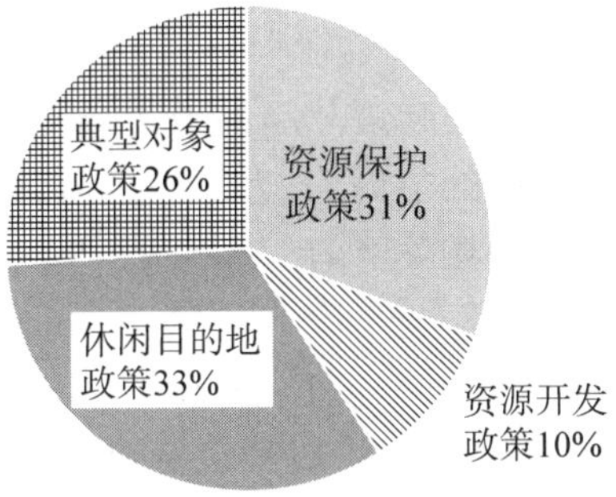

图 1.4.7 根据维尔分类的休闲政策目的分布

最后，将 535 项休闲政策按时间进行统计，可以看出，政策的数量分布并不均匀，呈现出波动增加以及大小年的分布方式，如图 1.4.8 所示。通过对政策内容的分析，有一部分年份偏多是由于收录的政策是国家各部委的纲领性政策居多，这些政策往往在五年计划的开局之年颁发，并在当年或下一年进行深化、出台细则。

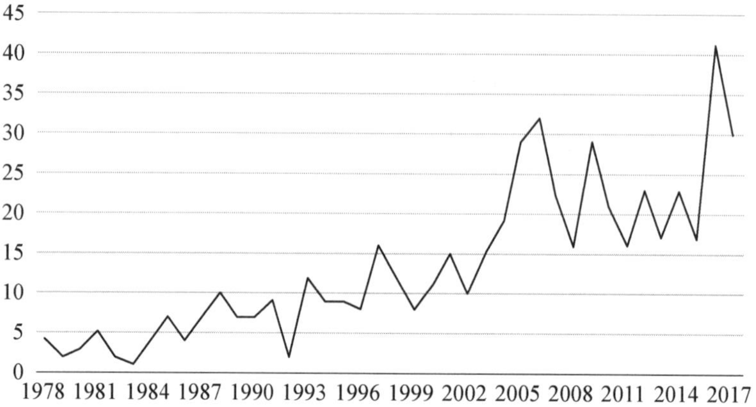

图 1.4.8 休闲政策的时间序列分布(按年)

1.4.3 休闲政策研究范围

1. 选取政策的时间范围为 1978 年至今

原因在于改革开放前的政策与当前政策的大政方针并不一致，所以目前多有失效。改革开放之后，随着国家经济的迅猛发展，休闲产业才开始发展。所以，讨论从 1978 年至今的休闲政策更有意义。

2. 仅包括休闲旅游业、休闲体育业、休闲文化业这三类休闲产业的基础部分

不包括休闲农业、休闲商业、休闲房地产业等休闲体系中的延伸产业，这主要是考虑到如果休闲产业的范围过大，会混淆了休闲产业与服务性产业的边界。

3. 仅列出国家层面的休闲产业政策

只有中央人民政府的政策才能突破政策范围的地方局限性，影响整个休闲产业的所有上市休闲企业。其发文主体将仅限于中共中央、人大及国务院，包括办公厅、国家发展和改革委员会、文化和旅游部、国家体育总局等相关部门。

4. 仅列出影响全国的休闲产业政策

有一些产业政策虽由国务院发布，但仅针对某一特定地域，如国函〔1993〕83 号《国务院关于江苏太湖国家旅游度假区两个度假中心更名的批复》，对除当地之外的全国休闲产业无实质性影响，故予以剔除。

5. 并不完全秉持商业促进的倾向

由于休闲并不等同于旅游，休闲产业具备一定的公益性和福利性，私营部门和公共部门都在休闲业的发展中发挥着重要作用，一些公益性较强但对休闲产业有明显促进作用的政策也被纳入统计之中。

6. 具体到体育类政策中也大量剔除了专业体育类政策

如剔除了申办 2008 年北京奥运会的相关政策及反《反兴奋剂条例》等与大众无关的相关政策，而仅将与大众休闲相关的政策纳入。

1.4.4 休闲政策沿革

1. 政策主题沿革

从时间维度来看休闲政策的结构变化。20 世纪，由于旅游业要为中国创汇服务，传统的旅游政策是中国休闲政策的主力。近 20 年来，文化成了休闲政策中的主旋律。值得注意的是，近年来旅游和体育主题在休闲政策中占比逐渐提升，反映了近年来人们的消费观念和生活方式发生巨大变化，导致政府越来越重视调整旅游、文化和运动过程中各个主体的社会关系，不断出台政策培养和规范人们的休闲形式，引导人们广泛参与到更有意义的休闲活动中来。

2. 文件力度沿革

从时间维度来看休闲政策文件等级的结构变化。20 世纪，文化和旅游部占到一定比重，而 21 世纪文化和旅游部一直占到较高比重，这与之前的分析相对应。国务院及办公厅多在五年计划的开局和收官之年发出纲领性政策指导，引导产业健康有序发展。文化和旅游部和国家体育总局的政策出台频率在近几年也有所增加，而其他部委也更广泛地参与到休闲政策的制定中来，表现出休闲政策的广泛性。

2018 年 3 月，随着中华人民共和国文化和旅游部正式成立，休闲产业至此有了属于自己的主管部门。随着大部门的架构逐渐形成，大产业的概念也会更加深入人心，细分产业的融合加速，休闲产业的黄金发展期即将到来。

从时间维度来看休闲政策文件等级的结构变化。部门规章与具体政策作为休闲政策的最终形式，长期以来都是休闲政策最重要的组成部分。值得注意的是，近年来纲领性政策有逐渐增多的趋势，说明中国政府越来越重视休闲产业的顶层战略设计，统筹考虑休闲产业各层次各要素，统揽全局来更好地解决人民日益增长的美好生活需要和不平衡不充分的休闲产业发展之间的矛盾，表现出我国的休闲产业发展迈向新时代新征程。

3. 政策目的改革

从时间维度来看休闲产业政策目的的结构变化。休闲产业组织政策一直是休闲产业政策的重要组成部分，反映出我国非常重视休闲产业的健康稳定发展，将扶持中小企业，创造公平、良好、透明的社会经济环境作为休闲产业发展的首要目标。同时，辅以休闲产业的发展政策，在空间布局、财政金融等领域给予一系列政策支持，全力保障休闲产业的可持续发展。

从时间维度来看休闲政策的结构变化。单独看资源保护与资源开发两项政策，我国休闲政策正在从以保护为主向保护与开发并举的方向转型。休闲资源大多属于自然、历史、文化资源，对我国休闲产业发展有着重大意义。既要保护资源，又要利用资源，需要充分挖掘其休闲价值，建立和完善相关机制，坚持开发与保护并重原则，才能让休闲资源焕发出更加绚丽的色彩。

1.4.5 休闲政策的时代特点

休闲政策在每段时间内都显示出不同的特征。这种特征的变化与国家经济社会的发展变化息息相关。

1. 1978—2000 年：从萌芽到发展

改革开放以来，我国国民经济社会发展的总目标一直很明确，是党的十三大所提出的中国经济建设分三步走的总体战略。第一步是在 20 世纪 80 年代解决人民的温饱问题；第二步是在 20 世纪末人民生活达到小康水平；第三步在党的十九大上进一步被细化为两个阶段：第一个阶段是到 2035 年，在全面建成小康社会的基础上基本实现社会主义现代化；第二个阶段是到 21 世纪中叶，在基本实现现代化的基础上把我国建成富强、民主、文明、和谐、美丽的社会主义现代化强国。1978 至 2000 年，是我国完成三步走中的第一步和第二步的时间段。整个国家的国民经济都以“发展”为主基调，休闲产业也在这段时间内萌芽，进入了初创时期。

1）“五五”时期：休闲产业的萌芽

休闲产业开始萌芽，如表 1.4.1 所示。由于其有一定的创汇能力而受到了政府的关注，提出要重点搞好旅游纪念品和工艺品的生产与销售；而在文化领域，则重视对历史文物的保护。在具体的休闲政策上，本时期的休闲政策较少，以旅游产业的发展政策为主，文化资源的保护政策为辅。

表 1.4.1 “五五”时期（1976—1980 年）的休闲政策特点

国家宏观战略目标	休闲产业发展目标	代表性休闲政策
1975 年提出：建立独立的比较完整的工业体系和国民经济体系。 1979 年修正：调整、改革、整顿、提高。	无	● 中共中央批转外交部党组关于发展旅游事业的请示报告 ● 国务院批转轻工业部、外交部、商业部关于搞好旅游纪念品、工艺品生产和销售的报告 ● 国务院关于加强历史文物保护工作的通知

2）“六五”时期：经济调整中的休闲产业

在休闲产业方面，坚持了之前的休闲产业各项政策，如表 1.4.2 所示。积极发展旅游产业，将旅行社与景区的管理以国务院颁发行政法规的形式予以明确；在文化产业方面，将文物保护的原则上升到法律层面，并开始重视电影艺术、广播电视、博物馆、图书馆等与人民文化生活息息相关的各个细分领域；在体育产业方面，也对大众体育活动开始有了关注。但由于国家经济尚处于初步发展阶段，关注力度有所不足。在具体的休闲政策上，本时期的政策开始增多，仍以旅游产业发展政策为主，但已经开始重视旅游产业发展过程中的市场秩序问题，以文化资源保护政策为辅。政策的等级有所提升，开始有了一些法律和行政法规的出台。

表1.4.2 “六五”时期（1981—1985年）的休闲政策特点

国家宏观战略目标	休闲产业发展目标	代表性休闲政策
继续贯彻执行调整、改革、整顿、提高的方针，进一步解决过去遗留下来的阻碍经济发展的各种问题，取得实现财政经济状况根本好转的决定性胜利，并且为第七个五年计划期间的国民经济和社会发展奠定更好的基础，创造更好的条件。	总纲：文化艺术、广播电视、新闻出版、体育等各项事业，都有较大的发展。 旅游：要适当扩大旅游业设施的建设，进一步开发旅游区，提高服务质量。 文化：● 电影和艺术事业要着重提高作品的思想水平和艺术质量； ● 积极改善新闻出版手段； ● 改进图书发行工作； ● 广播电视事业要有适当的发展； ● 加强文物保护工作，进一步发展文物事业； ● 充实、提高现有博物馆； ● 加强公共图书馆的建设； ● 扩大同外国特别是第三世界国家的文化艺术界人士和表演团体的互访活动，开展文化艺术交流。 体育：● 大力发展城市体育，重点抓好学校体育，积极开展厂矿、企业和农村体育活动； ● 适当加强体育场地建设。	● 国务院关于加强旅游工作的决定 ● 中共中央办公厅、国务院办公厅转发国家旅游局关于开创旅游工作新局面几个问题的报告的通知 ● 旅行社管理暂行条例 ● 风景名胜区管理暂行条例 ● 中华人民共和国文物保护法

3）“七五”时期：服务于创汇的旅游产业

休闲产业的发展目标更为细化，如表1.4.3所示。具体体现在：旅游产业更加重视创汇任务，加快旅游业的基础建设；文化事业则体现在文物保护单位的普及、图书馆档案馆等文化活动网点的建设全面铺开；对体育事业的支持力度也在逐渐加大，在具体的休闲政策上。本时期的政策开始以旅游产业组织政策为主，其中大部分属于涉外事项。部委出台的部门规章迅猛增长，体现出对休闲产业发展的重视从中央逐渐向部委和地方蔓延，逐渐细化、逐渐落地的过程。产业组织政策超越了产业发展政策，构成了产业政策的核心组成部分，反映出经过一段时间的发展，调整产业内部结构关系一跃成为产业发展最重要最紧迫的问题。

表1.4.3 “七五”时期（1986—1990年）的休闲政策特点

国家宏观战略目标	休闲产业发展目标	代表性休闲政策
● 进一步为经济体制改革创造良好的经济环境和社会环境，努力保持社会总需求和总供给的基本平衡，使改革更加顺利地展开，力争在五年或更长一些的时间内，基本上奠定有	总纲：加快为生产和生活服务的第三产业的发展。 旅游：● 大力发展中国的旅游业，增加外汇收入，促进各国人民之间的友好往来； ● 在国家统一规划下，动员各方面的力量，加强旅游城市和旅游区的建设。加快培养旅游业人才。扩大旅游商品的生产和销售。	● 国务院办公厅转发国家旅游局关于加强旅游工作意见的通知 ● 旅游对外招徕管理的若干规定 ● 国务院办公厅转发国家经委关于扩大旅游商品生产和销售的若干规定的通知

（续表）

国家宏观战略目标	休闲产业发展目标	代表性休闲政策
中国特色的新型社会主义经济体制的基础； ● 保持经济的持续稳定增长，在控制固定资产投资总额的前提下大力加强重点建设、技术改造和智力开发，在物质技术和人才方面为九十年代经济和社会的继续发展准备必要的后续能力； ● 在发展生产和提高经济效益的基础上，继续改善城乡人民生活。	文化：● 各项文化事业的发展，必须坚持为人民服务、为社会主义服务的方向，正确处理经济效益和社会效益的关系，把社会效益放在首位； ● 到1990年使全国重点文物保护单位达到700处左右；到1990年，除某些地区外，争取做到每个市、每个县都有一个规模不等的图书馆。加强档案馆的建设； ● 充分发挥集体、个人的力量，增加活动网点，活跃群众业余文化生活。 体育：● 进一步加强专业体育队伍的建设，大力开展群众性体育活动，促进整个民族健康水平的提高； ● 适当加强体育设施的建设。	● 中共中央办公厅、国务院办公厅关于整顿、清理书报刊和音像市场严厉打击犯罪活动的通知 ● 城乡建设部、国家体委关于发布《城市公共体育运动设施用地定额指标暂行规定》的通知

4）“八五”时期：以国际旅游业为核心的休闲产业

休闲产业的发展目标更加明确，如表1.4.4所示。总纲中明确将旅游业纳入了大力发展对象，特别是作为创汇主力的国际旅游业；而在文化事业上，则更加注重文化的社会效益而非经济效益；对文化和体育设施的建设都有所加强，且以普及为目的，以中小型规模为主。在休闲政策上，本时期的政策延续了“七五”时期以旅游产业组织政策为主，大部分属于涉外事项的特征，但国内旅游业也开始有所关注。文化和体育政策的数量开始增加，部委出台的部门规章也继续增长。在政策内容上，旅游产业的政策越来越细化，大量涉及饭店、旅行社、景区的细则出台。自然保护区条例的诞生，标志着我国开始重视协调人和自然和谐相处的关系，从而为休闲产业实现可持续发展打下了基石。体育事业中则诞生了我国的体育法，成了体育产业发展过程中的一座里程碑。

表1.4.4 “八五”时期（1991—1995年）的休闲政策特点

国家宏观战略目标	休闲产业发展目标	代表性休闲政策
● 在大力提高经济效益和优化经济结构的基础上，使国民生产总值按不变价格计算，到20世纪末比1980年翻两番； ● 人民生活从温饱达到小康，生活资料更加丰裕，消费结构趋于合理，居住条件明显改善，文化生活进一步丰富，健康水平继续提高，	总纲：大力发展第三产业，包括金融、保险、信息、旅游、咨询、房产以及生活服务业。 旅游：积极发展国际旅游业，增加非贸易外汇收入。 文化：● 新闻出版、广播电影电视、文学艺术等各项文化事业，要坚持为人民服务、为社会主义服务的方针。大力弘扬民族优秀文化，提高精神产品质量，不断满足人民群众日益增长的文化需要，为社会的稳定、繁荣、文明、进步提供更多的优秀作品。要正确处理经济效益与社会效益的关系，坚持把社会效益放	● 国务院批转国家旅游局关于加强旅游行业管理若干问题请示的通知 ●《中华人民共和国公民出境入境管理法实施细则》修订 ● 中华人民共和国自然保护区条例 ● 国务院批转文化部关于文化事业若干经济政策意见报告的通知 ● 中华人民共和国体育法

（续表）

国家宏观战略目标	休闲产业发展目标	代表性休闲政策
社会服务设施不断完善； ● 初步建立适应以公有制为基础的社会主义有计划商品经济发展的、计划经济和市场调节相结合的经济体制和运行机制； ● 社会主义精神文明建设达到新的水平，社会主义民主和法制进一步健全。	在第一位； ● 进一步发展文学、广播、电视、电影、音乐、舞蹈、美术、戏剧、曲艺等文学艺术领域的创作、演展活动； ● 加强文化设施的建设。 体育：● 继续发展体育事业。进一步开展群众性体育活动，增强全民体育运动意识； ● 体育设施的建设，以中小型为主； ● 充分调动社会办体育的积极性，努力增加群众体育运动的场所和设施。	

5）“九五”时期：重心调整中的休闲业

人民生活开始达到小康水平，现代意义上的休闲产业开始形成，如表 1.4.5 所示。具体体现在：旅游业不再仅仅追求于创汇，以国内旅游带动国内消费的理念开始形成；文化业也更加追求社会效益和经济效益的共同发展，但更为强调社会效益；体育业则开始落实到全民健身计划这样的实际措施上来。本时期的政策仍以旅游产业组织政策为主，旅游业的政策开始走向法治化，各类部门规章和细则不断出台，并逐渐转向国内旅游；文化和体育业的政策也进一步加强对相关领域的管理，对各类人群的关注性政策不断增加。

表 1.4.5 “九五”时期（1996—2000 年）的休闲政策特点

国家宏观战略目标	休闲产业发展目标	代表性休闲政策
● 全面完成现代化建设的第二步战略部署，2000 年，实现人均国民生产总值比一九八〇年翻两番； ● 基本消除贫困现象，人民生活达到小康水平； ● 加快现代企业制度建设，初步建立社会主义市场经济体制； ● 要加大改革力度，理顺经济关系，推动科技进步，调整产业结构，提高经济效益，增强发展后劲，为下世纪初开始实施第三步战略部署奠定更好的物质技术和经济体制基础。	总纲：积极发展旅游、信息、咨询、技术服务、法律服务和会计服务等新兴产业，不断提高人民物质文化生活水平。 旅游：随着城乡居民收入水平的提高，要丰富消费内容，改善消费结构，重点解决住和行的问题，扩大服务性消费，使生活质量有较大改善。 文化：大力发展各项文化教育和社会福利事业，加强公共文化和福利设施建设； 弘扬主旋律，提倡多样化，努力繁荣文艺创作； 加强新闻、出版、广播、电视等方面的工作； 坚持一手抓繁荣，一手抓管理，促进文化市场健康发展； 继承和弘扬优良传统文化，加强中外文化交流，同时注意防止腐朽思想文化的渗透。 体育：发展体育运动，推行全民健身计划，增强人民体质。	● 旅行社管理条例 ● 导游人员管理条例 ● 国务院办公厅转发国家旅游局等部门关于进一步发展假日旅游若干意见的通知 ● 传统工艺美术保护条例 ● 国务院关于支持文化事业发展若干经济政策的通知

综上所述，1978年至2000年，休闲产业逐渐发展。旅游业从服务于创汇走向服务于国内经济；文化产业基础建设全面铺开，社会效益逐渐显现；体育产业也从设施建设转向了全民健身的提倡和展开。休闲产业各个细分领域在迅猛的发展势头中迎来了21世纪。

2. 2001年——至今：从调整结构到新时代

20世纪末，我国提前实现了现代化建设的前两步战略目标，取得了经济和社会的全面发展，人民生活总体达到小康水平。从21世纪开始，我国进入全面建成小康社会，加快推进社会主义现代化的新阶段。在新的发展阶段中，结构转型逐渐取代高速增长，成为国民社会经济发展的首要任务。而由于休闲产业也面临了相似的障碍，如结构不合理、社会发展与产业发展脱节等，休闲产业也迎来了其新的发展阶段。

1）“十五”时期：休闲产业的转型与开放

我国21世纪第一个五年计划，面对的重大背景是我国加入了WTO世界贸易组织，如何深化改革开放成了十五计划的主题，而休闲产业也迎来了重大转型，如表1.4.6所示。旅游业成了国民经济新的经济增长点；文化产业则迎来了迅猛发展期；体育产业日益大众化。体现在具体政策上，在这一时期，各类文化产业的部门规章和具体政策纷纷出台，文化政策成了休闲政策的主力军。旅游政策则开始偏重国内旅游，并兼顾出境旅游，一些与国际准则相衔接的休闲政策也在这一阶段诞生，体现出进入21世纪旅游产业的重心发生了巨大变化。

表1.4.6 “十五”时期(2001—2005年)的休闲政策特点

国家宏观战略目标	休闲产业发展目标	代表性休闲政策
● 国民经济保持较快发展速度，经济结构战略性调整取得明显成效，经济增长质量和效益显著提高，为到2010年国内生产总值比2000年翻一番奠定坚实的基础； ● 国有企业建立现代企业制度取得重大进展，社会保障制度比较健全，完善社会主义市场经济体制迈出实质性步伐，在更大范围内和更深程度上参与国际经济合作与竞争； ● 就业渠道拓宽，城乡居民收入持续增加，物质文化生活有较大改善，生态建设和环境保护得到加强； ● 科技、教育加快发展，国民素质进一步得到提升。	总纲：要以市场化、产业化和社会化为方向，增加供给，优化结构，拓宽领域，扩大就业，加快发展服务业。开发健康有益大众化的娱乐、健身项目，发展文化和体育产业。 旅游：加大旅游市场促销和新产品开发力度，加强旅游基础设施和配套设施建设，改善服务质量，促进旅游业成为新的经济增长点。 文化：● 加强图书馆、博物馆、文化馆、科技馆、档案馆和青少年活动场所等文化设施建设； ● 坚持把社会效益放在首位、社会效益和经济效益相统一的原则，深化文化、广播影视、新闻出版体制改革，建立科学合理、灵活高效的管理体制和文化产品生产经营机制； ● 加强民族文化遗产保护； ● 积极开展对外文化交流。完善文化产业政策，加强文化市场建设和管理，推动有关文化产业发展。	● 国务院关于进一步加快旅游业发展的通知 ● 中国公民出国旅游管理办法 ● 国务院办公厅转发国家计委关于“十五”期间加快发展服务业若干政策措施意见的通知 ● 国务院关于非公有资本进入文化产业的若干决定 ● 中华人民共和国水下文物保护管理条例

2）“十一五”时期：特色化的休闲业

我国首次将可持续发展写入了国家经济与社会发展目标，体现出我国发展思路的重大转变。粗放式发展已一去不复返，产业结构升级调整成了经济进一步发展的主导因素。在国民经济发生转变的背景下，休闲业也体现出了一定程度的变化。旅游业进一步强调国内旅游与入境旅游的均衡和有序发展，并适当发展出境旅游，重点发展红色旅游、农业旅游、文化旅游等特色旅游，并加大对自助旅游的关注和规范力度；文化产业逐渐形成比较完备的公共文化服务体系；体育产业仍着重于体育设施的建设和青少年等特殊人群对体育活动的关注。从政策的角度来看，这一时期对资源的保护走向了法治化和全面化，不仅是对历史资源一如既往地被重视，对自然资源的保护也随着可持续发展的理念而日益被重视。而《职工带薪年休假条例》的出台，则构成了休闲产业未来发展的基石，为国民取得更多休闲时间提供了法理依据。

表 1.4.7 "十一五"时期(2006—2010 年)的休闲政策特点

国家宏观战略目标	休闲产业发展目标	代表性休闲政策
● 宏观经济平衡运行； ● 产业结构优化升级； ● 资源利用效率显著提高； ● 城乡区域发展趋向协调； ● 基本公共服务明显加强； ● 可持续发展能力增强； ● 市场经济体制比较完善； ● 人民生活水平继续提高； ● 民主法制建设和精神文明建设取得新进展。	总纲：促进文化、健身、旅游、休闲等服务性消费。 旅游：● 全面发展国内旅游，积极发展入境旅游，规范发展出境旅游。 ● 合理开发和保护旅游资源，改善基础设施，推进重点旅游区、旅游线路建设，规范旅游市场秩序。 ● 继续发展观光旅游，开发休闲度假以及科普、农业、工业、海洋等专题旅游，完善自助游服务体系。 ● 继续推进红色旅游。 ● 加快旅游企业整合重组。 ● 鼓励开发特色旅游商品。 ● 加大政府对文化事业的投入，逐步形成覆盖全社会的比较完备的公共文化服务体系。 ● 加强文化自然遗产和民族民间文化保护。 ● 扩大国际文化交流，积极开拓国际文化市场，推动中华文化走向世界。 体育：● 加强城乡基层和各类学校体育设施建设，开展全民健身活动，提高全民特别是青少年的身体素质。 ● 保护发展民族民间体育。 ● 深化体育改革，鼓励社会力量兴办体育事业和投资体育产业。 ● 规范发展体育健身、竞赛表演、体育彩票、体育用品，以及多种形式的体育组织和经营实体。	● 风景名胜区条例 ● 历史文化名城名镇名村保护条例 ● 文化产业振兴规划 ● 全民健身条例 ● 公共文化体育设施条例 ● 职工带薪年休假条例

3) "十二五"时期：融合发展的休闲业

国家的社会经济发展目标的转型更为明显，重结构调整与环境保护的概念不仅成为一个宏观目标，更成为一种理念得到深化落实。以此为背景，休闲产业在此阶段发生了重大变化，如表 1.4.8 所示：两大细分产业——旅游产业和文化产业都成了国民经济的战略性支柱产业，进一步开始了产业结构调整以适应国家的进一步发展。从政策的角度来看，国务院对包括休闲产业在内的生活性服务业出台了一系列纲领性政策，以促进消费产业的发展。旅游业终于诞生了《中华人民共和国旅游法》，成了旅游产业发展的根本大法。《国务院办公厅关于印发国民旅游休闲纲要(2013—2020 年)》则标志着休闲产业正式被中国政府所重视，各个产业的产业融合初步显现。

表 1.4.8 “十二五”时期(2011—2015 年)的休闲政策特点

国家宏观战略目标	休闲产业发展目标	代表性休闲政策
● 经济平稳较快发展; ● 结构调整取得重大进展; ● 科技教育水平明显提升; ● 资源节约环境保护成效显著; ● 人民生活持续改善; ● 社会建设明显加强; ● 改革开放不断深化。	总纲:面向城乡居民生活,丰富服务产品类型,扩大服务供给,提高服务质量,满足多样化需求。 旅游:● 全面发展国内旅游,积极发展入境旅游,有序发展出境旅游; ● 坚持旅游资源保护和开发并重,加强旅游基础设施建设,推进重点旅游区、旅游线路建设; ● 推动旅游业特色化发展和旅游产品多样化发展,全面推动生态旅游,深度开发文化旅游,大力发展红色旅游; ● 完善旅游服务体系,加强行业自律和诚信建设,提高旅游服务质量。 ● 推动文化产业成为国民经济支柱产业,增强文化产业整体实力和竞争力; ● 推进文化产业结构调整,推进文化产业转型升级,推进文化科技创新,改造提升传统产业,培育发展新兴产业; ● 鼓励和支持非公有制经济进入文化产业领域,逐步形成以公有制为主体、多种所有制共同发展的产业格局。 体育:● 大力发展公共体育事业,加强公共体育设施建设,开展全民健身运动,提升广大群众体育健身意识和健康水平; ● 发展健身休闲体育,开发体育竞赛和表演市场,发展体育用品、体育中介和场馆运营等服务,促进体育事业和体育产业协调发展。	● 中华人民共和国旅游法 ● 国务院办公厅关于印发国民旅游休闲纲要(2013—2020 年)的通知 ● 国务院办公厅关于加快发展生活性服务业促进消费结构升级的指导意见 ● 国务院关于推进文化创意和设计服务与相关产业融合发展的若干意见 ● 国务院关于加快发展体育产业促进体育消费的若干意见

4)“十三五”时期:新时代的休闲产业

中国已实现全面建成小康社会的最后一个五年计划,而中国社会主要矛盾也已经转化为人民日益增长的美好生活需要和不平衡不充分的发展之间的矛盾,中国全面进入了新时代。在新时代,国家的经济社会发展目标着重于全面发展,共同富裕。休闲产业也在新时代下发生了变化,如表 1.4.9 所示。这主要体现在休闲产业的细分产业:旅游、文化、体育不再各自独立发展,而是互相融合,互相促进,诞生出面向大众的、面向未来的新时代休闲产业。具体到政策上,休闲产业政策进一步全面化、宽泛化,更加注重生态和经济的和谐发展,更加注重产业融合,国务院也在《关于进一步扩大旅游文化体育健康养老教育培训等领域消费的意见》中指出了休闲产业作为幸福产业的意义所在。

表 1.4.9 “十三五”时期(2016—2020 年)的休闲政策特点

国家宏观战略目标	休闲产业发展目标	代表性休闲政策
● 经济保持中高速增长; ● 创新驱动发展成效显著; ● 发展协调性明显增强; ● 人民生活水平和质量普遍提	总纲:提高生活性服务业品质,加快教育培训、健康养老、文化娱乐、体育健身等领域发展。 旅游:大力发展旅游业,深入实施旅游业提质增效工程,支持发展生态旅游、文化旅游、休闲旅游、山地旅游等。 文化:● 公共文化服务体系基本建成,文化产业成为国民经济支柱性产业; ● 加快发展新兴产业,推动传统产业转型升级;推进文化业态创新,大力发展创意文化产业;	● 国家旅游局关于印发的《全国旅游标准化发展规划(2016—2020)》的通知 ● 中共中央办公厅、国务院办公厅印发的《建立国家公园体制总体方案》

（续表）

国家宏观战略目标	休闲产业发展目标	代表性休闲政策
高； ● 国民素质和社会文明程序显著提高； ● 生态环境质量总体改善； ● 各方面制度更加成熟更加定型。	● 促进文化与科技、信息、旅游、体育、金融等产业融合发展； ● 扶持中小微文化企业发展。 体育：● 实施全民健身战略； ● 发展体育事业，加强群众健身活动场地和设施建设，推行公共体育设施免费或低收费开放； ● 发展群众健身休闲项目； ● 促进群众体育全面发展。鼓励社会力量发展体育产业。	● 国务院办公厅关于促进全域旅游发展的指导意见 ● 中华人民共和国电影产业促进法 ● 中华人民共和国公共图书馆法 ● 国务院办公厅关于加快发展健身休闲产业的指导意见

综上所述，我国休闲产业政策在不同的时代展现出不同的特征，反映了休闲产业政策的目标与国家经济社会发展的宏观目标是相一致的。各个细分行业从独立发展走向了融合发展，既是自然发展的必然，也是政策引导的使然。涉及的政府部门也越来越趋向于多元化，标志着我国的休闲产业政策正向综合化、法治化、规范化的方向发展。

1.4.6 休闲产业政策的样本分析

1. 选取休闲产业政策样本的标准

1）时间角度

一方面，旧的政策可能已经失效，相关上市企业可能已经转型甚至退市；另一方面，考量政策的效果需要给予政策一定的时间发酵，所以政策的出台时间既不宜过早也不宜过晚，选取 2011 年—2015 年我国“十二五”时期的政策加以分析。

2）主题角度

选取的休闲产业政策应当尽量覆盖整个休闲行业，而不局限于旅游、文化、体育等任一细分领域。

3）文件等级角度

选取纲领性政策作为研究对象。纲领性文件体现了中国政府对于休闲业的总原则和总目标，具有一定的战略高度和覆盖广度，可以对休闲业产生更为深远的影响。出于重要性角度考虑，纲领性政策也更值得研究。

2. 选取的休闲政策

根据上述原则，选取两个休闲政策作为研究对象。一是 2013 年 2 月 2 日由国务院办公厅印发的《国民旅游休闲纲要（2013—2020 年）》（以下简称《纲要》）；另一个是 2015 年 11 月 19 日由国务院办公厅印发的《关于加快发展生活性服务业促进消费结构升级的指导意见》（下简称《意见》）。

1)《国民旅游休闲纲要》

(1)《纲要》出台背景。

《国民旅游休闲纲要(2013—2020年)》的上位纲领性政策是《国务院关于加快发展旅游业的意见》(国发〔2009〕41号)。该意见认为,旅游业是战略性产业,资源消耗低,带动系数大,就业机会多,综合效益好。自改革开放以来,中国旅游业快速发展,产业规模不断扩大,产业体系日趋完善。2009年的中国处于高速工业化及城镇化阶段,消费需求日益增长,并逐渐呈现出大众化、多样化的态势,这为旅游业发展提供了新的机遇。政府需要出台相关政策来充分发挥旅游业在保增长、扩内需、调结构等方面的积极作用。

该意见的基本原则在于坚持改革开放,破除体制障碍,充分发挥市场在配置资源方面的作用,坚持提高质量、内涵发展、以人为本、安全第一,寓管理于服务之中,不断满足人民群众日益增长的旅游消费需求;坚持以国内旅游为重点,积极发展入境旅游,有序发展出境旅游;坚持因地制宜,推动特色发展;坚持节能环保,合理利用资源,实现旅游业可持续发展。

该意见按照科学发展观的要求,对旅游业提出了全新的定位,提出把旅游业培育成国民经济的战略性支柱产业和人民群众更加满意的现代服务业的宏伟目标,并就新时期旅游业发展进行了全面部署,明确了具体的发展目标。

在该意见的指导下,为满足人民群众日益增长的旅游休闲需求,促进旅游休闲产业健康发展,推进具有中国特色的国民旅游休闲体系建设,《国民旅游休闲纲要(2013—2020年)》应运而生。

(2)《纲要》主要内容。

国务院办公厅于2013年2月2日印发《国民旅游休闲纲要(2013—2020年)》。《纲要》的目标是到2020年,职工带薪年休假制度基本得到落实,城乡居民旅游休闲消费水平大幅增长,健康、文明、环保的旅游休闲理念成为全社会的共识,国民旅游休闲质量显著提高,与小康社会相适应的现代国民旅游休闲体系基本建成。《纲要》的主要任务在于,保障国民旅游休闲时间,改善国民旅游休闲环境,推进国民旅游休闲基础设施建设,加强国民旅游休闲产品开发与活动组织,完善国民旅游休闲公共服务,提升国民旅游休闲服务质量。

(3)《纲要》意义分析。

《纲要》的意义在于,这是自旅游业发展成为国民经济的战略性支柱产业以来,我国首次在纲领性政策中将休闲与旅游并驾齐驱,提出具体的发展目标,做出具体的任务和措施。《纲要》横跨我国“十二五”到“十三五”时期,具有较强稳定性和执行力。《纲要》最重要的就是推动落实带薪休假制度,增加民众假期,服务于大众旅游休闲。从发达国家的经验来看,休假时间与人均旅游次数、单次旅游过夜天数,以及单次旅游消费密切相关,也就是说,休假制度的完善有助于提升人均旅游消费,对旅游产业的发展有直接影响。而在国内,随着经济水平和交通基础设施在过去20年的大幅度提升,休假不足已经成为制约我国旅游休闲行业发展的最大短板,增加居民闲暇时间对推动我国旅游休闲行业发展影响最为显著。过去,由于休假制度的缺位,人们被迫集中选择黄金周释放旅游休闲需求,使游客和旅游目的地都遭遇了严重的“黄金周矛盾”,降低了游客的满意度,也让旅游目的地倍感压力,不利于旅游产业整体的经营和发展。

《纲要》一旦落实将意味着公众每年可能将会增加1至2个类似黄金周的度假时段。根据以往数据,每个黄金周能带来约1亿人次的出游消费,实现旅游收入500亿元以上。所有落实带薪休假所带动的消费量将相当可观。另一方面，随着纲要的推出，带薪休假的逐步落实，也可以分散出游高峰，改善游客出游体验，更可有效提高旅游休闲产业整体的经营效率，丰富休闲产业链，从而为休闲业未来 5～10 年的发展奠定坚实基础。在《纲要》发布后，二级市场立即对政策内容做出反应。在《纲要》发布当天(2013 年 2 月 2 日)，休闲产业上市企业股价平均上涨 1.27%。在《纲要》颁布后较长一段时期内，休闲产业上市企业的股票都是资本市场的关注重点，休闲产业上市企业的业绩也取得了长足的增长。可见市场普遍认为，《纲要》的出台和落实将对我国休闲产业发展有较强促进作用，对行业发展产生深刻影响。有专家预计，2013—2020 年间，带薪休假的渐进推进可至少增厚旅游市场空间 1%～2%。

2)《关于加快发展生活性服务业促进消费结构升级的指导意见》

(1)《意见》出台背景。

传统的周期性行业在经历了长期快速增长后显示出了一定的颓势，在这一背景下，服务业取代传统行业高速发展，对整个经济的增长和消费的升级就显得尤为重要。根据国家统计局的数字，在《意见》出台前的 2014 年，服务业的生产总值已经达到了 30.7 万亿元，较 2013 年增长 8.1%，远快于其他行业；占国内生产总值的比重也达到了 48.2%，比 2013 年增长 1.3%，服务业依然占据国民经济行业的半壁江山。随着服务业的重要性日益凸显，也就需要政府出台系统性和纲领性的政策来引导整个服务产业健康发展。

(2)《意见》主要内容。

国务院办公厅于 2015 年 11 月 19 日正式印发《关于加快发展生活性服务业促进消费结构升级的指导意见》。《意见》认为，近年来，中国服务业发展取得显著成效，成为国民经济和吸纳就业的第一大产业，稳增长、促改革、调结构、惠民生作用持续增强。但中国生活性服务业发展仍然相对滞后，有效供给不足、质量水平不高、消费环境有待改善等问题突出，迫切需要加快发展。生活性服务业领域宽、范围广，涉及人民群众生活的方方面面，与经济社会发展密切相关。加快发展生活性服务业，是推动经济增长动力转换的重要途径，是实现经济提质增效升级的重要举措，是保障和改善民生的重要手段，所以需要出台政策来加快发展生活性服务业、促进消费结构升级。

《意见》的主要目标在于增进人民福祉、满足人民群众日益增长的生活性服务需要，大力倡导崇尚绿色环保、讲求质量品质、注重文化内涵的生活消费理念，创新政策支持，积极培育生活性服务新业态新模式，全面提升生活性服务业质量和效益。在经济发展新常态下，为扩大消费需求、拉动经济增长、转变发展方式、促进社会和谐提供有力支撑和持续动力。

《意见》提出了深化改革开放，改善消费环境，加强基础设施建设，完善治疗标准体系，加大财税、金融、价格、土地政策引导支持，推动职业化发展，建立健全法律法规和统计制度等七项具体的政策措施。

(3)《意见》的意义分析。

《意见》的意义在于，这是中国推动生活性服务业发展的第一个全面、系统的政策性文件。这虽然是一个针对整个生活性服务业的纲领性政策，但它所针对的十大领域中，有五大领域属于休闲业，占到了整个政策覆盖范围的 50%。《意见》可以说涉及了休闲业的方方面面，而并不仅仅局限于休闲业的任一细分产业，对整个休闲业的进步有巨大的推动作用。而其他领域也都属于贴近人民服务人民的领域，需求潜力大，带动作用强。

长期以来，人们的消费方式都属于传统的，以生存为目标，以获取物质为表现形式的消费；

而将来的消费将是现代的，以发展为目标，以获取服务为表现形式的消费。《意见》将进一步加速、引导和支持这种转变的过程。《意见》也特别注重服务的规范化、标准化以及品质化，除了人们经济上、观念上对服务消费需求需要扩大，在供给端，如何增加服务的有效供给，也是供给侧结构性改革的重要组成部分。只有进一步提升服务质量水平，才能推动休闲产业乃至整个生活性服务业向着更加现代化、更加精细化、更加品质化的方向发展。《意见》也体现出产业融合的思路，推动“旅游＋体育”“旅游＋养生”“旅游＋养老”等模式，会扩展休闲产业链，使各个细分产业在碰撞中诞生全新的消费模式和商业模式。

《意见》出台前后，二级市场给予《意见》极大的期望和回应，市场对休闲产业上市企业的信心大增。

从中长期角度而言，以休闲上市企业营业收入和净利润总和作为观察对象，如图 1.4.9 所示，《纲要》出台的 2013 年，休闲上市企业无论营业收入还是净利润均取得了大幅度增长，而《意见》的出台也使休闲上市企业取得了一定的盈利。由此可见，强有力的政策出台对上市企业而言是一剂有效的强心针。

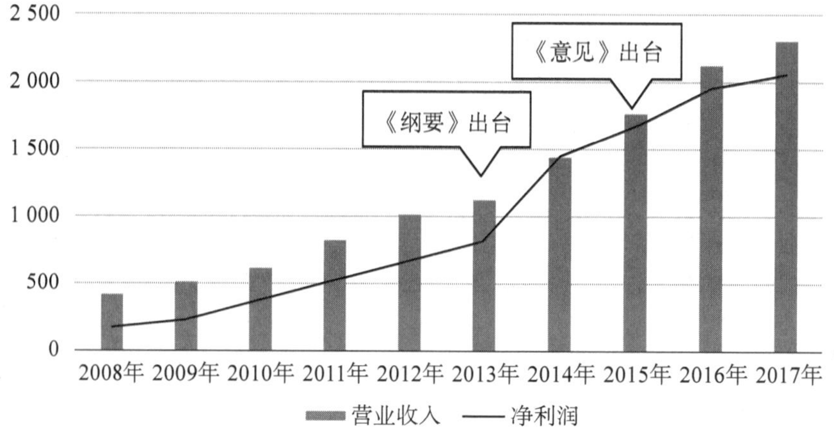

图 1.4.9 上市休闲教育企业营业收入及净利润总和年变化(单位:亿元)

任务 1.5 休闲教育

1.5.1 休闲教育概念

拓展案例

20 世纪 80 年代中后期，在我国休闲教育现代学术研究初期，学者们多将“leisure”翻译为“闲暇”，将“leisure education”翻译为“闲暇教育”。随着国内对休闲的研究逐渐增多，对休闲的解读与学理阐释不断涌现，休闲及休闲教育逐渐取代闲暇与闲暇教育。由于休闲具有更加丰富的内涵，使得“休闲教育”也比“闲暇教育”有更为丰富的理解维度。在休闲教育中，休闲始终是教育活动的核心，休闲可以理解为教育的本质、目的、内容及情境。

1.5.2 休闲与教育的内在联系

1. 休闲是教育的内在本质与终极目的

人们认识、了解真实的自我，按照自我的需求决定和推动自己的探索与发展，学习自己感兴趣的各种知识，发展各项才能，逐渐实现自我完善与人性丰满，这样的过程既是合乎教育本质与目的的过程，也是休闲的过程。因此，休闲是教育的内在本质与终极目的。

2. 休闲为教育提供有益情境

休闲是进行探索和提高的良好情境，教育可以在休闲中进行。休闲中的个体更适合学习，为实施教育提供最为合适的身心环境。从教育过程来说，休闲为实施教育提供了有效手段与环境。开展丰富多彩的休闲活动，设计引人入胜的休闲项目，打造轻松愉悦的休闲环境，使教育内容更为活泼形象，教育过程更加有趣生动，能够帮助受教育者更好地理解内容、学习知识、提高技能。游戏与体育运动是教育过程中比较常用的休闲活动。通过趣味性或竞技性的游戏、体育运动，能够极大提高学生的参与积极性，同时还可以锻炼学生的相关能力，比如团队协作能力、个人领导力等等。休闲娱乐治疗（therapeutic recreation，简称 TR）是国外较为普遍的休闲教育项目之一，是通过休闲娱乐的方式对身体、心理或精神方面有问题的患者实施治疗的特殊康复治疗手段，在国外有广泛的社会需求，具有良好的治疗效果。研学旅行是近几年较为流行的以休闲为情境的教育方式。2013 年国务院印发了《国民旅游休闲纲要》，其中提出“逐步推行中小学生研学旅行”。之后，全国各省开展了诸多实践探索。这种走出校园，走进社会、自然，边游边学的教育方式受到了学生和家长的喜爱，能够很好地缓解固定教室学习的枯燥，更好地实现理论与实践相结合。

3. 教育为休闲指引方向

教育可以传播科学的休闲伦理和休闲观念，让人们树立合理的休闲价值观，在面对多种多样的休闲活动时，做出有益的、科学的、合适的选择；教育可以传授休闲技巧、开发休闲鉴赏力，激发人们对很多休闲活动的兴趣，使人们能够参与某些休闲活动，丰富人们的休闲方式；教育可以引导人们在休闲中认识自我、完善自我，帮助个体通过休闲更好地融入社会、完成身份转换，促进个人实现自由全面发展。

1.5.3 休闲教育的四个维度

休闲教育可以划分为四个具有较高代表性的维度（见图 1.5.1），国内外学者对休闲教育（leisure education）的理解大部分都可以按照这四个维度进行归类。

1. 以休闲为本质的教育

把休闲看作教育的本质，教育就是休闲。当教育以人为本，以实现与发展自我为目标，在教育中体验自主、自由、合作、平等与精神的愉悦，建构、理解自己的意识世界，全情投入其中，

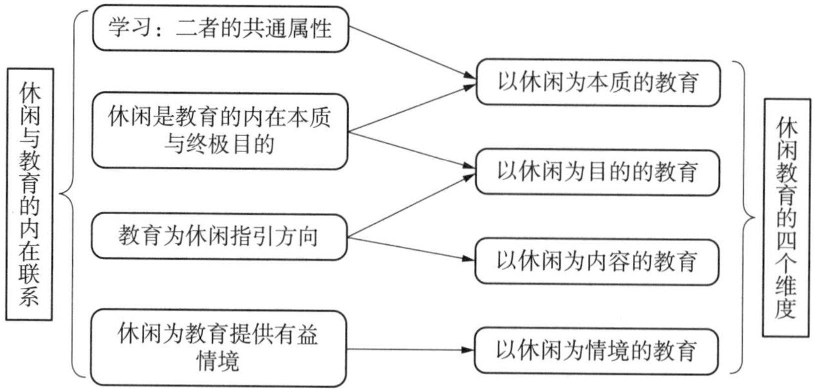

图 1.5.1　休闲教育的四个维度

真切地体验、表达、创造，那么，教育即是休闲。

2. 以休闲为目的的教育

把休闲看作教育的目的，进行休闲教育就是帮助个体学会休闲、享受休闲，通过促进个体发展休闲而实现“成人”。世界休闲教育委员会（The World Commission on Leisure Education）提出“休闲教育的目的是协助儿童、青年和成年人，通过个人在智慧、情感、身体和社会等方面发展培育，去获得美好生活，以最好的方式利用休闲”。

3. 以休闲为内容的教育

将休闲作为内容进行理论知识与实践知识的传播、交流、培训、研究和教育。如培养人的休闲价值观，提高人的休闲选择能力、休闲活动能力、休闲制约协商能力等，以及国内外高等院校设置的与休闲相关的学科、专业和课程。根据休闲教育的内容、对象以及目标的不同，休闲教育可以分为三大类：休闲理论与研究教育类，主要培养休闲理论、休闲规划等方面的研究型人员；休闲产业经营管理及服务教育类，主要培养休闲管理和从业人员；休闲活动教育类，主要引导大众参与健康、文明的休闲生活方式和休闲体验活动，旨在提高国民的整体素质。

4. 以休闲为情境的教育

把休闲看作教育的情境，在休闲提供的时间、活动、环境、状态之中进行教育，获得相应能力的提升。例如，通过参加体育休闲活动，可以提高团队合作能力、社交协调能力、领导力等。休闲是教育的背景或大环境，教育是通过休闲或在休闲的状态下进行的。例如，在非正规的学习环境中学习，还有课间休息、放学后、暑期夏令营等时间内的学习和教育。

广义的休闲教育是以上四个维度的总和，休闲教育就是作为休闲/为了休闲/关于休闲/在休闲之中的教育过程，而每一个维度的休闲教育分别是一个狭义概念。前两个维度揭示了休闲教育的本质，体现休闲教育的理念与潜在意义；后两个维度揭示了休闲教育的功能，体现休闲教育在现实生活中的样态与状况。从实践中来看，虽然四个维度是休闲教育的不同表现形式，有自身独特的发展规律与价值，但在一个完整的休闲教育过程中，四个维度相互依存并发挥各自的作用，前两个维度决定了休闲教育的性质与发展方向，后两个维度是休闲教育的现实呈现，形成对立统一的关系。区分四个维度，明确不同维度休闲教育的区别，把握各维度休闲教育间的联系，有助于理解休闲教育的整体概念，认识休闲教育的本质和功能。

1.5.4　休闲教育的积极意义

发展以休闲为目的的教育，可以帮助人们认识休闲、学会休闲、实现休闲、享受休闲。认识休闲，就是培养科学的休闲观。一个人的休闲观决定了他的休闲行为，而科学的休闲观是个人科学地、文明地、有效地进行休闲的前提。以休闲为目的的教育意在肃清以往对休闲的错误认知，重在宣传休闲对个体发展的重要意义，只有这样，才能帮助个体树立科学的休闲观，展开健康文明的休闲生活。学会休闲、实现休闲是以休闲为目的的教育的重要内容，通过教育可以提高个体的休闲能力，使他们获得更令人满意的休闲生活。享受休闲是以休闲为目的的教育的最终旨归，即促进个体在休闲中实现成长与发展。因此，应该大力提倡并积极发展休闲教育。

项目小结

通过本项目的学习，学生掌握了休闲产业的概念、休闲产业的发展趋势、休闲消费内涵及主要特征、休闲政策的分类及发展历程、休闲教育的四个维度及积极意义。

参考文献

[1] 宋瑞. 休闲：经济学分析与统计[J]. 北京：旅游学刊，2002.
[2] 周征昊. 休闲产业政策影响效应研究[D]. 上海：华东师范大学，2018.
[3] 耿莉萍. 论休闲消费的特征、发展趋势与企业商机[J]. 杭州：商业经济与管理，2004.
[4] 高磊，刘松. 我国城镇居民休闲消费潜力时空演化研究[J]. 合肥：华东经济管理，2021.
[5] 武晓玮. 休闲教育的本质与功能研究-四个维度的探索与思考[D]. 杭州：浙江大学，2021.

项目2 休闲项目策划

学习目标

了解企业识别系统的本质内涵，掌握企业识别系统的基本构成及 CIS 的作用与意义，掌握我国企业识别系统的发展现状及发展建议；了解城市形象及其主题口号的内涵，掌握城市形象主题口号的产生机制及修辞手法；了解 CIS 设计的核心理念与方法，掌握企业识别系统的导入程序；了解城市休闲项目主题设计的原则依据。

任务 2.1 主题形象口号与标识

休闲企业在策划休闲项目的工作流程中，离不开主题形象口号与标识的设计。成功的休闲项目主题形象口号与标识，在休闲项目营销中能够起到事半功倍的效果。要想设计成功的休闲项目主题形象口号与标识，必须掌握关于企业识别系统的相关知识。

拓展案例

2.1.1 企业识别系统

企业形象识别设计是现代工业设计和现代企业管理运营相结合的产物。为了研究企业形象塑造的具体方法，美国 20 世纪 50 年代确立了一个新的研究领域，后来称为企业识别，而由这个领域规划出来的设计系统，称之为企业识别系统(corporate identity system，简称 CIS)。CIS 是企业对自身的理念文化、行为方式及视觉识别进行系统的革新，统一地传播，以塑造出富有个性的企业形象，以获得公众认可的经营战略。它是企业发展战略中用于区别其他企业、体现自身个性特征的标识系统。

CIS 设计与企业整体设计战略直接相关，艺术设计各专业设计人员都应该对其进行深入了解。CIS 设计不仅要注重其设计程序与方法，更应从企业运营甚至是社会经济发展的宏观高度进行深刻理解，并对其进行整体把握。但是，目前国内 CIS 设计大多关注 VI 部分，而对

MI 和 BI 涉及较少,对三者间的共生关系阐述也不够深入。有些企业与设计者对 CIS 的理解往往只停留在视觉传达设计层面,所做的设计就只能是无源之水、无本之木了。如何更好地理解 MI、BI、VI 三者的共生关系是有效导入 CIS 的基础。根基不稳,则会影响到企业的经营理念、组织结构及产品和市场的定型和稳定。正确理解企业识别系统的构成及其共生关系是 CIS 设计的基本前提。设计者如果不了解 MI、BI 的重要作用只关注 VI,则不免流于形式而缺乏深层内涵,最终无法掌握 CIS 的精髓而只停留于标识及平面版式设计,从而丧失了把设计纳入企业和社会的宏观层面的一次良机。

1. 企业识别系统的本质内涵与基本构成

企业识别系统(CIS)主要由三部分构成:企业理念识别系统(MIS)、企业行为识别系统(BIS)、企业视觉识别系统(VIS)。

1) MIS

MIS 指企业思想的整合化,是 CIS 战略的核心与原动力,是整个 CIS 的最高决策层确立企业的经营理念、经营方式、服务宗旨、发展战略等的总体规划。对内影响企业的决策、活动、制度、管理等,对外影响企业的公众形象、广告宣传等。

2) BIS

BIS 是企业思想的行为化。它位于中间层,能直接反映企业理念的个性和特殊性,规划和制定企业的规章制度、管理、培训、公关、宣传、服务等行为准则,对企业运作方式所做出统一规划而形成的动态识别系统,是企业实践经营理念与创造企业文化的准则。通过规范的行为将企业的宗旨、精神及形象用亲和的方式渗透到大众的意识和生活中,以获得对企业的认可和支持。

3) VIS

VIS 是企业识别的视觉化。通过特定的视觉符号和语义,全面系统地将企业核心理念、文化内涵、行为规范、精神面貌等信息传递给大众,获得公众的认可和支持,达到宣传和展示企业的目的。

在 CIS 的三大构成中,其核心是 MIS,它是企业发展的主导思想和精神所在,给整个系统奠定了理论基础和行为准则,是 BIS 与 VIS 发展的依据;BIS 是企业对内、对外的行为准则,是 MIS 精神的贯彻和实施;VIS 是 MIS 和 BIS 的可视化再现。所有的行为活动与视觉设计都是围绕着 MIS 这个中心展开的,并通过 BI 与 VI 表达出来,三者相互依存,协调运作,才能起到塑造企业形象、增强企业凝聚力、提高企业竞争力和社会效益的目的。

进行 CIS 设计首先要明确企业识别系统的本质内涵,它是指将企业经营理念与精神文化,运用整体化、立体化的复合传达系统,传达给企业内部成员及外界大众,并使受众对企业产生一致的认同感或价值观,从而形成良好的企业形象和促销产品的设计系统。因其具有重要的战略意义,又被称为 CIS 战略。它是企业文化的形象体现,是企业文化中最具影响力的部分,而企业文化的发展建设又为实施 CIS 奠定了坚实的基础。

早期的企业识别,主要指企业的视觉识别。往往是通过对形成企业形象的视觉要素进行统一化、规范化、个性化的设计,使企业形象具有强烈的视觉冲击力,达到企业及其产品为公众识别、接受的目的。后来,随着经济全球化与信息时代的到来,CI 向系统化、纵深化发展,逐步形成 CIS 系统理论。CIS 系统理论把企业形象作为一个整体进行建设和发展,已不只限于视觉上的识别，而是指企业为了形成良好的企业形象，使企业的各种个性特征易为公众所接受和识别所采取的一种系统、统一的形象手段，是企业对自身的理念、行为方式及视觉形象进行系统革新。如果把企业看作一个人，那么，MI 反映出人的精神理念，即思想力；BI 展现了人的行为模式及习惯，即行动力；而 VI 则直观展现了人的外形特征所具有的感染力，即形象力。也就是说 MI 反映出的精神理念主导 BI 体现企业行为模式，然后反映到企业的外部特征，及最终的 VI 视觉体现。

MI 是抽象思考的企业精神理念，往往内涵深刻，表达出企业独有的精神特质，是企业识别系统的思想基础，就像大树之根。BI 是企业行为活动的动态形式，如同企业运营的枝蔓。VI 用视觉形象来进行企业的个性化识别，类似树的花与叶(见图 2. 1. 1)。

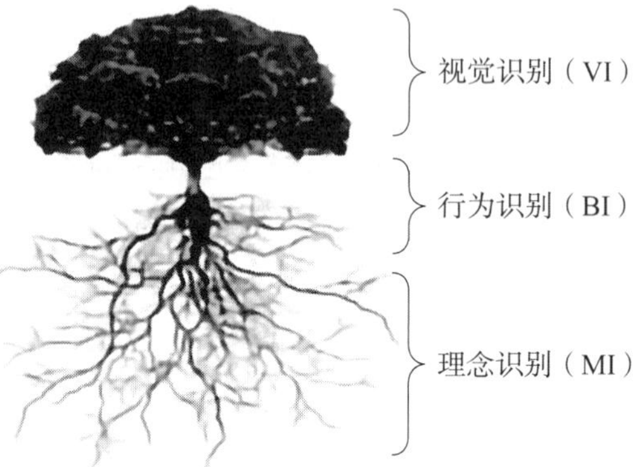

图 2. 1. 1　企业识别系统主要内容之间的关系

2. 企业识别系统的共生关系

在 CIS 系统中，MI 浓缩了企业的精神和思想，具体体现为企业文化、经营管理理念、发展战略等内容；BI 是企业行为模式的展现，如企业的运营模式，经营状态等；而 VI 是以企业标识为核心展开的视觉体系。三者形成逐层递进、相互联系、不可分割的共生关系。

香港著名设计师靳埭强曾指出：企业的形象必须切实地表现企业的精神，“相由心生”，形象即是“相”，形象是由内在精神而产生。此处的内在精神即 MI，“相由心生”直观体现出 VI 源于 MI，MI 则从根本上决定了 VI 的精神和气质。正如国画讲究“意在笔先”一样，“立意”是 CIS 设计的灵魂。只有理清了 MI 的脉络，方可正确树立 VI 的形式。正所谓“意聚则形立”，根源于 MI 基础之上的 VI 无疑具有更为深刻的内涵，从而增强其标识性意义。

除此之外，在从 MI 至 VI 的传导过程中，BI 也起到至关重要的关联作用。若把企业识别系统视为一棵树，MI 作为企业思想的发源点，无疑如同树的根部，根深则叶茂，而树要想向天空延伸发展，必须少不了“行动力”即 BI，故可把 BI 看作是树的枝干，而 VI 则视为花叶，即对外部的形象展示。

从以上比喻可以清晰地归纳出 CIS 所包含的三大体系的共生关系：即 MI 是核心，它决定了 BI、VI 的性质和特色；BI 是手段，它把 MI 转化成为行动，也是 VI 得以展现的保证；VI 是 MI 的形象化体现，同时又反作用于 MI 和 BI。三者互为因果，紧密联系为一个统一的整体。

2. 1. 2　企业识别系统 CIS 的作用和意义

企业识别系统 CIS，是社会进入工业时代的产物，它是伴随着企业的大量涌现和日益激烈的市场竞争而逐步形成发展的。将企业经营理念与精神文化运用统一的整体传达，让企业内部和社会大众对企业产生认同感，企业识别系统 CIS 是社会和企业发展的必然产物，企业的精神、文化在此展现，也是实现企业可持续发展的经营战略。

1. MI 的作用

企业理念识别包括企业存在的目的、经营哲学、企业精神、经营策略等理念性内容。MI 的作用与特质体现在：①MI 是企业的灵魂与宗旨，是企业赖以生存的原动力。MI 处于 CIS 中最核心的位置，统帅和领导着 VI 和 BI。②MI 是企业信息传播识别性的内核，MI 不仅是企业员工需遵循的思想准则，也是社会公众所认同的识别内容。③MI 应该是一个永远开放的体系，融入文化，适应文化。只有这样，才能做好 MI，并为 BI、VI 开发做好铺垫。MI 和 VI 所反映的宗旨与内涵应该是一致的，不仅企业需要在识别系统中体现出企业精神与文化理念，很多机构的形象识别设计都有 MI 与 VI 相统一的要求。

2. VI 的作用

在 CIS 设计系统中，视觉识别设计 VI 是最直接、最具有视觉传播力和感召力的部分。VI 设计是将企业标志的基本要素，通过科学化的方式、艺术化的形式、设计化的手段进行系统有效地展开，形成企业固有的视觉形象。是通过视觉符号的设计统一化来传达精神与经营理念，有效地推广企业及其产品的知名度和形象的一种手段。因此，企业识别系统是以视觉识别系统为外在表现形式，并将企业识别的基本精神充分地体现出来，使企业产品品牌化，同时对推进产品进入市场起着直接的作用。

VI 设计从视觉上表现了企业的经营理念和精神文化，从而形成独特的企业形象，即其本身又具有形象的价值。图 2.1.2 体现出企业识别系统对企业形象的传达产生的重要作用。

图 2.1.2　企业识别系统运用的成功范例（图片来自网络）

VI 设计各视觉要素的组合系统因企业的规模、产品内容而有不同的组合形式。最基本的是由企业名称的标准字与标志等要素组成典型单元，以配合各种不同的应用项目。各种视觉设计要素在各应用项目上的组合关系一经确定，就应严格地固定下来，以期达到通过统一性、系统化来加强视觉吸引力的作用。标志及标准组合是 VI 识别系统的视觉基础，因此，需要进行严密的推敲。

VI 的视觉形象也不仅指标志及标准组合，它应是通过视觉元素在人们心中形成的一种深刻的感受和印象，并且这种感受和印象能够让人们产生美好的感觉，形成深刻的记忆。当然，在这种感受和印象当中有标志的运用，但人们最终的记忆不仅仅是标志，还有标志背后的企业及其理念的传达。

3. BI的作用

BI是企业行为识别系统,直接反映企业理念的个性和特殊性,是企业实践经营理念与创造企业文化的准则。BI可以通过一系列的实践活动,将企业理念的精神实质推展到企业内部的每一个角落,汇集起员工的巨大精神力量。理念识别系统是BI的基础和原动力,它规划着企业内部的管理、教育以及企业对社会的一切活动。对内的活动包括:员工教育、工作模式与环境场景设定等项目。BI是对企业理念识别MI的具体实施过程,对外活动包括市场调查、产品销售、公共关系、广告宣传、促销活动等。

4. CIS的整体协调作用

从企业文化传播沟通到企业的形象营销,CIS的有效导入都是必然的发展趋势。导入CIS策略,不仅是为了适应企业的外向发展需求,也是提高企业竞争力的有效手段。对外,企业通过提高产品的质量、商标的信誉、服务质量以及广告宣传等方式争取市场,实际上都是一种企业形象的竞争。在商品的性价比大致相同的情况下,顾客往往会挑选企业形象好的产品,这正是企业导入CIS的意义所在。对内,企业内部和谐、团结、积极的工作环境和催人奋进的群体形象,正是CIS所要塑造的企业文化,也是发扬企业团队协作精神,增强企业合力的起点。

如今,企业的形象识别比任何时候都显得尤为重要。英国的莫瑞调研公司几年前对欧洲一些著名大企业的高层主管进行调研,结果表明,这些高管普遍认为企业形象识别能影响企业声誉,企业声誉又能影响到招聘、兼并、销售额度、合作协议和企业生活等多方面环节,尤其对股票价格有不可估量的影响。有效的企业形象识别方案可以为企业带来诸多好处:

(1) 加快企业内部的变革进程,促进变革的顺利实施。

(2) 使企业获得较高声誉,从而促使企业的相关活动顺利进行,如股票、兼并、收购等,也使企业更具有能力捍卫自身,避免被市场淘汰。

(3) 使企业向关系单位和个人明确表明企业的立场,揭示企业的面貌,说明企业所从事的事业和它是如何从事这项事业的,说明企业所开展的各项活动相互间的关系。

(4) 使公司和公司的产品在公众心目中树立良好的形象,促使其成为公司产品忠实的消费者,使企业在市场上有效确立自身地位。

(5) 能提高企业员工的士气,增强企业的凝聚力,使企业各部门协调合作,提高工作效率。

(6) 能够减少企业员工的流失,激发员工的工作热情,并为企业吸引更多的人才。

2.1.3 我国企业识别系统CIS的发展现状与实际问题

CIS是在高新技术条件下,大生产、大流通和市场激烈竞争条件下的产物。CIS作为一种系统的企业识别体系和高层次的经营战略的出现,是近50年的事。中国真正意义上的CIS出现,最早是出现在台湾和香港。

早在1968年,台塑关系企业为进一步扩张,形成规模效益,先后将11家联系密切和已有合作基础的企业进行合并重组为集团,并聘请了留日专家设计了统一标识。台塑的新标识,既保留了各企业个性的发展和延续,又有统一的识别归属。统一化识别系统的建立,准确地表达了集团一体化的发展战略,使企业员工的价值观念、意识行为、奋斗目标和对外的信息传达达到了空前的统一。形象的整合和CIS成功的导入及实施，为集团年营业额达到16.8亿美元发挥了巨大作用。香港是到了20世纪70年代才开始了CIS的研究和推广。香港的CIS讲究实用，侧重于VI部分。随着市场经济的发展，沿海经济发达地区、省会和中心城市的部分企业，最先受国际化经营趋势的影响，率先导入CIS。

从20世纪80年代到现在，CIS经历了起步、成长与发展的不同阶段和时期。目前CIS的发展，其应用开发的成功案例，相对于我国庞大的企业队伍，还是微不足道的。加入WTO后的中国企业，面对的市场竞争更加激烈，企业需要提高市场竞争力，否则就会被市场淘汰。实施企业CI设计，提高企业综合竞争力，既是我国企业自身发展的需求，也是企业面对和参与全球化竞争的必然需求。目前我国CIS战略的企业导入存在着以下现状及问题：

1. CIS运作缺乏系统理论知识指导及专业策划人员

CIS战略在发达国家的运用有50多年的历史，但在中国的导入不过十几年时间，我国的CIS发展还处于一个探索阶段。对于CIS在企业中的导入，无论是企业、策划师还是顾问公司，都处于摸索阶段，谈不上已经形成适合我国国情的成熟理论，还需要进行认真科学的研究总结。目前，我们CIS策划人才十分紧缺，正在从事CIS策划的人员，大部分都是从广告策划转移过来的，没有经过专业理论知识的系统学习。而且，中国目前也没有专业培训CIS策划人员的院校，虽然有些院校也有专家讲座，某些地方也举办了CIS策划人员培训，但大都不系统、不规范，难以培养出优秀的专业策划人员。

2. 策划公司众多、良莠不齐，设计水平难以得到保障

目前，中国有CIS策划设计项目的公司数量众多，仅广州一个地区就有300多家自称具备CIS策划、设计能力的策划机构。但这类公司从分布上看极不平衡，而且构成也多样化。从规模上看，大中小都有。从设计水准和服务上看，有以全面代理为服务项目的公司，也有侧重某一方面、某一制作环节的公司。其中，有一部分既没有综合实力又缺乏独特创意和专业策划人才的公司，浑水摸鱼开高价，但收效却甚微，导致企业不敢贸然投入大量的资金。

3. 企业对CIS存在认识误区

由于中国企业形象识别起步晚，缺乏广泛的宣传和系统的理论指导，企业导入CIS的比率不高，很多企业对CIS战略的性质、作用和运作程序缺乏全面的了解，认为CIS战略中看不中用，浪费资金。加上一些广告公司只看重自身利益，又缺乏专业能力，对企业的失败的策划，造成了负面的影响，导致很多企业对导入CIS产生了观望和消极情绪。

还有的企业认为CIS是解决企业一切问题的灵丹妙药，过高地估计了CIS的期望值，认为导入CIS战略后，就可以坐享其成，企业存在的管理水平低下、经济效益不好等问题就可以迎刃而解。而实际上，企业形象策划是一项长期的战略任务，需要长期投资、不断完善，而且要根据企业不同时期的发展状况、经营环境来进行及时调整。CIS战略作为企业经营的一项工具和手段，具有投资长期性，不可能立竿见影，不能取代企业管理的各个方面，企业不能因为导入CIS，便忽略了正常的经营管理。

2.1.4 我国企业识别系统 CIS 发展的建议

针对我国企业识别系统 CIS 的发展现状，按照 CIS 的理论和操作技法的要求，如何成功地实施 CIS 战略有以下几个建议。

1. 坚持整体全面的发展模式

现代企业形象识别设计具有长期性、全局性和策略性的特征。CIS 战略绝非短期规划，应该立足于当前、放眼于未来，对企业进行长期的具体发展规划和策略。并且在具体策划中，CIS 三大构成设计应用应相互联系，避免脱节，使之协调统一。

2. 坚持阶段性发展模式

根据企业实际情况，将整体全面的长期 CIS 计划分为若干阶段，制订阶段性的目标。这种模式既有利于短期目标，又利于长远发展，稳步提高企业的市场竞争力。

3. 坚持民族性、个性化发展模式

民族的就是世界的。CIS 战略应该立足于国家民族的传统文化，打造国际企业品牌。注重树立企业鲜明的个性特征和独具一格的企业气质，避免千篇一律。

任务 2.2 主题形象口号设计

随着人们生活水平的极大提高，现代休闲生活方式成为最重要的时代特征，城市形象的品牌塑造与传播，成为维护城市生命力与竞争力的重要手段。随着城市面临的竞争压力不断加重，寻找独特的城市禀赋，塑造具有魅力的城市形象，传递先进的城市理念，成为城市综合发展亟待解决的问题。城市主题形象口号作为城市形象推广的窗口，发挥着积极的导向与动员作用。

拓展案例

2.2.1 城市形象及其主题口号

在城市的运转中，人们对自己的栖身之地逐渐形成了某种认知，这就是普通意义上的城市形象。城市形象主要有两种概念范畴，视觉形象和认知形象。

城市形象的概念最早由美国人文主义学者凯文·林奇提出，他从城市规划的角度，主要着眼于城市景观实物与视觉品质。林奇在 1960 年出版的《城市意象》中认为，城市形象的物质形态由五种元素构成，即“道路、边界、区域、节点和标志物”。林奇最初对城市形象的界定主要是依据物质形态，后来他意识到此种方法的缺陷，在 1981 年《城市形态》中，不再强调视觉识别性，而是将“感觉”作为城市行为的唯一尺度，将可识别性看作是感觉的一种。林奇观念的转变反映了人们对城市形象认识的深入。

随着大众传媒技术的进化，城市形象的建构被媒介化，或者说媒介的中介化功能大增。美

国学者麦奎尔在《媒介城市：媒介，建筑和城市空间》中认为，复制技术催生了城市“图像领域”的出现，设置了媒介城市建构的某种不确定性。在媒体投放广告、遴选形象大使等活动中大行其道时，投资以城市风貌为背景的影视作品等嵌入式营销作品更是备受青睐。显然，通过播放反映城市的自然以及人文景观或城市主题的影视作品等，成为城市形象传播最为得力的手段之一。

城市形象是将城市独特的自然要素、社会要素塑造成可以感知的表象，人们据此来认知城市，并形成对城市本体特质特殊的识别效应。城市主题宣传语在城市形象塑造中起着关键性的作用，是城市传播的画龙点睛之所在。有学者曾调查统计了中国 85 个城市旅游口号的语言特点，发现资源属性型口号占有相对优势、名词性短语占绝大多数等特点。

2.2.2 城市形象主题口号的产生机制

城市形象主题口号是特定语境的历史产物，在不同的时空维度下存在不同的机会选择。在中国城市形象的主题口号创意实践中，政府部门是引领性的推手。实际上，不同行为主体在地方品牌化过程中的各阶段（从发起、设计到实施）的角色问题是一个有待揭示的关键要素。城市形象主题口号演变为媒介事件，发挥议程设置的累积效应，征集、创作并发动民众投票遴选，最后确立城市形象主题口号，成为许多地方政府宣传营销城市的普遍做法。

1. 民众动员

城市理念集中表现为城市的整体价值观及城市市民社会的价值取向，它是城市的最高哲学。有些城市形象主题口号是城市理念系统的有机构成，也是市民价值追求的表达，展现了市民的集体价值观和集体意志力。这种关于城市的集体价值追求融汇在宣传口号中，彰显了城市的意识形态与理想形态，与城市的文化传统和情感认同有着千丝万缕的联系。

当代社会，媒介已深度地融入城市生活与大众日常。许多城市在主题口号的遴选过程中，将之策划成媒介事件，既创作了合适的品牌口号，又提升了城市的曝光度和知名度，还凝聚了市民的共识。在一般情况下，先通过媒体动员市民征集城市形象宣传口号，然后经过专家与政府部门的确认遴选出几十个备选口号，再发动群众投票选择。2009 年，宁波市外宣办负责确立宁波宣传口号的任务，先筛选出 100 条候选口号，组织公众投票，最终确定 10 条口号作为入围作品，最后确定了 3 条口号推荐给宁波市委、市政府供选择。2018 年 1 月，西安市旅游发展委员会面向全社会征集西安城市形象宣传口号，4 月底对征集到的 7 152 条城市宣传口号进行初评和复评，从中筛选了 100 条城市宣传口号入围备选，并发动市民通过微信投票，每个微信号只能投 1 次票，每次可以选择 3 条口号。

2. 政府主导

确立城市形象主题口号的任务，一般都由政府部门进行组织与执行，有的以项目制的形式外包或委托给公关公司或广告公司。由于主题口号的字数限制与表达方式的约束，政府部门会在城市的历史与文化的独特性、时尚生活理念中作出某种选择。

3. 商业优先

城市形象主题口号的广而告之作用，还在于人们在闲暇时间前往旅游观光和文化体验的可能性大大增加，而良好的城市形象建构是一个潜在的动员机制，可以吸引大量潜在的人员。很多城市形象主题口号多以旅游部门或外宣部门作为主要的推手，不可避免地要考虑到旅游观光产业的逻辑。中国绝大多数省市将旅游业定为支柱产业或主导产业，而城市和景区的知名度是吸引国内市场和游客的重要因素，特别是文化和旅游部评定的国家 AAAAA 级旅游景区。由于网络媒体传播的自主性，利用社交媒体建构城市形象更是得到许多部门的重视。因此，在口号确定的市民投票环节多以网络投票、微信投票为主，这种投票的方式非常有利于城市旅游产业的开发与推广，达到了一箭多雕的效果。西安 2018 年城市形象宣传口号的征集活动，目的在于提升西安旅游知名度，扩张西安国际一流旅游目的地、世界东方文化旅游之都的影响力和品牌力，这个活动的商业目的不言而喻。

2.2.3 城市形象主题口号的修辞手法

在城市形象识别系统 CIS 中，城市形象主题口号是关键性的环节。城市形象的主题口号属于城市二维的视觉识别要素，但也蕴含城市的精神识别要素。城市形象主题口号的建构，其核心要素无法脱离具有标志性的外在物质实体、城市生长历史以及城市发展的战略，其中包括城市中代表性自然风景、独特街区、著名建筑、民族特色等要素。一般而言，城市形象的传播充分考虑空间的象征性价值和符号的浸润。任何城市的识别特征，或者市民日常生活品质呈现的象征意义，或多或少地被城市居民的个人生活方式所对照。在城市识别、城市历史、城市未来三个维度中，城市主题口号主要用煽情的话语概括最鲜明的特色，体现出更多的设计性与规划性。

城市形象主题口号由于属于无意记忆的内容，应该易于识别、易于理解、易于记忆，在信息的狂轰滥炸中能够被受众注意和记忆。通过城市形象修辞的原型塑造与框架设定，找到城市识别的路径，希望达到预期的传播效果。将全国各省份的城市形象主题口号作为研究对象，通过相关省、市、景区的旅游网站、微博微信等新媒体官方平台、城市形象宣传片以及百度、中国知网等搜索引擎的信息数据，共采集到相关城市形象主题口号 285 条(各省市主题口号数量多为 1 条，也有的超过 1 条)，对此进行相关分析。

1. 城市形象主题口号的句式结构

中国传统的章句修辞格式很多，例如：反复、对偶、排比等，特别是古诗词，尤为讲求押韵，吟唱铿锵和谐。城市形象主题口号为了便于营销，在句式结构上都在力求做到基本的对仗工整、合辙押韵。这样的宣传语句式结构，不仅形式上对称整洁，而且在口语传达上朗朗上口、便于识记。

目前城市形象主题口号的句式结构主要有三类：单句、复句和对偶式。传统意义上的“四字一句，两句成段”“五字一句，两句成段”的对偶式句式结构占据主流。陈望道在《修辞学发凡》中认为，对偶既有形式上的美学对称，也有句调上的反复，属于积极修辞。全部抽样的 285 条城市宣传语中，对偶式句式共有 223 条，且以陈述语句为主，占到了整个口号数量的 78.2%。单句句式共有 47 条，占比为 16.5%，虽然在数量上少于对偶句式，但因其丰富的表现形式，个性化色彩浓厚，加之巧妙地采用祈使句、感叹句、反问句等句式，冲击力强，给受众的印象深刻。除对偶之外的复句数量较少，共有 15 条，占比为 5.3%，由于其在格式以及特色彰显上的局限，不容易识记，形式上没有对称美，城市宣传语中较少使用。总的来说，口号句式的选择，以对偶句式为主，这既便于识记，也彰显了中国汉字书写与传统文化的表征，符合中国人的接受心理。

2. 城市形象主题口号的核心内容

城市形象主题口号形式简单，因此，其所采用的表达要聚焦城市特色，寥寥数字就能勾勒城市风貌，凸显城市品牌，以期达到良好的传播效果。在 285 条城市形象主题口号中，共有 214 条明确提出自己城市的名称，占到了整个口号数量的 75.1%。城市名称在宣传语内容中没有遮掩，直接亮相，开门见山直抒胸臆，让受众能够在口号的海量传播中捕捉到有用信息，在大量的冗余信息中通过增加频次使传播有效，加深对于城市形象的第一记忆。

在城市宣传语内容中大量体现城市自身所特有的资源特征，既包括山河风景、农牧业、动植物等自然资源，也包括地方名人、神话传说等人文资源，区域内的优势资源成为城市宣传语内容的首选。在所有统计到的宣传语中，内容中出现资源型主题的有 228 条，占到总数的 80%，大部分城市希望能够借助境内具有知名度及代表性的资源来进行对外传播，以此建立自己旅游地的品牌形象。非常遗憾的是，很多口号大多突出城市资源的美丽与魅力，所谓“魅力城市”“美丽城市”“希望城市”等类型口号铺天盖地，表现城市的美景、美食、美情，主打“美”“魅”，所谓“大美”成为类型化的重复，缺少创意。

除此之外，在宣传语的内容构成上，还存在大量的情感性描述词语，通过充满人情味的词语打动人，在体现城市特色的同时，通过情感的柔性动员手段，刺激受众的消费欲望和出行需求。所谓情感性词语，是指具有明显情感呼吁和感性共鸣的词语，或是直接与城市名称组合，实现情感的外露；或是通过修辞格的使用，将城市名称嵌入宣传语中，来进行含蓄的情感表达。在全部宣传语中，以情感性描述词语为内容的有 155 条，占总数的 54.4%。例如“多情大别山，风流看黄冈”“乐山乐水乐嘉州”等。在城市形象的修辞实践中，乡情的框架也是重要的方面。乡情乡味乡风乡貌，加之浓郁的乡愁，呈现故乡是自己心目中最佳的选择。在中国人口流动性增大的情况下，在寻根意识与文化传统的浸染下，运用家乡的概念符号与象征意义，从而打动游子的情结与涵养市民的主人翁自豪感，有力地传递了城市形象。

3. 城市形象主题口号的语言风格

为了传播效果的持久性，表达的文采与修辞是必要的，同时还要符合中华民族的审美习惯与文化传统。城市形象主题口号由于自身的文本特点限制，为最大程度地吸引受众注意力，煽情形式的语言风格被广泛地使用。当然，平实的语言风格也会被采用，这种语言风格能够清晰明确地展现城市特色，平铺直叙、直截了当。如亳州“天下道源，曹操故里，中华药都，养生亳州”宣传语，直接展现城市发展中具有的资源优势，视角集中，宣传重点突出。

城市宣传语语言风格的选择，还体现在修辞格的运用上，能指与所指之间利用了种种修辞手段，特别是比喻、拟人、夸张、反问、象征等修辞格的运用，让城市宣传语呈现出不同的语言风格。斯金纳认为，在演讲和写作中，使用比喻和借喻是唤起听众情感的最佳途径。甚至有学者认为，隐喻不仅仅是语言的事情，人类的概念系统就是通过隐喻来构成和界定的，隐喻是我们赖以生存的概念。江苏省镇江市的宣传语“何处望神州？满眼风光镇江游”使用了设问的修辞手法，诱导受众浅层次思考，从而吸引注意力；内蒙古巴彦淖尔的“塞上江南，黄河明珠”宣传语，使用了比喻的修辞手法。

4. 城市形象主题口号的修辞误用

宣传口号的编码与解码存在鸿沟，如果口号修辞失当，文本的开放性导致编码者的赋义与受众的选择性理解之间出现断裂，从而给城市形象的理解产生分歧，如采用傍大款式、“最”字品式等修辞方式。2010 年，合肥市曾推出主题口号：“两个胖胖欢迎您”；如有些城市采用“东方日内瓦”“东方小巴黎”等口号，虽然表达清楚，标识明显，但是主体性精神表现不充分，很难作为政府部门授权的城市形象主题口号。

在城市形象主题口号的建构中，部分城市宣传口号沿用陈旧模式，不能体现城市的核心特征，缺乏创新，存在同质化和类型化的现象。例如有些城市的口号“走遍五洲，最好某城”“某某山水，天下第一”等，这些口号所宣传的天下第一，没有公信力与说服力，从某种意义上讲，违反了广告中的公平竞争精神。

2.2.4 城市形象主题口号的策划

品牌是通过特定的信息或符号旨在为商品传递可识别的名称与标志的无形资产，品牌识别是产品或服务形成品牌认同的关键内容。城市品牌作为城市资源与民众认知融合互动的产物，能够带来显著的溢出效应，在其建构中传播的中介化机制非常重要。城市形象主题口号是城市身份的象征，也是城市品牌的浓缩，为社会大众所认知和识别。城市品牌和城市形象之间是互为因果的关系，亦是共生共荣的关系。通过形象主题口号的提炼，加强城市品牌识别，提升城市品牌认同，这是一条良性的城市发展之路。

1. 使用公认的标志物体，做好“注意力经济”

城市形象口号要突出核心元素，秉持与其他城市相比有差异化的话语表达，从而保证城市形象在塑造过程中的独特性，扩大自己的品牌影响力。在物质景观中，城市的标志物常常出现在宣传片中，成为城市形象的媒介景观。城市标志物是经过时间的检验并且得到民众广泛认可的物质存在，用其塑造城市形象，具有很强的代表性和说服力。当然，就城市的地标建筑而言，设计行动主义起的作用远不只是涂改标识，它能够产生更多替代性叙述内容，或至少提供一些创作新故事的工具。例如山东省临沂市提出“山水沂蒙，多彩临沂”，突出沂蒙山区的主要特色；四川省阿坝州提出“九寨天堂，人间瑶池”，突出境内最具有标志意义的九寨沟景色；岳阳市“牡丹花都”；浙江省嘉兴市“红船启梦，心游嘉兴”；山东省潍坊市“天上风筝飞，天下潍坊美”等口号，城市标志物塑造独特，个性化色彩浓厚。

2. 美化既有的符号体系，开发“文化资本”

城市的形象主题口号是一种符号体系，既反映了城市居民对于自己所在城市形象高度凝练的认知，也折射出外域人员对城市的一种想象和期望。城市宣传口号的提出，并不是无源之水、无本之木，纵观国内优秀的城市宣传口号，都在深耕自己城市文化的内涵，避免出现城市形象塑造过程中的浅薄化和同质化。由此,城市在进行自身形象宣传口号的拟定时,直接采用广泛认同的城市形象符号,在原有的基础上加以强化,原有符号所包含的良好内在意义被保留下来,形成口碑效应,重新服务于城市形象的塑造,达到事半功倍的效果。特别是在消费社会语境下,符号意指关系的设定性与强制性显得更为隐蔽,常常会在抒情诗般的广告叙事中演化成自然而然的事实,令公众欣然接受。贵州省地处西部腹地,境内城市有着丰富的旅游资源,自然景观极为丰富,无论是"爽爽的贵阳"还是"凉都六盘水"抑或是"醉美遵义",结合各个州市的特色,建立了属于自己的城市品牌形象。相较于以往在口号中使用"美丽""魅力""故乡""之都"等词语,现在城市口号的做法有所变化,更加注重其中所包含的地区文化内涵,将厚重的文化与简短有力的口号结合起来,不仅符合地区的形象,也凸显出了城市的灵动和韵味。文化遗址的加入,提升了城市的品位和城市的底蕴。例如陕西省咸阳市"大秦故都,德善咸阳"的宣传口号,河北省保定市"京畿胜景,醉美保定"的宣传口号,安徽省黄山市"梦幻黄山,礼仪徽州"的宣传口号,都能充分感受到地区文化的特色,让人眼前一亮。

3. 选择新颖的创意口号,做好"形象工程"

新时代面临着新任务,将城市积极的变化展现出来,营造城市在新时代背景下的新形象,成了城市宣传口号的新目标。城市宣传口号想要脱颖而出,独树一帜,必须采用具有创意的表达形式。在当下口号的建构中,许多省市采取了不同的方式,将历史和现实精妙勾连,简短的表达方式与充满意境的形象定位紧密结合,甚至采用耳熟能详的成语和俗语创造口号的新形式,生动活泼,表现力强。例如江西景德镇,依托悠久的瓷器制作历史,提出了"认识 china,从景德镇开始"的口号,china 一词双关,既有"瓷器"的含义,又有"中国"的韵味,疏通了瓷器与文化中国之间的关系。很多城市宣传口号中所采用的"如意""清新""心悦""心仪""水韵"等词汇,是中华传统文化和核心价值的展现,突出了人与自然的和谐关系。例如湖南省常德市提出"桃花源里的城市",广东省湛江市提出"湛蓝的海,湛蓝的天"。

城市形象主题口号通过修辞话语手段建构了一种象征性的现实,在符号与文本、建构者和阐释者之间,出现了一种主体间性,作为主体的双方通过口号的纽带共同建构现实。当然,口号文本的城市世界是一种被选择的、被修饰的、被过滤的景观世界,是一种美颜的广告效果。城市形象主题口号作为城市传播的关键器件,要在媒介框架的合法性建构中实现资源整合与优化。日常的城市传播活动铺天盖地,在符号修辞作用激化下,能够给受众传递知识、唤起情感、促成态度、诱发行动,完成了政府力求发展城市经济的计划。

任务 2.3 主题形象标识设计

2.3.1 CIS 设计的核心理念与方法

拓展案例

基于企业识别系统各部分构成及共生关系,结合 MI、BI、VI 的作用与特质,可揭示 CIS 设计的核心理念,并通过相应的方法增强设计效果。整体而言,CIS 设计的核心理念可概括为:"相由心生,意聚形立"。即 VI 的视觉呈现形式

(形象)与BI的企业运营模式(行为)相互匹配,二者既源于MI的企业文化内涵(思想)又反映出其特色,正所谓"有诸内则形诸外"。在掌握了正确的设计方法和设计程序后,基于对企业文化与管理哲学进行设计整合创新,则会产生较好的CIS设计效果。

1. "代入式"体验方法

对于CIS设计而言,设计者应转换视角,从外部观察深入企业内部体验。在角色代入式的体验过程中,用最大的热情唤起探索和创新的冲动,从而取得较好的设计效果。具体而言,设计者可阶段性体验企业各部门成员的工作模式,甚至融入企业的核心层,以对企业运营特征与运营模式有整体性、全局性把握。并从观察者角度提出模式修正、流程再造等建议,从而使VI设计与MI、BI结合得更加深入。

2. "共融式"设计方法

在CIS设计过程中,可把设计同企业管理、产品营销等相结合。结合企业的特长对未来进行展望,前瞻性地提出设计构想,多角度寻求突破口。标识的创意形成则是一个复杂的过程。通过企业理念的升华可推导出企业标识,企业理念的逐步清晰化对于标志的形式确定有着重要意义。MI、BI、VI的共融性从最初即体现出来。从大量方案中优中选优并不断改进是企业标识产生的必然途径,灵感的产生也往往是量变形成质变。以标志、标准字、标准色形成的标准组合成为VI基础系统的核心,而以此为基础延伸出的应用系统更为直接地反映出企业的精神面貌。

3. "拔高式"创新方法

设计者可通过调研国内外相关企业的整体形象与经营模式,从国际化、未来发展等战略高度进行企业形象再造,通过VI、BI、MI的整体设计与规划,进行"拔高式"CIS设计创新,使CIS设计能够满足企业的可持续发展需要。

CIS设计对企业发展至关重要,但其涉及内容庞杂,难度较大,探索CIS的设计理念与方法显得非常必要。CIS设计的要点是基于MI、BI、VI的整合式协同创新来创造企业个性的,在企业形象设计时,不能忽视企业识别标志的实用价值和适用原则。要结合市场调查和多元素整合,使之适用于市场需要,真正做到CIS策略的有效导入。如何在设计中因势利导,揭示CIS的内在主旨,发挥设计创新意识,需要设计者在实践中不断思考和探索,并加以总结和归纳。

2.3.2 企业识别系统的导入程序

在实际项目操作中,设计者必须了解CIS的基本导入步骤:①企业调查。开展对企业实体和企业形象的调查。调查主要是以问卷的方式进行,可把调查项目编成调查表。②企业诊断。是对调查资料进行研讨,以明确企业想将自己塑造为什么形象,企业的发展方向与重点,与竞争者的差异和本企业的主要问题及原因等。③企业规划。规划的重点是明确提出CIS的开发目标,即企业准备解决的主要问题和解决问题的方法。④实施阶段。从制定明确的目标,设立指导原则或企业理念,到视觉识别设计,企业行为与活动的规范与培训等,都依照规定的程序实施。

总体而言，开发一套完善的企业识别系统，其根基依赖于理念识别系统。只有把理念体系扩展到动态的企业活动与视觉传达设计之中，才能更好地塑造出独特的企业形象。

任务 2.4 休闲项目主题征集

随着城市的发展和人民生活水平的提高，人们的出行选择变得多元化，城市旅游业的竞争也随之增加。各城市使出全力吸引旅游者和投资，城市经营者将城市休闲项目主题的设计和城市旅游品牌的塑造提上日程。国内城市休闲项目主题设计起步较晚，很多城市处于空白或紊乱状态，已有休闲项目主题的城市在设计时也有诸多问题，定位不明确、设计脱离城市情况、闭门造车、盲目追随潮流等问题导致城市休闲项目主题的设计粗糙雷同，运用出现空白，城市旅游标识设计成为一种形而上、毫无意义的行为。

拓展案例

城市休闲项目主题设计与企业形象标识设计大致相同，但由于传播主体不同，在设计时会产生不同的需求。城市是一个大范围多层次的概念，代表了地域、文化、行业、环境、政治等多种意义。因此，在设计城市形象标识时有自己独特的原则依据。

(1) 独创性。城市标识是代表一个城市的独特符号，城市与城市之间的不同导致每个城市标志间应有差异性。国内城市休闲项目主题设计和城市品牌建设起步较晚，并且成熟案例不多，因此城市标识设计的可贵经验主要来源于国外城市标识的设计。但在此前提下，国内城市标识设计应防止“拿来主义”，根据城市特征进行打造才是正确方法。城市休闲项目主题应有利于人们认识城市环境，并且有助于确定城市的定位，塑造独一无二的城市品位。例如北京的四合院文化，儿化音的腔调，恢宏大气的故宫和蜿蜒的长城，让人立马就可以意识到这是北京，而不是其他地方；再比如，大雾的天气，标志性的大笨钟，千鸟格纹样，长风衣和黑雨伞，这些都具有浓浓的英伦风情，一提到他们，人们就会说这是伦敦。城市标识设计不仅要考虑物质形象，更应充分体现城市性格。

(2) 传播性。城市的旅游标志不能只作为肤浅的表面形式，它应该具有传播的意义和功能。城市旅游形象标志的核心内涵就是把城市推广出去，以标志作为载体，使城市信息让人认知、感动、喜爱，进而让人消费并产生城市尊严和影响力。实现城市休闲项目主题的传播性，一方面体现在设计上，标志本身应易于识别和记忆，明确表达所承载的城市情感和城市特征，立意深刻，形象明显。有的标志设计得十分精美，但是却不能获得大众的情感认同，结合情感和生活气息的标志，才能使人感觉亲切和轻松。标志的管理、策划、推广和执行程度，都严重影响着城市休闲项目主题传播的力度和起到的实际作用。

(3) 前瞻性。城市休闲项目主题是一个时间和空间的融合表现。一个城市标识的设计不仅要考虑城市历史文化的元素，还要考虑到城市未来的发展。城市的发展决定了城市是一个不断变化的载体，城市休闲项目主题却不是一个可以随意变化更改的符号，其使用期限应该相对较长，即使城市标识的更新也应该是在原有标志的基础上进行。因此，一个相对固定的标志想要符合一个不断变化的载体，就必须具有前瞻性。今天，我们对城市的推广传播途径已经越来越丰富，网络、动画、户外推广和立体广告已经成为传播的主力军，年轻人也更容易接受这样的传播方式。但是，国内很多城市休闲项目主题仍然是平面的设计形式，在新媒体中运用相对滞后，对未来城市发展前景和传播媒体更新的预估不足，不仅大大降低了城市休闲项目主题传播的有效性，也缩短了标识的使用寿命。

(4) 识别性。识别性是信息有效传达最重要的特性。在信息时代的今天，只要人们睁开眼睛，就会自觉或无意识地被各种信息所包围，各种信息会刺激着我们的神经。在如此大的竞争之下，标识越容易识别，就能越快抓住受众的眼球。人的记忆是有限的，大量的信息出现时，通常我们牢记的是最先认出的事物。而人先入为主的心理，使我们对最初认知和记忆的东西更容易产生认同感，如果标志需要受众花费巨大的识别成本和记忆成本，那么信息的有效传达就会受到严重影响，使城市在竞争中处于劣势地位。因此，如何提高城市休闲项目主题的识别性，成为城市标识设计时的重要问题。

(5) 协调性。任何一个标识都不是独立存在的。一个优秀的城市标识应该起到画龙点睛的效果，自身突出亮眼，也能融入周边的环境。建筑大师伊利尔·沙里宁曾经说过“如果把建筑史中许多最漂亮和最著名的建筑物，重新修建起来，放在同一条街道上，如果只是靠漂亮的建筑物，就能组成美丽的街景，那么这条街将是世界上最美丽的街道了，可是实际上却绝不是这样，因为这条街将成为许多互不相关的房屋所组成的大杂烩。如果许多最有名的音乐家在同一时间内演奏最动听的音乐，各自用不同的音调和旋律进行演奏，那么其效果将跟上面的一样，我们听到的不是音乐，而是许多杂音。”

总之，利用城市标识宣传地域特色和人文历史，树立发展、宜居、生态等正面形象，将城市推向全国乃至世界，提升城市地位和影响力，帮助城市获得广泛认同。这些价值，在城市旅游形象设计和企业形象设计中都有体现。

如今，越来越多的城市拥有休闲项目主题，这是城市文化进步发展的好现象，但在跟风设计城市休闲项目主题的同时，城市经营者和设计师都应避免为设计而设计的情况，优秀的城市标识是为需求而设计的。放弃为新而新的设计，找到最合适、合理的方式，才能设计出有效的城市休闲项目主题。

项目小结

通过本项目的学习，了解主题形象口号与标识的内涵，熟悉主题形象口号与标识的发展历程，掌握主题形象口号与标识的设计方法，并能够设计休闲项目主题形象口号与标识。

参考文献

[1] 王璐. 企业识别系统(CIS)设计理念与方法研究[J]. 武汉：科技创业月刊，2017.
[2] 鲁娟. 中国企业识别系统 CIS 发展研究[J]. 合肥：电脑知识与技术，2012.
[3] 许加彪. 城市形象主题口号的话语修辞与品牌营销研究[J]. 北京：现代传播，2019.
[4] 朱震. 旅游城市标志设计要素探析[J]. 深圳：现代装饰理论，2015.

项目3　休闲项目管理

学习目标

了解项目及项目管理的内涵，熟悉项目的生命周期，了解项目管理的发展历程，掌握主题公园、森林康养等休闲项目的选择、开发与管理的基本要领。了解组织和项目组织的概念、特点，熟悉国内外主要的非营利性休闲组织机构，了解国内外志愿者组织的发展概况。

任务 3.1　认识项目管理

3.1.1　项目

拓展案例

1. 项目的含义

项目是人们通过努力，运用各种方法，将人力、材料和财务等资源组织起来，根据商业模式的相关策划安排，进行一项独立、一次性或长期无限期的工作任务，以期达到由数量和质量指标所限定的目标。

美国项目管理协会(project management institute，PMI)在其出版的《项目管理知识体系指南》(Project Management Body of Knowledge，PMBOK)中为项目所做的定义：项目是为创造独特的产品、服务或成果而进行的体系化的工作。以下活动都可以称为一个项目：①开发或运营一项产品；②计划举行大型活动(如策划组织婚礼、大型国际会议等)；③策划一次自驾游旅游；④ERP 的咨询、开发、实施与培训；⑤成立并运营一个子品牌。

2. 项目的特性

各种不同专业领域中的项目在内容上可以说是千差万别，不同项目都有自己的特性。但是从本质上说，项目是具有共同特性的，不管是科研项目、服务项目，还是工程项目，它们都拥有一些共同特性。这些项目的共同特性可以概括如下。

1）一次性

组织的经营活动可以简单地分为两大类：一类以重复性劳动为主要特征，另一类以非重复性劳动为主要特征。项目是一种非重复性工作，因此，项目在本质上是独特的（与此前的任何工作相比）、临时的。非重复性工作往往使用有限的资源、在有限的时间内为特定的干系人完成特定目标而开展工作，而且这些工作基本都是一次性的，项目的一次性（非重复性）是项目活动不同于一般日常运营活动的关键特性。

2）独特性

每个项目都有某些方面是以前所没有做过的，也是其独特性的体现。比如，人们建造了成千上万座办公大楼，但这些大楼在某个或某些方面都有一定的独特性，这些独特性包括：不同的业主、不同的设计、不同的位置和方位、不同的承包商、不同的施工方法和施工时间等。

3）时限性

每个项目都有明确的时间起点和终点，都是有始有终的（不是不断重复、周而复始的）。

4）渐进性

因为项目的产品或服务事先不可见，在项目前期只能粗略地进行项目定义，随着项目的进行才能逐渐完善和精确。渐进性对项目的指导意义：一是在项目的推进过程中可能会进行很多修改和变更，因此，在项目执行过程中要注意对变更的控制；二是由于项目计划本质上是基于对未来的估计和假设所进行的预测，在项目推进过程中，会遇到各种风险和意外。因此，很多项目可能不会在规定的时间、按规定的预算、由规定的人员完成。

5）制约性

项目的制约性是指每个项目都在一定程度上受客观条件和资源的制约。客观条件和资源对于项目的制约涉及项目的各个方面，其中，最主要的制约是资源的制约。项目的资源制约包括：人力资源、财力资源、物力资源、时间资源、技术资源、信息资源等各方面。因为任何一个项目都是有时间限制的，任何一个项目都有预算限制，而且一个项目的人员、技术、信息、设备条件、工艺水平等也都是有限制的。这些限制条件和项目所处环境的一些制约因素构成了项目的制约性，项目的制约性也是影响一个项目成败的重要因素。通常，一个项目在人力、物力、财力、时间等方面的资源宽裕，制约很小，那么，其成功的可能性就会非常高；相反，项目成功的可能性就会大大降低。

项目除了上述特性以外还有其他一些特性，包括项目的创新性和风险性、项目成果的不可挽回性、项目组织的临时性和开放性等。这些项目特性是相互关联和相互影响的。例如，项目的创新性和风险性就是相互关联的，而项目的风险性又是由于项目的独特性、制约性和一次性造成的。项目的独特之处在于其需要进行不同程度的创新，而创新就存在各种不确定性，从而会造成项目风险。另外，项目组织的临时性和项目成果的不可挽回性，也主要是由于项目的一次性造成的，因为一次性的项目活动结束以后，项目组织就需要解散，所以项目组织就是临时性的；而项目活动是一次性的，不是重复性的，所以项目成果一旦形成多数是无法改变的。例如一次大型的体育比赛活动就是一个项目，这种项目的管理组织多数是临时的，比赛结束以后项目组织就解散了，而比赛过程中所形成的有问题的比赛，结果多数都是无法改变的，如参赛者因迟到而弃权的结果就是无法改变的。

3. 项目的分类

按照上面的定义，项目是一个宽泛的概念，它涵盖的范围非常广，如召开一个会议、组织一次参观活动都可作为项目对待。事实上，项目的类别很多，项目可以按照不同的标准进行分类。按项目主体分，可分为企业项目和非企业项目。按项目性质分，企业项目下又分为承接业务项目和自我立项项目，非企业项目下又分为政府财政项目、事业机构项目和家庭个人项目。对项目进行分类的主要目的是要对项目的特性有更为深入的了解。

4. 项目生命周期

项目生命周期是描述项目从开始到结束所经历的各个阶段，一般是将项目分为项目启动（识别需求）、项目计划（提出解决方案）、项目实施（执行项目）、项目结束四个阶段。在日常工作中，可根据不同领域或不同方法再进行具体的划分。项目经理的管理重点在项目生命周期的不同阶段都会有变化，因此，在项目生命周期运行过程中的不同阶段，项目经理会有不同的任务和不同的角色。

（1）启动阶段——解决做什么项目的问题。当高层管理人员策划一个项目时，会与主要参与方达成初步的意向，这个过程被称为启动阶段。在项目早期阶段，项目经理必须确保项目计划真实地反映客户的期望以及项目团队的能力，并且要与母公司的目标一致。本阶段的可交付物由项目章程规定。

（2）计划阶段——解决怎么做项目的问题。该阶段的主要工作是编制详细计划，该阶段始于启动阶段之后，终于主要干系人对计划的认可。本阶段的可交付物是项目管理计划。

（3）实施阶段——包括授权、执行、监督和控制工作，直到客户接受项目可交付物为止。当项目进入生命周期的实施阶段时，项目经理的注意力要转移到确保项目在预算内和按进度进行上，或在偶然事件影响进展时，协商合适的权变方案来纠正错误或将损失最小化。本阶段的可交付物是交付成果。

（4）收尾阶段——客户接受项目后的所有活动，主要包括经验教训的总结、资源的重新分配、项目评价等。在项目收尾阶段，项目经理应特别关注并保证项目确实满足了相应的要求，处理项目的所有结账事宜，确保每一项微小的工作都已完成。本阶段的可交付物是存档项目文件。

在同一个专业应用领域中，两个类似项目的生命周期阶段划分有时也会有很大的不同。例如，一家公司的软件开发项目将“系统设计”作为项目的一个阶段，而另一家公司可以将“系统设计”划分成“功能设计”和“详细设计”两个独立的阶段。另外，一个子项目也会有自己的生命周期。例如，一个建筑设计公司承担设计一栋办公大楼的任务，这一任务对于该设计公司来说可进一步分为“总体设计”“技术设计”“施工图设计”等一系列项目生命周期的阶段。

3.1.2 项目管理

1. 项目管理的定义

根据项目管理协会（PMI）提出的定义，项目管理（project management）是指运用各种知识、技能、方法与工具，为满足或超越项目有关各方对项目的要求与期望所开展的各种管理活动。

另外，PMI 还认为，项目是一种创新的事业，所以项目管理也可简称为实现创新的管理或创新管理。项目管理包含了项目启动、计划、实施、控制和收尾五个工作过程。在这个过程中，项目管理将围绕下面四个核心要素进行管理：范围、时间、质量、成本。这四者之间是相互关联的，提高一个指标的同时会降低另一个指标，所以，实际上需要艺术地平衡它们之间的关系。当项目经理成功地对以上要素进行了权衡，项目结果就会满足预期的需要，同时也会满足客户的需要。项目管理不仅包括计划、存档、控制等管理工作，也包括调查、激励、提升等领导工作。无论项目的规模大小和所处的应用领域，项目管理的知识、技能和方法都可以直接应用或有选择地使用。

2. 项目管理发展的历程

1）国际上项目管理发展的历程

项目管理我们时常认为是第二次世界大战时的产物（例如美国在原子弹研制时施行的曼哈顿计划），项目管理在 20 世纪 50 年代主要被应用于国防军工的建设工程。近代项目管理学科同样起源于 20 世纪 50 年代。项目管理专家学者一般把项目管理发展划分为两个阶段：20 世纪 80 年代之前是传统的项目管理阶段，在 20 世纪 80 年代后是现代项目管理阶段。

在 20 世纪 60 年代，项目管理的应用范围一般还只局限于建筑、国防和航天等少数的领域，例如美国的阿波罗登月项目等。由于在阿波罗登月计划中项目管理取得了巨大的成功，也因此而风靡全球。这使得国际上许多人对于项目管理产生了浓厚的兴趣。并随时间发展逐渐形成了项目管理的两大研究体系，即以欧洲为首的国际项目管理协会（IPMA）和以美国为首的美国项目管理协会（PMI）。在过去的半个世纪中，这两大研究体系都做出了卓有成效的工作，在推动国际项目管理的现代化过程中发挥了积极的作用。20 世纪 60 年代初我国的华罗庚教授将这种技术在中国加以普及和推广，称作统筹方法，现在通常被我们称为网络计划法。

进入 20 世纪 90 年代以后，伴随着信息时代的来临以及高新技术产业的飞速发展并迅速成了支柱型产业，项目的特点也随之发生了巨大的变化，管理人员们发现许多在制造业经济下建立的管理的方法，到了信息经济的时代已经不再适用。在制造业经济环境下，我们管理强调的是预测能力和重复性的活动，管理的重点难点很大程度上在于制造过程是否合理和标准。而我们在信息经济环境下发现，事物的独特性很大程度上取代了重复性的过程，并且信息本身也是动态的和不断变化的，灵活性成了新秩序的代名词。大家很快发现了实行项目管理则恰恰是实现管理灵活性的关键手段，还发现项目管理在运作方式上最大限度地利用了掌握的内外资源，从根本上改善提高了中层管理人员的工作效率。所以现代的管理纷纷采用了这一模式，并且越来越成为企业重要的管理手段。经过长期探索总结后，在发达国家中现代项目管理已经逐步发展成为独立的学科体系和行业，并成了现代管理学的一个重要分支。

实践是检验真理的唯一标准，而项目管理的理论也来自管理项目的工作实践并不断地加以完善。时至今日，项目管理已经成为一门严谨的学科。但是也应注意到，在当前大多数的项目管理人员所拥有的项目管理的专业知识，并不是通过系统的教育培训而得到的，很多是在实践中一步步积累起来的，并且很多时候还有许多项目的管理人员仍在不断地重新发现和积累这些专业的知识。一般来说，这些项目的管理人员要在相当长的时间内，付出了昂贵的代价后，才能成为真正合格的项目管理专业人员。正因为如此，在近些年，伴随着项目管理的重要性被越来越多的企业、社会团体甚至政府机关所认识，这些组织中的决策者也开始认识到项目管理知识、工具和技术很大程度可以为他们提供所需要的帮助，用以减少项目实施的盲目性。所以，这些组织开始明确要求他们的雇员应当系统地学习项目管理的知识，以便减少项目过程的事件偶发性。在多种需求的促进下，项目管理这门学科得到迅速推广和普及，在西方发达国家的高等院校中也陆续开设了项目管理硕士、博士学位教育。

在今日的欧美发达国家，项目管理不仅仅应用于建筑、航天、国防等这类传统的领域，并且已经成为电子、通信、计算机、软件开发、制造业、金融业、保险业甚至政府机关和国际组织运作的中心模式。

PMBOK（项目管理知识体系）是从事项目管理工作的项目经理所应该具备的基本的项目管理知识的基础。在不同的国家、不同的组织各自推出了自己的PMBOK，例如美国项目管理学会的PMBOK、英国项目管理学会的PMBOK以及中国劳动保障部的PMBOK等等。在其中，美国项目管理协会提出制定的PMBOK历史最悠久，相对也最成熟，在世界上有比较高的知名度、美誉度。

项目管理作为20世纪90年代才真正完善发展起来的新领域，如今已成为了现代管理学的一个重要分支，并且越来越受到人们重视。人们发现，运用项目管理的知识和经验，在很多工作上可以极大地提高项目管理人员的工作效率。

组织安排一场表演活动、开发一种新的产品、修建一座体育馆等我们都可以称它们为一个项目。一般按照传统的做法，当组织设定了一个项目后，至少会有好几个部门参与到这个项目中，例如财务部门、市场部门、行政部门等。而不同的部门在运作项目的过程中则不可避免地会产生冲突和摩擦，这些必须进行有效的协调，而这些协调的工作无疑会很大地增加项目的成本，并且影响项目实施的效率。

各个不同职能部门的成员因为某一个项目而进行结合组成团队，项目经理则是项目团队中的领导者，项目经理所肩负的责任就是要领导着他的团队在准时、优质、不超出预算的情况下实现项目目标，完成全部工作。项目中的管理者不仅仅是项目的执行者，他不但参与项目需求的确定、项目的选择、计划直至收尾的全过程，并且在时间、成本、质量、风险、合同、采购、人力资源等方面对项目进行全方位的管理。所以，项目管理可以帮助企业处理需要跨领域解决的很多复杂的问题，并且实现更高的运营效率。

时常会见到公司中这样的情景：当组织面临一个紧急的项目时，整个公司里都像水沸腾了一样，所有的人都在办公室里奔跑。大家你撞我我撞你，东西随处乱丢到处都是，随后便是无休止地加班！但结果如何呢？出现了问题的时候，所有的成员都在抱怨，领导在发脾气，一味地责备下属无能，下属也感到委屈，并且互相埋怨。这就向我们提出了一个问题，大多数的项目经理都是勤奋和努力的，但他们是否真正掌握了高效实用的项目管理的方法呢？

上述情景原因在于当项目交给项目经理以后，项目经理并没有一个十分清晰地针对这个项目的计划，在工作上只是原来干什么，现在还是干什么，工作并没有特别的需要强调的地方，对于现在的工作，想起谁，就临时决定交给谁，这就造成了工作分配的不平衡。因为整体的混乱导致了时间的浪费，所以引发了长时间的加班。组织人员的疲劳和心理上的烦躁，又进一步造成了工作的低效。所有的这一切只会为组织带来低劣的效果，更有甚者，有一些公司在每个项目结束后，都会因为上下级之间彼此的不满而导致员工的大批更换。综上所述，我们也就可以理解项目管理技术在组织的运用上是多么重要。

时代在发展，组织的管理也日新月异。正因为如此，项目管理的应用已经从20世纪80年代仅仅限于建筑、国防、航天等有限的行业，迅速发展为今天的计算机、电子通信、金融业甚至政府机关等众多的行业和领域。如今在我国，对项目管理的认识比较深、并且要求项目管理人员拥有相应的资格认证的，还主要为大的跨国公司、软件开发公司等与国际接轨的企业和组织。

美国项目管理协会（PMI）成立于1969年，是一个国际性的学会。它一直致力于向全球推行项目管理，同时也是项目管理专业最大的、由研究人员、学者、顾问以及经理们组成的全球性的专业组织。美国项目管理协会在教育、会议、标准、出版和认证等方面发起的技术计划和活动，用来提高项目管理专业的水准。美国项目管理协会也因此正式成为一个具有全球性的项目管理知识与智囊的中心。美国项目管理协会的资格认证制度是从1984年开始，在如今已经有逾万人通过了认证，成了“项目管理专业人员（PMP）”。

国际项目管理协会（IPMA）则是一个在瑞士注册的非营利性的组织，它的职能是成为项目管理国际化的主要促进者。国际项目管理协会创建于1965年，是一个在国际项目领域的项目经理们交流各自经验的论坛，并且于1967年在维也纳主持并召开了第一届国际会议。项目管理也从那时起即作为一门学科而不断得到发展。国际项目管理协会的成员主要是各个国家的项目管理协会，到如今已有超过30个成员组织。这些国家的组织协会用它们自己的语言服务于本国的项目管理的专业要求，国际项目管理协会则以广泛被接受的通用英语作为工作语言，提供有关需求的国际层次的服务。为了达成这一目标，国际项目管理协会开发了大量的产品与服务，包括了研究与发展、培训和教育、标准化和证书制度以及有关出版物支撑的会议、学习班和研讨会等。

2）我国项目管理的发展历程

在我国，对项目管理系统的研究和行业实践起步较晚。1980年邓小平亲自主持了我国最早的与世界银行合作的教育项目会谈，从此，中国开始了吸收和利用外资。随着中国各部委在世界银行贷款、赠款项目的启动，项目管理同时作为世界银行项目运作的基本管理模式而开始被引入并应用于中国。在那之后，项目管理逐步开始在我国部分的重点建设项目中被加以应用，云南的鲁布革水电站则成为我国第一个聘用了外国专家采用国际标准运用项目管理进行建设的水电项目，并且取得了巨大的成功。随后我国在二滩水电站、三峡水利枢纽建设以及其他大型工程的建设中，都采用了项目管理这一有效的手段，并取得了良好的效果。但是，我们在看到成绩的同时也应注意到，与国际先进水平相比较，中国项目管理的应用面还很窄，例如仅仅在水利、国防等国家大型重点项目以及跨国公司的在华机构中进行使用，并且发展缓慢，还十分缺乏具有国际水平的项目管理的专业人才。究其根源，我们认为是由于我国还没有形成自己的项目管理理论体系和学科体系，还没有建立起自身完备的项目管理教育培训的体系，更没有实现项目管理人员的专业化。

我国一些高校在20世纪70年代末才开始项目管理研究这方面的部分工作，并且直到1991年才成立了全国性质的项目管理的研究协会。我国的财政部于1994年向世界银行申请了一笔赠款，专门用于项目管理人才培养，并建立了由清华大学、同济大学、上海财经大学和西安交通大学等五所高校组成的项目管理培训网；举办了国内外培训班百余期，培训了来自我国十多个省市的各种层次项目管理干部千余人，与上百个项目单位保持着紧密联系；结合了中国的国情，翻译、编写了大量的培训教材。但是，所做的这些还远远不够，随着我国市场经济的飞速发展，大量的具备项目管理专业素质的人才必然还将是未来一段时间内所紧缺的。

中国项目管理研究委员会，是我国唯一的、跨行业的、全国性的、非营利的项目管理的专业组织，该委员会上级组织是由我国著名的数学家华罗庚教授组建的中国优选法统筹法与经济数学研究会。如今，我国还没有公开发行有影响力的“项目管理”相关刊物，并且我国关于项目管理的全国性和国际性研讨会议的举办还比较少。由此可见，我国项目管理专业人才的培养已有了一定的基础，但在数量和质量上还远不能满足实际的需求。我们也必须承认在我国的项目管理与国际水平仍有相当的差距。在未来，我们应建设一个比较健全的专业性、学术性的组织，用来保持与国际前沿理论的接触，而在现阶段则仍要做好引进、消化、培养项目管理人才的工作，同时也应当研究一些中国国情下的特殊的问题，并逐步形成有中国特色的项目管理体系。当然，中国特色应当是先进的特色，而不应是落后的特色。

另外需要注意，我国项目管理人才培养和资质认定工作在各个领域发展得并不平衡。某一些领域例如建筑业、水利工程等行业领域进展较快，而有一些则做得很少，甚至于有的还是空白。我们需要把各种类型的项目管理经验进行沟通，形成有特色的统一的行业准则，以便于行业规范化水平提高。同时，在我国对项目管理人才培养和资质认定工作也多偏重于对承包商和监理工程师的培训方面，进而忽视了对业主项目管理人员的培训、考核以及资质的认定。实际上，我们知道业主一方在项目管理的整体中同样起着关键不可替代的作用，尤其在中国现如今的国情下，在国有资产环境中的项目业主，其委任、职责、权限、管理行为和制度应具有一些中国自身环境特点，需要加以认真研究和统一的规范。

3. 项目管理三要素

在项目管理中，最重要的是质量、工期与成本三要素：①质量是项目成功的必需与保证，质量管理包含质量计划、质量保证与质量控制；②进度管理是保证项目能够按期完成所需的过程。在一种大方向的计划指导下，各参与建设的单位编制自己的分解计划，才能保证工程的顺利进行；③成本管理是保证项目在批准的预算范围内完成项目的过程，包括资源计划的编制、成本估算、成本预算与成本控制。

4. 项目管理的方法

项目管理的方法，按管理目标划分，有进度管理、质量管理、成本管理、安全管理、现场管理五种方法。按管理的特性分类，有定性、定量和综合管理三种方法。按管理的专业性质分类，有行政管理、经济管理、技术管理和法律管理方法等。

项目管理方法的应用，必须有合理的应用步骤。

第一步，研究其管理任务，明确其专业要求和管理方法的应用目的；

第二步，调查进行该项管理所处的环境，以便对选择何种管理方法提供决策依据；

第三步，选择适用、可行的管理方法。选择的方法应专业对路，能实现任务目标，且条件允许；

第四步，对所选方法在应用中可能遇到的问题进行分析，找出关键，制定保证措施；

第五步，在实施所选用方法的过程中加强动态管理，解决矛盾，使之产生实效；

第六步，在应用过程结束后，进行总结，以提高管理方法的应用水平。

5. 项目管理过程分类

根据时间逻辑项目管理过程可以分为五类：①启动，成立项目组并开始项目或进入项目的新阶段；②计划，定义和评估项目目标，选择实现项目目标的最佳策略，制定项目计划；③实施，调动资源，执行项目计划；④控制，监控和评估项目偏差，必要时采取纠正行动，保证项目计划的执行，实现项目目标；⑤收尾，正式验收项目或阶段，使其按程序结束。每个管理过程包括输入、输出、所需工具和技术。

各个过程通过各自的输入和输出相互联系，构成整个项目管理活动。根据重要程度，可将项目管理过程分为核心过程和辅助过程两类。

6. 项目管理的特性

PMI 的上述定义深刻地描绘了项目管理的特性。

1）项目管理具有创新性

因为项目本身具有不重复性、独特性的特点，因而必须发挥创新性，这也是项目管理与一般重复性管理的主要区别。任何一个项目都有不同于其他项目的地方，这就要求在对项目进行管理的过程中采用特殊的方法，任何照搬别人的方法都不可能成功地实现项目管理，只有创新才能取得成功。

2）项目管理具有复杂性

项目管理是一项复杂的工作，项目一般由多个部分组成，工作跨越多个组织，需要运用多种学科的知识来解决问题，项目工作通常没有或很少有以往的经验可以借鉴。执行中有许多未知因素，每个因素又常常带有不确定性，还需要将具有不同经历、来自不同组织的人员有机地组织在一个临时性的组织内，在技术性能、成本、进度等较为严格的约束条件下实现项目目标。不确定性、综合性、交叉性决定了项目管理的复杂性。

以工程项目为例，工程项目的开展一般是跨越多个组织的，各参与方都有自己的项目管理工作。

3）项目管理具有普遍性

由于人类社会的大部分活动都可以按项目来运作，并可实现项目管理所能实现的高效率，当代的项目管理已深入各行各业，以不同的类型、不同的规模出现。

4）项目管理需要专门的组织和团队

项目管理通常要跨越部门的界限，在工作中将会遇到许多不同部门的人员，因此，需要建立一个不受现存组织约束的项目组织，组建一个由不同部门专业人员组成的项目团队。

5）项目管理具有专业性

任何行业都可以应用项目管理的方法，提高效率、节省资源。不同行业具有不同的专业背景。因此，项目管理应结合不同行业背景加以专业化训练。

7. 项目管理的发展趋势

1）项目管理的变革

传统的项目管理虽然使人类创造了很多不可思议的辉煌成就，但世界经济史无前例的快速变化和高度复杂性，使项目决策者的决策只能建立在少量的确定性和大量的推测基础上，因而项目管理面临着前所未有的高风险环境，传统的项目管理已表现出以下几方面的缺陷。

一是过分关注项目的时间、预算和性能指标，忽视了客户的重要性。虽然注重项目的时间、预算和性能与满足客户需要从理论上讲是一致的，因为性能指标包含了客户的需求，但项目经理往往容易忽视客户的心理，凭个人兴趣制造一些同行专家羡慕的项目成果。

二是过分关注项目的方法和工具的应用，无暇顾及其他重要事情。项目管理方法和工具的应用使项目管理人受益匪浅，但项目管理的二八现象以不争的事实说明，项目管理仅有20%失败于项目管理技术方法，80%失败于员工不负责任以及不能有效地沟通导致意见不统一等一些非技术性原因。

三是项目范围的定义太狭窄。传统的项目管理将项目经理的管理领域定义为项目的执行，即在限定的范围内完成工作，项目经理缺乏足够的预算资源以对项目的投资方负起完全责任，很难有效地为客户服务。

因此，传统的项目管理变革势在必行，必须以满足客户需求为核心，重新定义项目经理的责任与作用，创造更加科学、更加适应新的商业环境的项目管理理论和技术，以更好地发挥项目管理的作用。

以客户为中心是项目管理变革的核心，传统的项目管理以项目时间、成本及性能"三大约束"指标衡量项目成功与否的观念正在飞速地发生变化，越来越多的项目专业管理人员意识到最惨重的项目失败莫过于所完成的项目不能让客户满意。以客户为中心，让客户满意，增加了客户与项目组再次合作的可能，增强了项目的市场竞争能力，缩短了项目结束时间，从而避免了项目延期和额外开支的增加。

要实现客户的满意需要项目团队全体成员持续地和有意识地努力。首先要重组项目组织的经营方式，建立一个全新的以客户为中心的项目组织文化，强调提供给客户的项目价值最大化，容忍和鼓励逆向思维，以冲破习惯的束缚，激励、挑战和超越自我；在组织内分享权力、适当授权；关注项目预算、汇率、人员的变动，妥善处理好这些不稳定因素，以保证项目的稳定性和连续性；树立项目整体生命周期观点，强调项目关键人员在项目全过程中对项目负责，注重项目成果交付后的正常运行、维修；制定严格的规章制度和周密的程序、方法，确保项目工作不陷入责任真空。

以客户为中心的观点，使项目人员的角色从他人开发计划的执行者变成能对客户需求作出迅速而有效反应的参与者。

项目经理的智慧和有效的管理能够创造出巨大的价值，他们是项目成功的重要人物。除了传统的项目管理对项目经理素质的要求之外，以客户为中心的项目管理要求项目经理具备多项特殊素质，如对项目目标有透彻的理解，对项目有强烈的责任心，能应对挫折和失望，能忍受项目责任模糊不清的煎熬，有政治头脑、有成本意识和基本经营技巧。除此之外，项目经理还应具有应对项目市场和商业风险的双重特性，如既要顾全大局又要注重细节；既要保持稳定又要有一定的灵活性；既具备分析能力又充分相信直觉；处理人际关系既"软"又"硬"……项目经理必须以客户为中心，才能了解客户的真正需要，做出让客户满意的项目成果。项目经理必须被授予有效的运作权力，以便对客户提出的疑问和变更要求做出直接而有效的快速响应，并真正对项目的盈亏负责。

2）项目管理的发展趋势

（1）项目管理的全球化。知识经济时代的一个重要特点是知识与经济的全球化。因为竞争的需要和信息技术的支撑，促使了项目管理的全球化发展，使国际的项目合作日益增多，国际化的专业活动日益频繁，项目管理专业信息实现了前所未有的国际共享。

（2）关于项目管理的多元化发展。由于人类社会的大部分活动都可以按项目来运作，因此当代的项目管理已深入到各行各业，以不同的类型、不同的规模而出现。

（3）项目管理的专业化学科发展。近十年来，项目管理的专业化也有了明显的进展，主要反映在以下三个方面。

① 项目管理知识体系在不断发展和完善之中。美国 PMI 从 1984 年提出 PMBOK（项目管理知识体系）至今，数易其稿，并已将其作为该组织专业证书制考试的主要内容。欧洲 IPMA 和其他各国的项目管理组织也纷纷提出了自己的体系。

② 学历教育从学士、硕士到博士，非学历教育从基层项目管理人员到高层项目经理形成了层次化的教育体系。

③ 对项目与项目管理的学科探索正在积极进行之中，有分析性的，也有综合性的；有原理概念性的，也有工具方法性的。项目管理学科正逐渐走向成熟的标志。

8. 项目管理教育与认证

1）全球“项目管理”教育与职业认证的发展

在许多发达国家，项目管理已经成了一种独特的职业，从业者可以像教师、建筑师、医师和会计师一样以自己的专业知识和技能立足于社会。

项目管理职业化教育在国外由来已久。20 世纪 70 年代末，英国就在克兰菲尔德和亨利管理学院开设项目管理课程。通常将其作为学位课程的一部分，在当时的英国属于工程和信息专业，而在荷兰，则将其纳入经济类、创新类、信息类范畴。澳大利亚的一些学校在 16～19 岁的学生中教授项目管理基础知识，有些国家甚至在初中阶段就开设类似课程。项目管理的职业化教育已经遍布世界各地。

职业资格评估则是对从业人员的资格认证。英国的国家职业资格体系分为五级，项目管理人员的职业等级为第四级和第五级。

为适应社会各界对项目管理人员的迫切需求，美国在 1984 年开始实行项目管理专业人员资质认证制度，20 世纪 90 年代中期陆续在麻省理工学院、乔治·华盛顿大学等高校设立了项目管理专业硕士和博士学位。目前有两大项目管理的研究组织，分别是以欧洲为首的国际项目管理协会（IPMA）和以美国为首的美国项目管理协会（PMI）。

在项目管理的应用实践中，项目管理工作者们感觉到，虽然从事的项目类型不同但是仍有一些共同之处，因此，就自发组织起来共同探讨这些共性主题。如项目管理过程中的范围管理、时间管理、费用管理、质量管理、人力资源管理、沟通管理、风险管理、采购管理及综合管理等，这些领域的综合经验就形成了项目管理的知识体系。1987 年 PMI 公布了全球第一个 PMBOK（项目管理知识体系），此后，又三度进行了完善。

（1）PMI 教育与认证制度。

美国的 PMI 在 PMBOK（项目管理知识体系）基础上开发了 PMP（项目管理专业人士）认证制度，它代表了一种专业权威机构对从事项目管理人员的资质认可，也是一种促进市场需求与学科发展非常有力的举措。

PMP 认证制度要求申请者必须达到 PMI 规定的所有教育和经历要求，并通过认证考试才能获得 PMP 证书。每隔 3 年，PMI 会重新审查获得 PMP 资格认证的人员，只有那些在 3 年内积累了一定的参加培训和实际从事项目管理经历的 PMP 才可以保持其资格的连续性和有效性。PMI 测试包括 200 多道问题，主要评估对项目管理原则、原理、术语、观点和要素等方面知识的掌握，其具体内容是一份有代表性的问卷，是针对项目管理各过程（项目立项、规划、实施、控制和完成）的一系列问题。

（2）IPMA 及其认证制度。

国际项目管理协会（IPMA）在英国等国家实施的多年证书制度基础上，迅速发展了一套国际项目管理资质标准（international competence baseline，简称 ICB），并同时鼓励各国的专业组织在 ICB 的基础上，结合本国特点建立国家资质标准（national competence baseline，简称 NCB）。这一体系引起了各国专业组织的广泛关注，并在国际上得到了长足的发展。此外，国际项目管理协会（IPMA）在项目管理知识体系（PMBOK）方面也取得了显著成果。

国际项目管理专业资质认证（international project management professional，简称 IPMP）则分为 A、B、C、D 四个等级，等级之间的档次标准有着较大差距。其中，A 级是工程主任证别书级，（certified project director，简称 CPD）。它授予具有指导一个工程计划、一个公司或分公司全部项目能力、或来自不同国际文化背景，具有管理国际复杂项目能力的人员。如果想得到这个级别的证书，必须自己提出申请，其中包括对于自己能力的自我评价，还要有已经获得过该资格证书人士的推荐文件。在业务方面，要有本人撰写的项目建议书、项目报告等。最后经过面试才能取得该证。该种资格证书的有效期为 3～5 年，过期后需要再申请。B 级为项目经理级别证书，C 级为项目管理工程师级别证书，D 级为项目管理技术员级别证书。虽然这些项目管理人员资格认证的侧重有所不同，方法各异，但是都为推进项目管理的职业化发展作出了很大的贡献。

IPMA 与 PMI 认证的区别是，IPMA 更注重于实践方面的能力，并且具有分级标准，而 PMI 体系只有一个等级。

2）我国项目管理专业人才的培养与资质证书

尽管中国古代在项目管理方面成就卓著，2 000 多年前就有举世瞩目的大型项目成功典范——万里长城，自 1964 年开始，著名科学家华罗庚教授就已在中国倡导并推广应用“统筹法”，且在修铁路、架桥梁、挖隧道等工程项目管理上取得了成功，但直到 20 世纪 80 年代初，中国才引入世界银行贷款项目，也就是 1984 年的鲁布革水电工程项目（被称为“鲁布革冲击”）。“鲁布革冲击”是中国工程建设领域的一次重要事件，它通过国际招标和竞争机制的引入，促进了管理体制的改革和劳动生产率的提升，对中国水电建设乃至整个工程建设领域产生了深远的影响。自此，较为系统的现代项目管理思想、工具及知识体系才逐步进入中国。

我国项目管理资质认证的工作最早起源于建设行业推广的项目法施工，1991 年建设部（现住房和城乡建设部）提出要加强企业经理和项目经理的培训工作，并将项目经理资格认证工作纳入企业资质就位管理。

2000 年，美国项目管理协会（PMI）推出的项目管理专业人士（PMP）认证正式登陆中国，并在我国掀起了项目管理应用与认证的热潮。随后，在 2001 年，国际项目管理协会（IPMA）的国际项目管理专业资质认证（IMP）在项目管理研究委员会（PMRC）的推动下，也正式进入中国，进一步推动了我国项目管理认证体系的发展，掀起了项目管理认证的新高潮。国际项目管理协会 IPMP 认证既是一种符合中国国情，同时，又与国际接轨的国际项目管理专业资质认证。短短一年多的时间就有超过 4 000 人参加了 IPMP 认证，有超过 1 600 人获得了相应级别的证书。从此，中国项目管理学科体系日渐成熟。2002 年劳动保障部正式推出了“中国项目管理师(CPMP)”资格认证，标志着我国政府对项目管理重要性的认同，项目管理向职业化方向发展已成必然。项目管理研究委员会(PMRC)建立了适合我国国情的中国项目管理知识体系(Chinese project management body of knowledge，简称 C-PMBOK)。C-PMBOK 的研究工作始于 1993 年，1994 年，由 PMRC 常务副主任、西北工业大学的钱福培教授领衔的课题组向国家自然科学基金委员会提交了立项申请，并获准正式开展“我国项目管理知识体系结构的分析与研究”项目。基于这一研究，PMRC 成立了专家小组负责起草 C-PMBOK，并于 2001 年 5 月正式发布了《中国项目管理知识体系》。同时，还建立了符合中国国情的《国际项目管理专业资质认证标准》(C-NCB)。C-PMBOK 与 C-NCB 的建立，标志着中国项目管理学科体系的成熟与完善。

与 PMBOK 相比较，C-PMBOK 的突出特点是以生命周期为主线，以模块化的形式来描述项目管理所涉及的主要工作及知识领域。基于这一编写思路，C-PMBOK 将项目管理的知识领域分为 88 个模块。由于 C-PMBOK 模块结构的特点，使其具有了各种知识组合的可能性，特别是对于结合行业领域和特殊项目管理领域知识体系的构建非常实用。

2004 年，国务院学位办和教育部批准全国 72 所高校培养项目管理工程硕士。我们坚信，项目管理作为一门综合性的学科和先进的管理工程，将在中国各行业各领域得到更加广泛、更加深入的应用和发展。

任务 3.2 休闲项目的选择与开发

3.2.1 项目选择的原则

项目选择就是在众多项目方案中，选择最具可行性和符合企业战略目标的项目的过程。

拓展案例

3.2.2 项目选择的重要性

企业中有组织的活动可分为两种类型，即项目(project)和运作(operation)。企业如要实现其长远的战略目标，首先必须定义组织使命，然后设定实现组织使命的长期目标和短期目标，将组织使命细化为一个个具体的方向或目标，最后再通过一个个不同的一次性任务(即项目)来实现。通常，一个企业最初通过一个项目使企业形成某种提供产品或服务的能力，并在此基础上重复运作，经过一段时间的运作后，又需要通过大修项目、改扩建项目、新产品(服务)开发项目、组织变革项目等，使企业恢复原有的能力或上升到一个新的运作平台。在企业的发展过程中，总是如此不断地重复着项目与运作的交替过程，运作导致企业的量变，项目使企业出现质变，项目是企业实现其战略目标的基本活动，也是推动企业发展的直接动力。

组织或个人需要对各种项目机会作出选择，将有限的资源以最低的代价投入到收益最高的项目中，以确保个人或组织的发展，这就是项目选择，正确地选择项目往往比正确地规划、实施项目更具有战略意义，因为项目的成功并不一定对企业的成功有帮助。项目选择关乎组织的生死存亡，很多企业的兴盛源于正确的项目选择，亦有不少企业的破产或陷入困境是由于项目选择错误所导致的。世界上成功的项目选择不乏其例，如海尔公司整体兼并红星电器公司，投资控股顺德爱德集团，与西湖电子强强联手等。同时，项目选择的重大失误也并不罕见。

3.2.3 项目选择的基本原则

为了正确地选择项目，避免失误，在项目选择过程中一般应遵循下列基本原则。

1. 符合发展战略

战略是通过项目来实施的，每一个项目都应和组织的发展战略有明确的联系，将所有项目和组织的战略方向联系起来是组织成功的关键，项目的选择必须围绕企业发展战略开展，每个项目都应对企业的发展战略作出贡献。

2. 考虑资源约束

项目建议来源于各种需求的变化和解决现实存在问题的动机。很多组织都有超过可利用资源所允许数量的项目建议，日常运作对资源的需求及可用资源的改变、项目依时间的资源消耗等资源约束因素。

3. 优化项目组合

项目选择是对一个复杂的系统进行综合分析与判断的决策过程，其影响因素很多，在选择项目时，应综合考虑各项目（建议）的收益与风险、项目间的联系、组织的战略目标和可利用资源等多种因素，选择最适合的项目组合，使项目组合的整体绩效和价值最大化。

3.2.4 项目选择的基本程序

由于受资源的限制，选择合适的项目配置是困难的。大多数企业可能犯的一个共性的致命错误，就是选择了只对企业长期发展起很小（甚至不起）作用的项目。广泛的数据显示，即使在发达国家，也有很多企业尚未建立明确的将项目选择和战略计划联系起来的程序。财富500强中只有25%的执行官相信他们构造的战略与实施之间存在有机的联系、一致性或吻合。法科斯调查了280名项目经理，发现他们的组织中有24%甚至没有发布或传达他们的目标，40%的回答者说竞争项目之间的优先级是不明确的，只有17%的回答者承认存在明确的优先级。因此，企业必须有能力避免启动那些对企业长期发展并不重要、未与企业发展战略有效整合的项目，以避免有限资源的浪费。主要的避免方法就是建立一套将项目选择与企业战略有机地联系起来的方法，使项目选择与优先级密切关联，从而保障战略计划与项目整合成功的选择程序与方法。在将企业资源用于某一项目之前，选择程序被用来确定该项目的有效性和可行性，以便企业所选择的任何一个项目都符合其发展战略。项目选择的基本程序来源于某企业，包括以下四个方面。

1. 判断项目的必须性

在很特殊的条件下，有些项目“必须”被选中，否则，企业会失败或遭受严重的后果。例如，政府规定必须实施的环保项目，消除重大隐患的安全项目等等。如果99%左右的项目评价者认为某一项目必须被实施，则将该项目置于“必须”的类别，对“必须”类项目也需要研究，提出若干种可选择的方案，再从中选择最优方案。

2. 研究项目的可行性

对于非“必须”类项目需要进行可行性研究，研究内容为SWOT分析以及技术、经济、财务、社会和环境、组织机构的可行性论证。企业可借助于项目外部与内部因素评价矩阵来对项目进行SWOT分析，以确定组织当前的战略与其特定的优势与劣势之间的相关程度，以及组织处理和应对外部变化的能力。构建项目外部（或内部）因素评价矩阵的步骤如下。

列出项目的主要机会与威胁（或优势与劣势），在实际应用中，以列出5～15个因素为宜。为每个因素确定一个权重，权重为0～0.1。每个因素的权重说明这个因素对项目的重要性，各个因素的权重之和为1。按4分制为每个因素评分，用评分值1、2、3、4分别代表相应因素对项目来说是主要威胁、一般威胁、一般机会、主要机会。将每个因素的权重与评分值相乘，得到每一个因素的加权评分值。将每个因素的加权评分值相加，得到一个项目的综合加权评分值，项目的综合加权评分值为1～4分，平均值为2.5分。如果针对某项目的企业外部因素的综合加权评分值大于2.5分，则说明该项目的企业内部因素的综合加权评分值大于2.5分，说明实施该项目的企业内部条件较好；如果小于2.5分，则说明实施该项目的企业内部条件较差；只有针对某一项目的企业外部因素综合加权评分值之和不小于5时，才继续对该项目进行技术、经济、财务、社会和环境、组织机构等方面的可行性论证。某公司规定，投资20万元以上的项目都须提交可行性报告，20万～100万，100万～400万，400万以上的项目分别由副总工程师级领导、分管副总经理、总经理组织人员对可行性研究报告进行评审并签发评审记录。

3. 评定项目的优先级

企业中总是存在经可行性研究合格，但又超过可用资源所允许数量的项目建议，因此，企业需从众多项目中精选项目，以识别出哪些项目具有最大的附加值，进而将稀缺资源分配到比其他替代项目贡献更多价值的那些项目上。这就需要一种结构化的项目选择过程，以便将项目和企业战略联系起来，控制稀缺资源使用并平衡风险，组织的生存取决于这一任务的成功完成，项目选择的关键是建立与发展战略有机联系的、科学可行的项目优先级评价标准，并为组织的所有成员所认知和使用。与发展战略链接的项目优先级评价标准至少会便利以下工作：

（1）使组织参与者的注意力集中在组织的战略核心上。

（2）在哪些项目具有最高优先级的意见上达成一致，更有效地使用组织资源和资源计划。

（3）在给定可用资本情况下平衡风险的资产组合选择。

（4）通过标准选择形成控制变动的机制，没有这种项目选择标准会导致混乱、权力政治及组织资源的低效使用或滥用。无论选择项目的过程如何，每个项目均应以相同的标准加以评判，且应将选择过程予以公开。评价项目优先级的常用方法有期望商业价值法、动态定制等级列表法、项目组对比矩阵和加权多重要素评价矩阵等。

加权多重要素评价矩阵是应用最好的项目优先级评价方法之一。在构建加权多重要素评价矩阵时，先采用头脑风暴法、德菲尔法等方法选取出若干个关键成功要素，关键成功要素一般应包括(但不限于赫斯特)(Hoechst)提出的下列主要评价因素：对企业的回报(对公司利润的贡献、技术上的回报、商业启动时间)，战略杠杆作用(项目所有者位置、项目发展的平台、项目的持续性及项目与企业其他资源、技能的协同作用)，商业成功的可能性(市场需求、市场成熟度、竞争的激烈程度、商业应用发展情况、商务设想、法规的/社会的/政治的影响)，技术成功的可能性(技术差距、程序的复杂性、现存的技术技能基础、人才与设施的可利用性)。再由高层领导和专家根据各成功要素对组织目标和战略计划的重要性，为每个关键成功要素赋以(最低为0，最高为3)权重，然后针对每个项目，在每个关键成功要素上赋予(从0至最高为10)评价值，该值表示项目对特定关键成功要素的适宜程度，将权重应用到上述关键成功要素，就可以导出每个项目对各关键成功要素的综合加权平均和，例如，项目1的综合加权平均和为$(2\times1+3\times8+2\times2+2.5\times6+1\times0+1\times6+3\times5)=66$。项目对各关键成功要素的综合加权平均和越大，则其优先级就越高，反之亦然。

企业应采用平衡计分卡模型对所选取项目采用的优先级评价方法的长期有效性进行评价。项目优先级评价方法用来评判哪些项目最能支持组织战略，而平衡计分卡模型则被用来对项目优先级评价过程进行评判。它在视野上比项目优先级评价方法更为宏观，可估量用来支持组织总体视野、使命和目标的主要行动的后果。平衡计分卡模型蕴含的基本假设是人们会采取必要的行动来改进组织基于给定度量和目标上的绩效，将绩效度量限制在对四个主要领域中目标的绩效上：客户、内部、创新和学习、财务度量。这四种角度和绩效度量让视野和战略保持在雇员行动的最前沿。平衡计分卡模型和项目优先级评价方法永远不应彼此冲突，如果存在冲突，则应对两者均加以检查，从而消除冲突。

4. 选定项目

企业领导和专家综合考虑各个具体项目被评价的优先级、企业可用资源、项目风险、项目之间的依赖性等因素，决定企业将接受或拒绝哪些项目建议。在资源严重受限，项目建议的权重排序彼此类似的情况下，应谨慎选择对资源要求少的项目，应对每个被选中的项目进行排序，并公布结果，以便保证每个人保持对组织目标的关注，提供有效分配稀缺性资源的依据。某公司在项目选定方面的做法如下：董事会在每年元月根据发展战略、可用资源、项目的优先级、项目间的联系等要素，选取决定列入企业年度计划的项目，并限定总经理层可临时决定的投资总额，总经理层确定各职能部门及直线单位可支配的费用总额，年度计划外的项目由相关职能部门或直线单位根据决策权限就项目的涉及范围、复杂程度、所需资源等临时研究决定。

3.2.5 主题公园项目的选择与开发

1. 主题公园项目开发的影响因素

主题公园作为现代休闲娱乐产业的重要组成部分，对于推动城市经济发展和旅游业的发展具有重要意义。然而，主题公园的发展受到多种因素的影响。本文将从地理环境、经济因素、文化因素和政策因素四个方面对主题公园发展的影响因素进行系统分析。

1）地理环境对主题公园发展的影响

（1）地理位置。地理位置是主题公园发展的重要因素之一。优越的地理位置可以为主题公园提供便利的交通条件，吸引更多的游客。例如，位于城市中心或交通便利的主题公园更容易吸引游客。

（2）自然资源。自然资源是主题公园开发中不可忽视的要素。自然景观、湖泊、山脉等自然资源可以为主题公园提供独特的风景和活动场所，增加游客的吸引力。主题公园可以利用自然资源打造更加丰富多样的游乐项目和主题活动。

2）经济因素对主题公园发展的影响

（1）投资规模。主题公园的发展需要大量的投资，包括土地购买、建设设备、人力资源等方面的费用。投资规模的大小直接影响到主题公园的建设规模和设施水平。

（2）经济发展水平。地区的经济发展水平也是主题公园发展的重要影响因素之一。经济发展水平高的地区人均收入较高，可支配消费能力更强，对主题公园的需求也相应增加。

3）文化因素对主题公园发展的影响

（1）文化底蕴。主题公园的发展需要有独特的文化底蕴作为基础。主题公园通过打造与当地文化相融合的特色项目或活动，增加游客的体验感。文化底蕴的丰富程度和特色对主题公园的发展起着决定性的作用。

（2）文化传承。主题公园在开发过程中应注重文化传承，融入当地的历史、传统和民俗活动等元素。这可以为游客提供更加真实而有深度的文化体验，同时也能保护和传承当地的文化遗产。

4）政策因素对主题公园发展的影响

（1）政府支持政策。政府的政策支持对于主题公园的发展至关重要。政府可以出台相关政策，提供土地、财税、金融等多方面的支持，为主题公园提供良好的发展环境。

（2）环境保护政策。主题公园的发展必须注重环境保护。政府应制定相关环保政策，要求主题公园在规划、建设和运营过程中减少对自然环境的破坏，保护当地的生态系统。

综上所述，主题公园的发展受到地理环境、经济因素、文化因素和政策因素的综合影响。在开发过程中，主题公园应充分考虑地理位置和自然资源，结合当地的经济水平和文化底蕴，通过打造与当地文化相融合的特色项目或活动，来增加游客的体验感和吸引力。同时，主题公园应注重文化传承，融入当地的历史、传统和民俗活动等元素，为游客提供更加真实而有深度的文化体验。政府的支持政策对主题公园的发展也起着决定性的作用，政府可以出台相关政策，提供土地、财税、金融等多方面的支持，为主题公园提供良好的发展环境。除此之外，主题公园的发展还应注重环境保护。政府应制定相关环保政策，要求主题公园减少对自然环境的破坏，保护当地的生态系统。只有在多方面因素的共同作用下，主题公园才能蓬勃发展，为人们提供更好的休闲娱乐体验，并为地区的旅游业与经济发展作出积极贡献。

2. 主题公园项目开发的流程

主题公园的筹建程序包括：概念规划、可行性研究、总体规划、政府审批、公园设计、资金准备、施工图准备、施工、设备采购、设备安装、开业前准备、试业、正式开业、更新、扩充等步骤，整个筹建过程需要 3 至 5 年在初期的策划阶段，业主需要组建一个工作团队并提出初步的概念规划，然后聘请设计公司或其他咨询公司进行论证、优化、可行性研究并最终形成总体规划。

主题公园的规划、设计过程需要设计公司与业主频繁地互动和更改。在每个工作阶段结束的时候，会向决策层进行报告，获得批准后再进行下一步的工作。

1）概念规划、可行性研究、总体规划

概念规划提出项目的基本概念和定位；可行性研究对概念规划进行验证、细化并确定项目开发的限定条件；总体规划在概念规划和可行性研究的基础上对项目进行具体的规划。本阶段工作团队组成：业主、主题公园经营专家、经济可行性研究专家、建筑师、公园规划专家、创作团队等。此阶段大概需时 1 年。本阶段工作成果包括概念规划、可行性研究报告以及主题公园总体规划。这是一个由粗到细的过程，将为下一步的设计、建设和经营提供依据。

（1）概念规划。根据业主的意图，在了解市场的基础上，形成拟建项目的原始创意，明确项目的定位，详细描述项目的基本概念，对业主希望实施的内容和希望达到的目标进行阐述。这部分工作通常由业主完成或者在顾问机构的协助下完成。

（2）可行性研究。可行性研究在概念规划的基础上对市场进行进一步调查，以验证概念规划提出的各种构想是否可行，并对项目的主要指标进行明确任务，包括了解市场现状、发展趋势、竞争形势，评估拟建项目市场潜力；确定公园的类型，明确目标游客；预测游客数量、停留时间和人均消费；设定公园的规模；确定潜在的财务表现，限定最大投资额；为总体规划提供各种限定性参数，为下一步的总体规划、设计、建设和经营提供指引。

（3）总体规划。总体规划是在可行性分析的基础上进行的，除了物理空间的分配外，还要设计游客的游览经历、主题故事、吸引物组合等与主题公园相关的独特内容。这部分工作，由规划设计公司和业主共同进行，是业主与设计公司互动的一个过程，需要不断地进行评估和多次地修改主要工作内容。

2）政府审批程序

主题公园项目开发流程中的政府审批程序是一个复杂且涉及多个部门的过程。以下是一个概括性的流程：项目预可行性研究与编制项目建议书——提交审批申请——部门审批与转报——审批材料准备与提交——审批流程。总之，主题公园项目开发流程中的政府审批程序是一个多环节、多部门参与的过程，需要开发商充分了解相关政策、法规和流程要求，并提前做好充分准备。

3）公园设计

设计是决定最终产品的质量和造价的重要环节，应由具有丰富主题公园设计经验的设计公司进行。设计也是业主和设计公司的互动过程，大概需时 1 年。在公园设计期间，价值工程是确保建设造价的重要工具，在效果和造价之间取得一种平衡，最大程度提高资金使用效率。

4）资金准备

为项目筹备资金，除项目建设、设备采购和安装等大项开支外，开业前准备需要资金，例如节目制作、广告宣传、员工培训等，项目开业后的流动资金也需要提前准备。

5）施工图准备

设计通过后，根据设计图完成施工图。

6）施工

在施工过程中，项目管理是控制造价和保证工程质量的关键。施工过程大概需要 2 年的时间。一般不要在大型设备的预算、价格、采购合同确定之前动工建设该分项。

7）设备采购（游乐设备和配套设备）

在吸引物组合确定后尽快进行考察、谈判、比较，尽早确定采购目标，适时签订采购合同。这部分投资额占主题公园建设总投资额的相当比例，对主题公园的吸引力有重大影响。目前有著名厂商在中国设厂生产，有利于降低制造、运输和关税成本；如果选定的产品没有在国内生产，也可以探讨国外厂商委托国内制造的模式，在选定设备时，要综合考虑价格和使用过程中的可靠性、维护成本等因素。

8）设备安装

采购的设备需要在现场安装、调试。如果选购的设备来自一家或少数几家厂家，厂家在组织生产和现场安装环节所需要的时间会比较长，拉长公园的筹建周期；如果由多个厂家提供设备，工期会相对较短。

9）开业前准备

开业前准备对主题公园的成功非常重要。主要的工作内容包括：组织架构设置、职责划分、职务说明书，人员招聘、培训以及生活安排；表演与娱乐节目的策划、演员招聘、道具制作、排练；市场营销，营销模式的确立、营销队伍的组建、各种广告的准备、建设、销售渠道的建立、公共关系的建立；制定运营预算；确定政策和程序文件。在公园运营方面，可以借助国内外管理顾问公司的帮助，以提高效率，避免失误，特别是在培训环节。也有把主题公园完全委托管理公司经营的。

10）试业

试业的主要目的：进行员工培训、记录整理工作流程、设施调整等，时间一般为 21～30 天。免费邀请客人试用，人数由少逐渐增多，让工作人员逐渐适应。

11）正式开业

公园正式开门营业。

12）更新、扩充

美国主题公园一般将年度营业额的 3%～5% 留作更新费用，即使在不景气的年头，每 3 年都要进行一次更新。

3. 主题公园项目营销策略的选择

1）有效的主题定位

主题定位是否准确、是否有效可以说是一个主题乐园能否生存、能否成功的一个先决条件。主题是主题乐园形成鲜明特色和独特个性的灵魂。每一个成功的主题乐园都有强烈的主题特色，为自身建立鲜明的公众形象，同时也为自己创造有利的市场机会。在主题确定之前，应当做好主题定位的前期工作，其中包括市场竞争定位、目标顾客的定位及旅游产品定位，通过整理和分析这些信息，预测主题乐园的发展趋势，通过科学的前期分析来给自己确定一个具有良好发展前景的主题。

2）激活市场的产品策略

（1）设计合理的主题游园路线。一条合理游园路线的设计，不仅仅可以突出主题乐园的特色所在，更重要的是可以使游客能够到达每一个景点，享受到每一个兴奋点与快乐点，同时还可以增加游客在园内的停留时间和消费可能。对于一个主题乐园来说，游园路线的规划水平往往代表着这个主题乐园的层次与水平。因此，主题乐园应当重视游园路线的设计，在设计路线的时候，应当充分考虑到主题乐园内每个景点的特色以及整体的协调性，同时也要考虑游客在游览过程中的心理变化和身体感受。

(2) 推出彰显主题的强参与性的游园项目。主题乐园的所有游艺项目的设置都应当本着突出主题的原则，主题乐园内的游艺项目和游览景点进行经典化和系统化的规划工程，使每一个景点都成为亮点，同时也使所有景点成为一个整体。在规划主题乐园和游园项目时，应当注重观赏性与参与性的协调与配合，设计一些能够突出自身主题特色的强参与性的软游艺项目不失为一种很好的产品策略。

(3) 创造良好的游园环境。良好的游园环境，不仅可以提高主题乐园的整体形象，同时也可以增加游客的游园乐趣。

3) 灵活多变的价格策略

(1) 降低门票价格，转换利润点。作为主题乐园来说，应当转换经营思路，转变乐园利润点，在原先票价的基础上适当降低门票价格，并且将门票转变为二次消费的代金券，可用于园内游乐项目的消费。通过这种方式来提高游客游园率和重游率，同时也为增加游客园内消费可能性打下良好的基础。同时，可以重点开发乐园配套游乐项目，如高竞技性、强参与性的娱乐项目，设计并制造主题玩偶等，通过这样的形式，不仅增强游客游园的乐趣，同时也提高主题乐园的利润水平。

(2) 建立灵活的价格体系。适当降低门票价格，可以说是吸引游客的一种方法，那么，在适当降低票价的基础上，制定全新的有针对性的价格体系，则使得这种方法更有效。这种价格体系的构建是在针对不同的目标消费群体的基础上，并且结合不同的旅游时间而制定的多种价格并存的形式。这种全新价格体系的最大特点便在于具有极强的针对性和极大的灵活性，而且诱惑力也是巨大的。

4) 推拉结合的促销策略

(1) 间接压迫式终端拉动。终端拉动成功与否的关键在于两点：第一，是否找到了真正的终端；第二，促销方法是否对终端具有吸引力。对于中国主题乐园来说，决定其兴衰的首要因素便是游客量。作为主题乐园来说，应当将促销的重点集中在旅行社身后的目标游客。通过加大对于游客的促销力度和优惠幅度，来广泛激发游客的游览需要，从而造成一种需求压力，迫使旅行社开设相应旅游路线，以此更加广泛地吸引游客。

(2) 直面受众的宣传推广。为了达到更好的宣传效果，主题乐园的宣传推广应当把握住最大的传播源。对于主题乐园来说，这种关键的媒介主要有两类，第一类就是曾经到乐园游览的游客，游客的直接感受是对乐园最有说服力的宣传内容。因此，主题乐园应当对广大游客在乐园内实施有效的体验式营销，来加强游客心中的良好印象，通过游客的正面宣传，来增强传播效应；第二类则是流动的宣传站，如汽车、火车、飞机等。

5) 双管齐下的渠道策略

(1) 销售代理渠道。对于主题乐园来讲，一般应尽量选择对自己比较适合，同时操作又比较直接简单的代理渠道层次，尽量将体验直接、真实地传达给目标消费者，并加快营销流通速度，节省渠道管理成本。

(2) 产品直销渠道。对于主题乐园来说，产品直销不仅可以较为容易地组建营销机构和渠道，而且可以降低营销成本，提高利润空间，最重要的是对于包括营销渠道在内的所有营销政策和过程容易控制，在管理上更为便利，更为容易监控并保持营销上应有的快速反应性和灵活性。产品直销渠道模式包括人员直销和网上直销两种方式。

3.2.6 森林康养项目的选择与开发

1. 森林康养项目开发的影响因素

1）区域自然环境条件

森林康养项目在开发建设中最主要的因素就是区域自然环境条件。其中包含的主要内容有：地表水质量、负氧离子浓度、空气质量、声音质量等，这些都需要经过专业详细的检测。

据世界卫生组织公布的数据，清新空气的负氧离子的标准浓度为1 000 个/cm^3～1 500 个/cm^3，即每立方米含有不低于1000～1 500 个负氧离子的空气才能算是清新优质空气，而这样浓度的负氧离子空气对人体自身的免疫系统改善与提高有极大的价值。负氧离子的浓度对森林康养旅游基地来说是一个比较重要的条件；在声音质量方面，声音在日常生活中无处不在，而对于森林康养旅游基地来说，声音包含有水流声、鸟鸣、生物体的叫声以及风声等自然界的声音，而不是工厂中机器的轰鸣声或者道路上鸣笛的汽车噪声等；在地表水质量上，一级森林浴场地表水质量国家明确规定必须达到一类水标准，二、三级森林浴场地表水质量必须达到二类水标准以上。

2）社会经济

森林康养旅游基地的开发，在社会经济层面主要考虑的是旅游基地的交通便利性和当地政府的支持力度。交通便利主要包括两个方面，一个是旅游基地内部的交通，另一个是旅游基地的外部交通。交通便利的指标一般可以参照交通可达性的指数来进行衡量，这也是衡量景区内外交通的舒适度指标；森林康养旅游基地是否能健康可持续性地发展，还取决于国家政策和当地政府的支持力度。因而往往将康养旅游归纳入特殊旅游的规划中，需要充分考虑有关政策对森林康养旅游规划开发的指导意义和操作性，能否得到有关环境与土地保护及管理部门的批准等。

3）历史人文因素

不管是哪种类型的森林康养旅游，要想获得长足的发展，其规划就必须要在历史人文条件与文化资源核心方面下大功夫。比如可以将中医文化、养生文化与森林环境相结合，让游客在思想与身体上双重净化，从而达到康养目的。这不仅是一个概念，更是要贯穿于整个旅游景区，涵盖餐饮、住宿、交通、游览、娱乐等。另外，还可以将当地村民也纳入进来，提高旅游康养体验质量。

总之，打造一个优质的森林康养旅游基地，需要对自然森林资源合理利用，发挥当地历史人文优势，有序组织森林康养相关活动，充分开发森林对人们的康养功能；其次需要对森林康养旅游基地进行科学规划与设计，遵循自然和谐、文化资源平衡、多样性与统一性相协调的设计原则。另外，结合当地条件与自身的资源优势，制定相应的经营措施，提升现有森林基地的价值。

2. 森林康养项目开发的流程

森林康养项目开发的流程通常包括以下几个关键阶段。

1）市场调研与前期规划

进行市场调研，了解目标客群需求、市场趋势、竞争对手情况等。制定项目的初步规划，确定项目定位、特色以及规模。

2）选址与地理环境评估

选择适合开发的地理位置，考虑森林资源丰富、空气质量好、自然环境优美的地区。进行选址评估，考虑交通便利性、生态环境、用地政策等因素。

3）项目规划与设计

制定详细的项目规划和设计方案，包括建筑布局、景观设计、设施设置等。考虑森林康养项目的整体氛围、功能分区、游客体验等因素。

4）设施建设与基础设施建设

进行设施建设，包括住宿设施、康复中心、休闲娱乐设施等。建设基础设施，包括道路、供水、供电、排水等基础设施的建设。

5）人才培训与团队建设

招募和培训专业的管理团队和服务人员，包括康复师、心理咨询师、导游等。通过培训员工的服务意识、专业技能和安全意识，可以提升服务水平。

6）营销推广与品牌建设

制定营销推广策略，包括宣传册、网站建设、社交媒体推广等。开展各类促销活动，如优惠券、联合推广、特色活动等，提升知名度和影响力。

7）试运营与调整

进行试运营阶段，测试设施的完善性和服务的质量。收集客户反馈意见，及时调整和改进，提升项目的运营效率和客户满意度。

8）正式运营与持续改进

正式开展项目运营，提供森林康养服务和体验。定期评估项目的运营情况，进行持续改进和优化，保持项目的竞争力和可持续发展。

以上流程是森林康养项目开发的一般流程，具体项目的开发过程可能会因地区、规模和特点等因素有所差异，但这些阶段和步骤通常是共通的。

3. 森林康养项目营销策略的选择

1）目标市场定位

在制定森林康养项目的营销策略时，首先需要对目标市场进行精准定位。了解潜在客户的需求、消费习惯以及偏好，以便更好地为他们提供定制化的服务和产品。例如，可以根据年龄、性别、健康状况、收入水平等因素对市场进行细分，并选择最具潜力的目标客户群体。

2）品牌塑造

在森林康养项目中，品牌塑造至关重要。一个强大的品牌可以提升项目的知名度和吸引力，增加客户的忠诚度。品牌塑造应注重以下几个方面。

（1）品牌定位：明确品牌的定位和核心价值，以区别于其他竞争者。

(2) 品牌形象:创造独特的品牌形象,包括视觉标识、口号、色彩等元素。

(3) 品牌传播:通过各种渠道,如广告、公关、口碑等,将品牌信息传递给目标客户。

3) 产品特色

森林康养项目应注重产品特色的打造,以满足目标市场的特定需求。例如,可以提供各种康养活动,如森林徒步、草药疗法、瑜伽等。除此之外,还可以根据客户的需求,提供定制化的康养套餐。

4) 价格策略

价格策略是营销策略中的重要一环,需要根据目标市场和竞争环境制定合理的定价策略。可以考虑采用以下几种定价策略。

(1) 差异化定价:根据不同的产品和服务,制定不同的价格以满足不同客户的需求。

(2) 捆绑定价:将多个产品或服务捆绑在一起,以优惠的价格销售,以增加客户黏性和销售额。

(3) 心理定价:采用特殊的定价方式,如整数定价、尾数定价等,以吸引客户的注意力。

5) 渠道选择

在制定营销策略时,需要选择合适的销售渠道。可以考虑以下几种渠道。

(1) 直接销售渠道:通过官方网站或实体店面进行直接销售。这种方式可以更好地控制产品质量和服务水平。

(2) 合作伙伴渠道:与旅行社、酒店、直播平台等合作伙伴合作,通过他们销售产品和服务。这种方式可以扩大销售网络,提高市场覆盖率。

任务 3.3 休闲项目可行性研究

3.3.1 项目可行性研究的定义

拓展案例

可行性研究(feasibility study),是指在调查的基础上,通过市场分析、技术分析、财务分析和国民经济分析,对各种投资项目的技术可行性与经济合理性进行的综合评价。它是在项目建议书被批准后,对项目在技术上和经济上是否可行所进行的科学分析和论证。

可行性研究的基本任务,是对新建或改建项目的主要问题,从技术经济角度进行全面的分析研究,并对其投产后的经济效果进行预测,在既定的范围内进行方案论证的选择,以便最合理地利用资源,达到预定的社会效益和经济效益。

休闲项目可行性研究是对一个旨在提供休闲娱乐、文化体验或康养服务的计划进行全面评估和分析的过程。该研究旨在确定休闲项目是否具有在技术、经济、市场、环境和管理等方面的可行性,以便决策者能够基于科学的依据,做出是否推进项目的决策。

在休闲项目可行性研究中,需要综合考虑项目的目标、背景、可行性分析、风险评估以及可行性结论等方面的内容。这种研究有助于评估项目的潜在效益、风险和挑战,为项目的决策和实施提供指导和支持。

3.3.2　项目可行性研究的内容

休闲项目可行性研究是对拟建休闲项目进行全面、系统、客观地分析和评估，以确定项目在技术、经济、社会、环境等方面的可行性和合理性。以下是休闲项目可行性研究的主要内容概述。

1. 项目背景与需求分析

阐述项目提出的背景、目的和意义，分析当前休闲市场的供需状况和发展趋势。通过市场调研和数据分析，明确目标市场、消费者需求及潜在消费群体。

2. 项目目标与范围

明确项目的整体目标和范围，包括项目的预期目标、期望效果、规模、时间范围和地域范围等。

3. 市场需求与竞争分析

进行市场调研，评估目标市场的需求情况，了解潜在客户群体的特点、偏好和行为习惯。分析竞争格局，研究同类休闲项目的现状和竞争对手的优势和劣势。

4. 技术可行性分析

对项目所需技术方案、技术设备、技术人才等进行评估，确定技术实施的可行性和成熟度，识别技术上的挑战和风险。考虑技术创新和升级的可能性，确保项目在技术上的可持续发展。

5. 经济可行性分析

进行投资成本、运营成本、收益预测等经济分析，评估项目的盈利能力、投资回报率和财务风险。分析资金筹集、资金利用效率等财务方面的问题。

6. 环境影响评估

对项目可能对环境造成的影响进行评估，包括生态环境、资源利用、社会影响等方面，提出环境保护和治理措施。

7. 管理与组织可行性分析

评估项目管理组织结构、人员配置、管理流程等，确保项目实施过程中的有效管理和协调。通过分析项目实施所需的资源和能力，可以评估管理和组织的可行性。

8. 风险评估与管理

识别项目可能面临的各种风险，包括技术、市场、经济、政策等方面的风险，并制定相应的风险管理策略。

9. 可行性结论和建议

综合分析各方面因素，对项目的可行性进行综合评价，提出可行性结论和建议，为项目的决策提供参考依据。

休闲项目可行性研究是一个复杂而系统的过程，需要综合考虑多个方面的因素。通过全面、深入的可行性研究，可以为项目的投资决策提供有力支持，降低投资风险，提高项目的成功率和经济效益。

3.3.3 项目可行性研究机构与流程

1. 研究机构的选择

在项目可行性研究中，选择一个合适的机构是至关重要的。这些机构通常具备丰富的专业知识和经验，能够提供全面、客观、准确的研究结果。选择机构时，需要考虑以下几个方面。

1）专业资质。选择具备相关资质和认证的机构，以确保其具备进行可行性研究的能力和信誉。

2）经验与案例。了解机构的历史业绩和成功案例，以便判断其专业水平和实际操作能力。

3）资源与设施。考虑机构的研究资源、设施和人员配置，以确保其具备足够的能力来完成研究任务。

4）沟通能力。良好的沟通能力对于可行性研究的顺利进行至关重要。选择能够明确理解项目需求，并能准确、及时反馈研究结果的机构。

5）成本与预算。在确保研究质量的前提下，考虑机构的报价和成本，以合理控制项目成本。

2. 研究流程

项目可行性研究的流程一般包括以下几个步骤：

(1) 项目需求分析。明确项目的目标、范围和需求，为后续研究打下基础。

(2) 初步市场调查。进行初步的市场调查，了解项目的市场前景和潜在竞争情况。

(3) 技术评估。评估项目的技术可行性，包括现有技术和创新技术的分析。

(4) 财务分析。进行详细的财务分析，包括投资回报率、预期收益、成本效益等方面的评估。

(5) 风险评估。识别和评估项目中可能出现的风险及风险带来的影响，提出相应的风险应对策略。

(6) 制定研究报告。根据上述分析，制定详细的项目可行性研究报告。报告应包括研究结论、建议和行动计划。

(7) 报告审核与反馈。对研究报告进行内部或外部审核，确保报告的准确性和完整性，并根据审核意见进行必要的修改和完善。

(8) 决策与实施。根据可行性研究报告的结论和建议，决策者做出相应的决策，并制定实施计划。

(9) 持续监测与评估。在项目实施过程中，持续监测项目的进展情况，评估实际效果与预期效果的符合程度，及时调整和优化实施计划。

通过以上流程，项目可行性研究机构可以全面评估项目的可行性，为决策者提供科学依据，提高项目的成功率。

任务3.4 认 识 组 织

3.4.1 组织的含义

拓展案例

从广义上说，组织是指由诸多要素按照一定方式相互联系起来的系统。从狭义上说，组织就是指人们为实现一定的目标，互相协作结合而成的集体或团体，如党团组织、工会组织、企业、军事组织等等。狭义的组织专门针对人群而言，运用于社会管理之中。

在现代社会生活中，组织是人们按照一定的目的、任务和形式编织起来的社会集团，组织不仅是社会的细胞、社会的基本单元，而且可以说是社会的基础。

从管理学的角度，所谓组织(Organization)，是指这样一个社会实体，它具有明确的目标导向和精心设计的结构与有意识协调的活动系统，同时又同外部环境保持密切的联系。

3.4.2 组织的性质

组织的性质涉及其基本特征和属性，包括以下几个方面：

1. 明确的目标

组织必须有清晰的使命、愿景和目标，以指导成员的行动和努力。这些目标可以是经济性的、社会性的、文化性的等等，但必须能够为组织的存在和发展提供方向和动力。

2. 有一定资源

为了实现其目标，组织需要拥有一定的资源，包括人力资源、财务资源、物资资源等。这些资源是组织运作和发展的基础，组织必须有效地管理和利用这些资源。

3. 保持一定的权责结构

在组织内部，必须建立起一定的权力和责任分配结构。这种结构有助于明确各个成员的职责和权力，使组织能够有序运作并有效地实现其目标。

4. 具有组织环境

组织存在于一定的环境中，包括内部环境和外部环境。内部环境包括组织内部的文化、氛围、制度等，外部环境包括政治、经济、社会、技术等方面的因素。组织必须能够适应和应对这些环境的变化和挑战。

5. 具有灵活性和适应性

组织需要具备一定的灵活性和适应性，能够及时调整自身的结构、战略和运营方式，以适应外部环境的变化和内部需求的调整。

6. 具有组织文化和价值观

组织往往具有自己的文化和价值观，这种文化和价值观反映了组织的核心理念和行为准则，对组织的发展和成长起着重要的指导作用。

综上所述，组织的性质是多方面的，涵盖了组织的目标、资源、结构、环境、灵活性等方面的特征和属性。

3.4.3 组织的目的

组织的目的是指组织存在的原因和意义，是组织成立和运作的根本目标和方向。组织的目的通常是多元化的，可以包括以下几个方面：

1. 实现特定使命或愿景

许多组织成立的初衷是为了实现特定的使命或愿景。这可能是提供特定的产品或服务，改善社会福利，推动科学技术发展，或者传播特定的文化价值观念等。

2. 创造价值和利润

组织通常也存在着经济目的，即创造经济价值和利润。经济目的是许多商业组织存在的重要动机，它们通过提供产品或服务来获得收入和利润，以持续发展和增加股东价值。

3. 满足社会需求

组织也可以是为了满足社会需求而存在的，包括提供基本公共服务、改善社会福利、促进社会公平等。非营利组织、政府部门和社会组织通常以满足社会需求为目的。

4. 实现组织成员的个人或职业发展目标

组织的存在也可以是为了实现其成员的个人或职业发展目标，包括提供职业培训、提供职业发展机会、促进员工的职业晋升等。

5. 持续发展和成长

组织的目的也包括持续发展和成长，不断适应环境的变化和需求的变化，保持竞争优势和持续创新，实现长期的稳健发展。

总体来说，组织的目的是多方面的，既包括经济目的也包括社会目的，既关注利润和效率，也关注社会责任和价值观。组织的目标是组织成员共同努力的动力源泉，也是组织发展和成功的根本保证。

3.4.4 组织的类型

组织的类型可以根据不同的标准进行分类，常见的包括以下几种。

1. 按组织的规模程度分类

（1）小型组织：通常指员工人数较少、规模较小的组织，例如家庭企业、个体工商户等。

（2）中型组织：员工人数和规模介于小型组织和大型组织之间，通常具有一定的市场影响力和竞争力。

（3）大型组织：员工人数众多、规模庞大的组织，通常具有较强的市场竞争力和影响力。

2. 按组织的社会职能分类

（1）文化性组织：主要致力于推广文化、艺术、教育和科学研究等活动，旨在促进社会文化和知识的传播与发展，包括博物馆、图书馆和艺术团体等。

（2）经济性组织：主要关注于生产和流通领域，通过组织生产和交换活动，促进经济的发展和资源的合理配置，包括企业、工厂和商店等。

（3）政治性组织：主要集中在政治活动和政策制定上，旨在影响和参与政治决策过程，推动社会政治目标的实现，包括政党、利益集团和政府机构等。

3. 按组织内部是否有正式分工关系分类

（1）正式组织：具有明确的组织结构、职责分工和权责关系，以达到特定目标为目的的组织形式，例如公司、政府部门等。

（2）非正式组织：组织结构不够明确、职责分工不明确，以及权责关系不清晰的组织形式，例如朋友圈子、兴趣小组等。

4. 按组织是否以营利为目标分类

（1）营利组织：以组织利益为目标，通过经营活动获取利润。包括慈善机构、社会团体等。

（2）非营利组织：不以营利为主要目的，它的目标通常是支持或处理个人关心或者公众关注的议题或事件。包括慈善机构、社会团体等。

以上是根据不同的标准对组织进行分类的一些常见方式，实际上，组织的类型还可以根据其产业属性、法律地位、经营形式等进行更细致的分类。

3.4.5 项目组织的定义

项目组织是为实施项目、完成具体项目目标而建立起来的协同工作的队伍。项目组织的成员可能是从组织的各职能单位抽调来完成临时任务的人员，也可能是专职从事项目管理的人员。项目组织框架是基于要完成的任务而建立的，对项目实施的效果有直接影响。为构建项目组织框架，首先需要了解项目的外部组织结构和内部组织结构，在此基础上，构建项目的组织框架。

3.4.6 项目组织的外部结构

项目组织外部结构是指项目所在组织的组织结构，具体包括 3 种：职能型组织结构、项目型组织结构、矩阵型组织结构。

1. 职能型组织结构

职能型组织结构是一种典型的层次型组织结构，适用于主要开展日常运营业务的组织。例如，许多加工制造企业多数采用这种组织结构。在这种组织结构中，员工基本上是按照专业分工来划分部门的。所以，这种组织结构中有一系列的职能管理部门，负责组织各方面的职能管理工作，各部门都拥有一定的权力来维护本部门的利益。

在职能型组织结构中，项目组织是作为母体组织现存部门的一部分建立起来的，项目组织对母体组织的基本结构不会产生影响。项目的领导者通常是职能部门的直线经理，团队成员大多来自同一组织，有时也会有其他人员加入。当项目的范围局限于部门之内时，这种组织结构是有益的。把任务作为一个项目来组织是为了引起人们额外的重视，但事实上在这种组织结构中，项目任务就是该部门的日常工作，项目工作和日常工作交织在一起，反而使项目工作难以得到应有的重视。

2. 项目型组织结构

项目型组织结构是一种模块式的组织结构，主要适用于开展各种项目的组织，是一种专门为开展一次性和独特性的项目任务而建立的组织结构。例如，建筑施工企业、系统开发与集成企业和管理咨询企业多数采用这种组织结构。在项目型组织结构中，也会有少量专门的职能部门去负责整个组织的职能和业务管理，并为各种项目提供支持和服务。项目经理是专职的，并且具有较大的权力和较高的权威。

在项目型组织结构中，团队成员的全部时间都用来完成项目工作。团队成员仅接受项目经理的命令，项目经理对团队成员有完整的管理权力。

3. 矩阵型组织结构

矩阵型组织结构是职能型组织结构和项目型组织结构的结合，其既适用于开展日常运营业务的组织，又适用于开展各种项目的组织。根据职能型组织结构和项目型组织结构的结合程度不同，又可进一步分为强矩阵型组织结构、弱矩阵型组织结构和均衡矩阵型组织结构。

在矩阵型组织结构中，团队成员来自组织的不同部门，他们只是被分派到项目中来。在项目执行过程中，团队成员在组织的职位仍然保留，他们需要同时负责项目和职能部门的工作。因此，团队成员必须把自己的时间分配给这两项工作。同时，团队成员有两个上级：项目经理和职能部门经理，因此，项目经理与职能部门经理都有权管理团队成员。

任务3.5 非营利休闲组织管理

3.5.1 非营利组织的特征

拓展案例

非营利组织的特征是其与营利性组织的区别所在，它们注重社会效益和公共服务，具有以下几个显著特征。

1. 目的性与社会效益

非营利组织的存在和运作目的在于实现社会效益，而不是追求经济利益。它们的活动和项目通常旨在解决社会问题、促进社会发展和提高人们的生活质量。

2. 组织结构的民主性与透明性

非营利组织的组织结构通常具有民主性和透明性，成员有权参与组织的决策过程，组织的运作和财务状况对外公开透明。

3. 资金来源的限制和依赖

非营利组织的资金来源通常受到限制，主要依赖于捐赠、赞助、政府补助、会员费等非营利性的资金渠道。相对于营利组织，非营利组织的财务来源更加多元化，但也更加有限。

4. 公共服务性质和社会责任

非营利组织的活动通常以提供公共服务和履行社会责任为核心。它们关注社会问题、弱势群体和公共利益，并通过自身的行动和项目来推动社会正义和改善。

这些特征使非营利组织在社会发展和公共服务领域发挥着重要作用，成为推动社会进步和改善社会生活的重要力量。

3.5.2 非营利组织的作用

（1）解决社会问题。非营利组织在教育环保等领域发挥着重要作用，为社会提供了必要的资源和服务，促进了社会公平和环境的可持续性。

（2）提供社会服务。非营利组织在健康、社会福利等方面扮演着重要角色，为困难群体和个人提供支持，提高了民众的生活质量。

（3）推动社会发展。非营利组织通过推动社会变革，倡导人权和平等，促进社会进步，对社会的长期发展和进步具有重要意义。

（4）促进民主参与。非营利组织提供一个平台，让公众参与并影响社会决策，提高了社会的透明度和公民的参与度。

（5）推动政策变革和社会进步。通过倡导和实践，非营利组织促进政策变革和社会进步，推动法律、政策和制度的改革，促进社会的发展和进步。

（6）监督政府行为和政策执行。非营利组织作为社会监督的重要力量，关注政府和公共机构的行为和政策执行情况，监督其合法性、公正性和效率性，维护公共利益和社会正义。

（7）促进社会和谐。非营利组织通过服务弱势人群，协调各方关系，起到缓解社会矛盾、维护社会稳定的作用。

（8）表达利益诉求。非营利组织能够在政府与公民之间、政府与社会之间搭建沟通的桥梁，推动决策的民主化。

（9）发展文化事业。非营利组织在文化领域的贡献尤为突出，通过打造文艺精品和品牌，推动了文化产业的发展。

（10）协调行业关系。行业协会作为非营利组织的一种形式，发挥着行业自律、服务、协调和监督的功能，对行业的健康发展起着关键作用。

综上所述，非营利组织不仅在解决社会问题和提供服务方面发挥着核心作用，还在推动社会和谐、促进民主参与、发展文化和促进经济社会发展等多个层面作出了积极的贡献。

3.5.3 非营利组织的分类

非营利组织根据其组织性质、活动目的和运作方式可以分为不同类型，常见的分类包括：

1. 动员资源型组织

这类组织的主要目的是动员社会资源，推动社会发展和改善。它们通常通过组织志愿者、筹集资金、提供服务等方式，积极参与社会公益活动和社区建设，为社会资源的有效利用提供平台。

2. 公益服务型组织

公益服务型组织主要致力于提供各种公益服务，包括教育、医疗、社会福利、环境保护、文化艺术等。它们通过提供免费或低收费的服务，帮助社会上的弱势群体和有特殊需求的人群，促进社会的公平和福利。

3. 社会协调型组织

这类组织的主要任务是协调社会资源和利益关系，解决社会矛盾和问题。它们通常充当着政府、企业和民间组织之间的桥梁和纽带，促进社会资源的合理配置和社会关系的和谐发展。

4. 政策倡导型组织

政策倡导型组织致力于通过倡导、宣传和推动政策变革，促进社会的进步和改革。它们通过调查研究、舆论引导、政策建议等方式，参与公共决策和政策制定过程，为社会发展和民生改善提供智力支持和舆论引导。

以上分类仅是根据一般性的特征对非营利组织进行的简单分类，实际上，非营利组织的类型还可以根据其具体领域、活动范围和组织形式等因素进行更加细致地划分。不同类型的非营利组织在社会中发挥着各自独特的作用和价值，共同推动社会的发展和进步。

3.5.4 常见非营利休闲业组织

1. 世界休闲组织

世界休闲组织(World Leisure Organization)成立于 1952 年,又称世界休闲与娱乐协会(World Leisure and Recreation Association),简称为"世界休闲"。它是一个具有联合国咨询地位的非官方机构,与联合国教科文组织和有关国家、地区的官方、非官方机构有着良好的合作关系。

20 世纪以来,随着个人拥有的物质财富和自由时间的增多,人们弥补和发展精神生活方面的需求显得尤为迫切,特别是 20 世纪六七十年代,国际社会已步入一个具有新的休闲伦理观和娱乐道德观的大众休闲时代,人们正是通过休闲而不是工作来充分展示个性和自我价值。

为致力于发掘和创造各种有利条件,让休闲成为人类成长、发展与幸福的动力,1970 年,世界休闲组织的前身——国际娱乐协会通过了著名的《休闲宪章》。《休闲宪章》明文规定:休闲同健康、教育一样对人们生活至关重要;任何人都享有从事休闲活动的权利;各国政府必须承认和保护公民的这种权利。1979 年,世界休闲组织对《休闲宪章》加以修改,并于 2000 年 7 月正式批准,作为机构活动的准则。

世界休闲组织理事会是机构的决策机构,每年召开一次会议。理事会由 20 名来自全球各地、不同行业的成员组成,下设三个常务理事会:执行理事会、财务理事会和发展理事会。世界休闲组织秘书处负责处理日常事务。

世界休闲组织的主要活动包括:举办世界休闲大会和休闲专业类展览;组织论坛;提供教育、咨询、培训、研究、学生服务等项目;就特定课题、项目成立工作小组或委员会;与其他机构展开合作。

2. 联合国旅游组织

2024 年 1 月,世界旅游组织更名为联合国旅游组织。联合国旅游组织(United Nations World Tourism Orgnization, UNWTO)是联合国系统的政府国际组织,是旅游领域的领导性国际组织。联合国旅游组织有 160 个正式会员国,总部设在西班牙马德里。其宗旨是促进和发展旅游事业,使之有利于经济发展、国际了解、和平与繁荣。

组织宗旨是促进和发展旅游事业,使之有利于经济发展、国际相互了解、和平与繁荣以及不分种族、性别、语言或宗教信仰、尊重人权和人的基本自由,并强调在贯彻这一宗旨时,要特别注意发展中国家在旅游事业方面的利益。

旅游组织主要活动是负责制定国际性旅游公约、规则,研究全球旅游政策,收集和分析旅游数据,定期向成员国提供统计资料;参与旅游领域的经济活动,倡导以旅游促进经济发展、消除贫困、解决就业、与各国开展合作项目;为旅游经济活动提供咨询、援助,开展技术合作。

3. 亚太旅游协会

亚太旅游协会(Pacific Asia Travel Association,简称 PATA),成立于 1951 年。最初用名为太平洋地区旅游协会(Pacific Area Travel Association),1986 年更名为亚太旅游协会,是一

个民间性、行业性、地区性的、非政府间的国际旅游组织，其成员有国家旅游组织，也有各种旅游协会和旅游企业。

该协会的宗旨是发展、促进和便利世界各国的旅游者到本地区的旅游，以及本地区各国居民在本区内的旅游。该协会每年召开一次年会，讨论和修订有关协会的长远计划。除此之外，全协会性的大型活动还有太平洋旅游博览会，它为会员提供了旅游产品供需的谈判场所和各种商机，因此，受到亚太地区旅游界的普遍重视。中国在1993年加入该协会。

4. 国际休闲产业协会

国际休闲产业协会是由有关国家和地区的休闲产业机构和精英人士在2002年共同发起的国际性休闲产业合作组织，并在国际休闲委员会的基础上建立的国际组织。其宗旨是构建一个平等、民主、高水平的国际休闲产业合作组织，通过促进休闲产业间的交流与合作，推动世界休闲经济发展及带动目标的实现。

国际休闲产业协会的任务是负责国际休闲产业状况的调查和分析，促进国际休闲产业领域的基础研究和发展；参与在国民经济中推广和有效利用已取得的科技成果，出版《国际休闲与生活》刊物；参与科技进步发展的预测，举办与国际休闲产业领域有关的国际会议和国际博览会；保障每一个成员的法律地位和利益及知识产权；开展有关休闲和健康的生活方式，旅游交通和日常安全知识的普及和教育工作；实施国际休闲城市管理最佳范例的推荐、技术转让和经验交流；设立《国际休闲产业推动奖》，对促进国际休闲产业发展、保护生态环境、实现联合国千年发展目标和可持续发展战略的政府机构、社会组织、企业集团和个人给予奖励；在法律允许的范围内开展符合本章程宗旨的其他事务活动。

5. 亚太酒店协会

亚太酒店协会(Asia Pacific Hotel Association，简称APHA)，是世界旅游组织成员机构，由亚太地区的著名跨国酒店集团、高星级酒店、知名餐饮企业联合发起成立，总部设在香港，是亚太地区酒店与餐饮企业沟通的桥梁和纽带。APHA的宗旨是号召亚太区酒店及餐饮业联合起来，共促行业发展，共建平等交流、互通信息、共享商机的高端平台。APHA将集合各地政府及民间的力量，不断推动亚太区饭店业的可持续增长，提升价值和品质。

6. 中国旅游协会

中国旅游协会(China Tourism Association，简称CTA)是由中国旅游行业的有关社团组织和企事业单位在平等自愿基础上组成的全国综合性旅游行业协会，具有独立的社团法人资格。是1986年1月30日经国务院批准，正式宣布成立的第一个旅游全行业组织，1999年3月24日经民政部核准重新登记。

中国旅游协会遵照国家的宪法、法律、法规和有关政策，代表和维护全行业的共同利益和会员的合法权益，开展活动，为会员服务，为行业服务，为政府服务，在政府和会员之间发挥桥梁纽带作用，促进我国旅游业的持续、快速、健康发展。

协会主要职责包括：①对旅游发展战略、旅游管理体制、国内外旅游市场的发展态势等进行调研，向国家旅游行政主管部门提出意见和建议；②向业务主管部门反映会员的愿望和要求，向会员宣传政府的有关政策、法律、法规并协助贯彻执行；③组织会员订立行规行约并监督遵守，维护旅游市场秩序；④协助业务主管部门建立旅游信息网络，搞好质量管理工作，并接受委托，开展规划咨询、职工培训，组织技术交流，举办展览、抽样调查、安全检查，以及对旅游专业协会进行业务指导；⑤开展对外交流与合作；⑥编辑出版有关资料、刊物，传播旅游信息和研究成果；⑦承办业务主管部门委托的其他工作。

7. 中国旅游协会休闲度假分会

中国旅游协会休闲度假分会是在国家旅游局（现国家文化部）和中国旅游协会的领导下，2009 年 6 月经民政部批准，于同年 12 月 29 日成立的社团组织。休闲度假分会推广积极向上的休闲文化，树立健康休闲观念，促进业界沟通，提高休闲度假服务水平，坚持中国特色与面向世界相结合，为促进中国休闲度假的可持续发展作出贡献。休闲度假分会现有会员单位 150 多家，首旅集团为会长单位，港中旅集团、华侨城集团、桂林旅游集团、携程旅行网、杭州宋城集团、中坤投资集团等为副会长单位。

中国旅游协会休闲度假分会的宗旨：坚持中国特色与面向国际相结合，根据国家的宪法、法律、法规和有关政策，在平等互利、优势互补、资源共享、合作共赢的原则下，推广积极向上的休闲文化，树立健康休闲观念，提高大众休闲度假生活质量，促进业界沟通，推进休闲度假理论研究，制订和推广规范，提高休闲度假服务水平，拓展休闲度假消费领域，促进中国休闲度假业的可持续发展。

8. 中国旅游饭店协会

中华人民共和国国家旅游局（现文化旅游部）主管的行业协会中国旅游饭店业协会（China Tourist Hotels Association，简称 CTHA）成立于 1986 年 2 月 25 日，经中华人民共和国民政部登记注册，具有独立法人资格，其主管单位为中华人民共和国国家旅游局（现文化和旅游部）。中国旅游饭店协会是中国境内的饭店和地方饭店协会、饭店管理公司、饭店用品供应厂商等相关单位，按照平等自愿的原则结成的全国性的行业协会，于 1994 年正式加入国际饭店与餐馆协会（IH&RA），进入其董事会成为五位常务董事之一。

协会宗旨是遵守国家法律法规，遵守社会道德风尚，代表中国旅游饭店业的共同利益，维护会员的合法权益，倡导诚信经营，引导行业自律，规范市场秩序。在主管单位的指导下，为会员服务，为行业服务，在政府与企业之间发挥桥梁和纽带作用，为促进中国旅游饭店业的健康发展作出积极贡献。

主要职责是通过对行业数据进行科学统计和分析；对行业发展现状和趋势做出判断和预测，引导和规范市场；组织饭店专业研讨、培训及考察；开展与海外相关协会的交流与合作；利用中国旅游饭店网和协会会刊《中国旅游饭店》向会员提供快捷资讯，为饭店提供专业咨询服务。自 2009 年 6 月起，中国旅游饭店业协会秘书处承担全国旅游星级饭店评定委员会办公室职能。

9. 中国旅游景区协会

中国旅游景区协会（China Tourist Attractions Association，简称 CTAA），是由各类旅游景区及其相关企事业、社会团体在平等自愿基础上组成的全国旅游景区行业协会。协会是具有独立的社团法人资格的非营利性社会团体法人组织。协会凝聚了行业中知名度高、影响力大的 4 A 和 5 A 级旅游景区和在业内具有影响力、服务于旅游景区的上下游知名企业。协会接受文化和旅游部的领导、民政部的业务指导和监督管理。2024 年 1 月 24 日，中国旅游景区协会冰雪旅游专业委员会成立。

中国旅游景区协会遵照国家的宪法、法律、法规和有关政策，代表和维护景区行业的共同利益和会员的合法权益，按照协会章程的有关规定，积极开展调查研究、沟通协调、业务交流、岗位职务培训和市场开拓等活动，积极推进行业自律，努力提高景区行业服务水平和核心竞争力，竭诚为会员服务，为行业服务，为政府服务，在政府和会员之间发挥桥梁纽带作用，促进我国旅游景区行业的持续、快速、健康发展。

10. 中国旅行社协会

中国旅行社协会(China Association of Travel Services，简称 CATS)，成立于 1997 年 10 月，是指中国境内的旅行社、为旅行社提供服务的企事业单位以及与旅行社相关的社会团体等单位，按照平等自愿的原则结成的全国旅行社行业的专业性协会，经国家民政部门登记注册的全国性社团组织。具有独立的社团法人资格。协会接受中央和国家机关工委、文化和旅游部以及民政部的监督指导。协会会址设在中国的首都北京。

协会建设宗旨是遵守国家的宪法、法律、法规和有关政策，遵守社会道德风尚，代表和维护旅行社行业的共同利益和会员的合法权益，努力为会员服务，为行业服务，在政府和会员之间发挥桥梁和纽带作用，为中国旅行社行业的健康发展作出积极贡献。

11. 国际节庆协会

世界范围节日庆典及特殊事件活动的行业组织机构，创立于 1956 年，其总部设在美国爱达荷州博伊西城，国际节庆协会(International Festivals & Events Association，简称 IFEA)是世界范围迄今已有 60 多年历史。协会愿景是通过节庆的积极方式来触及生活的全球性的联合产业。协会使命是激励和帮助节庆行业人士去实现他们的梦想，创建他们的社区，支撑他们的事业成功。

12. 中国展览馆协会

中国展览馆协会(China Association for Exhibition Centers，简称 CAEC、中国展协)，于 1984 年 6 月在中华人民共和国民政部注册成立，是我国唯一的全国性展览行业组织，为国家一级社团，也是世界展览业协会(UFI)的国家级会员。中国展览馆协会自成立以来，积极为会员服务，为业界服务，提供政府与业界信息沟通与交流的平台，成功组织了不同主题的论坛活动，研发创办了职业会展人培训(EPT)项目，并在全国范围组织了多期培训班。首次在全国范围开展了展览工程企业资质认证，是国资委、商务部认定授权的，展览行业唯一具有企业信用评价资格的商协会组织。

中国展览馆协会遵照宪法、法律、法规和国家政策，以繁荣展览经济为中心，充分发挥“服务、代表、协调、自律”的功能，维护会员单位的合法权益、反映会员单位的愿望和要求，提高我国展览行业的整体水平和国际竞争力，为我国展览业的发展提供服务和沟通的平台。

任务 3.6 志愿者组织管理

3.6.1 志愿者和志愿服务

拓展案例

1. 志愿者

1）定义

根据国务院颁布的《志愿服务条例》，志愿者是指以自己的时间、知识、技能、体力等从事志愿服务的自然人。

2）特点

① 自愿参与。志愿者的参与是自愿的，没有任何强制性质。

② 无偿服务。志愿者为了公益事业而服务，不追求任何物质报酬。

③ 社会责任感。志愿者对社会和他人具有强烈的责任感和使命感。

④ 多样性。志愿者群体来自不同的年龄、背景、职业和文化，形成了一个多样化的群体。

2. 志愿服务

1）定义

根据国务院颁布的《志愿服务条例》，志愿服务是指志愿者、志愿服务组织和其他组织自愿、无偿向社会或者他人提供的公益服务。

2）特性

（1）自愿性。志愿服务的核心在于其自愿性，这是区别于其他形式服务活动的根本标志。志愿者参与服务活动完全是基于个人的自由意志和内在动机，而非外界的强制或压力。这种自愿性不仅体现在参与决策上，更贯穿于服务的全过程，包括服务内容的选择、服务方式的确定以及服务时间的安排等。

（2）无偿性。志愿者在提供服务时，往往是出于内心的热情和对他人的关爱，而非外在的经济激励。这种无偿性不仅体现了志愿者的无私奉献精神，也强化了服务活动的公益性质。

（3）公益性。志愿服务的目的是帮助他人、服务社会，促进社会进步和福利事业的发展。这一特点将志愿服务与个人的私利追求相区分开来，凸显了其社会责任感和使命感。志愿者通过参与志愿服务活动，为社会和他人提供实际的帮助和支持，改善社会环境，提升公众生活质量。

（4）个人成长。志愿服务不仅有利于社会，也对志愿者个人的成长和发展有很大的帮助，培养了他们的社会责任感、团队合作能力和领导能力。

总的来说，志愿者和志愿服务是社会发展进步的重要推动力量，对于建设和谐、文明的社会具有重要意义。

3.6.2 国外志愿服务发展历程

国外的志愿服务源远流长，它的形成和发展大致经历了三个阶段。

1. 萌芽阶段

志愿服务起源于19世纪初西方国家宗教性的慈善服务。英国为了协调政府与民间各种慈善组织的活动，在伦敦成立了“慈善组织会社”；而为了反抗宗教迫害，从欧洲来到北美大陆的移民们，为了克服面临的困难，互相帮助，逐渐形成了自愿帮助别人的群体精神。

2. 扩展阶段

19世纪末20世纪初，西方国家先后通过了一系列有关社会福利方面的法律法规。这些法律法规除了要有大批具有职业献身精神的社会工作者去实施之外，也需要动员和征募大量的志愿人员投身于各项服务工作之中，于是，志愿服务也逐渐受到了政府的重视和鼓励。

3. 规范阶段

第二次世界大战以后，西方国家的志愿服务工作不仅进一步规范化，而且扩大成为一种由政府或私人社团所举办的广泛性的社会服务工作。志愿服务工作的重心不仅在于调整被救助者的社会关系和改善他们的社会生活，更在于调整整个社会结构与社会关系，此时的志愿服务工作已经开始逐渐制度化、专业化。

经过这三个阶段，在1997年12月20日，联合国大会通过并确定2001年为国际志愿者年。把新千年的首年确定为“国际志愿者年”，充分说明了国际社会对志愿工作的重视，也表明了国际社会进一步促进志愿服务事业发展的共同心愿。2000年11月28日，联合国在纽约总部举行国际志愿者年启动仪式，时任联合国秘书长安南宣布“2001国际志愿者年”正式启动。同年12月5日，国际志愿者年在大约100个国家正式启动。

当前，志愿服务活动已经成为许多国家加强对公民的道德教育和维护社会稳定的有效形式，而其也正以其突出的社会效益受到这些国家政府的重视，并已逐渐步入组织化、规范化和系统化的轨道，形成了一套比较完整的运作机制。

3.6.3 中国志愿者组织的发展历程与现状

总体上看，自1949年以来，我国志愿服务事业大致经历了五个重要阶段。

(1) 第一个阶段：萌芽与初创阶段(1949—1980)。

中华人民共和国成立后，随着社会主义制度的建立，与之相适应的社会公益动员体系也应运而生。1955年8月，北京市组织了第一支青年志愿垦荒队，数万名青年踊跃报名，自愿到边远地区开荒种田，这是中华人民共和国成立后最早的有组织的公益活动，也是当代青年志愿活动的萌芽。1963年3月5日，毛泽东发出“向雷锋同志学习”的号召，在全国掀起了“学雷锋”活动热潮，进入20世纪60年代后，学雷锋活动成为公众参与志愿活动最主要的表现形式。

(2) 第二个阶段：组织初步建立阶段(1981—1990)。

改革开放后，虽然学雷锋活动仍然是公众参与志愿活动的主要形式，但是西方志愿服务理念及实践开始影响我国。在1981年，联合国志愿人员组织与我国开展合作，决定互派志愿者，开展志愿者海外服务计划，这标志着我国的志愿服务事业开始受到国外的影响。同时，本土化的志愿组织开始兴起，例如1987年，广州市诞生了全国第一条志愿者服务热线电话；1989年3

月18日，天津市和平区新兴街朝阳里居委会成立了第一个社区志愿者协会；1990年，深圳市诞生了全国第一个正式注册的“义务工作者联合会”。

(3) 第三个阶段：全国性志愿服务组织体系形成阶段(1991—2000)。

全国各个系统的志愿服务组织开始建立，如1993年12月，铁路系统率先打出了青年志愿者的旗号，开展志愿服务活动。1994年12月5日，中国青年志愿者协会成立，这是我国最早促进志愿服务事业发展的全国性社会团体；1998年底，团中央青年志愿者行动指导中心(团中央青年志愿者工作部)正式成立，负责规划、协调和指导全国青年志愿者工作。与此同时，许多行业性志愿者协会也陆续建立起来，并开展相应的志愿服务活动，如红十字志愿工作委员会、无偿献血志愿者协会等。

在这个阶段还有两件标志性的事件：一是1999年8月5日，广东省颁布了我国第一部关于志愿服务的地方性法规《广东省青年志愿服务条例》，标志着中国志愿服务法制化进程的开启。二是在2000年的时候，共青团中央、中国青年志愿者协会共同决定把每年的3月5日作为“中国青年志愿者服务日”，这标志着志愿服务活动开始规模化开展。

(4) 第四个阶段：志愿服务项目国际化与本土化同步发展阶段(2001—2007)。

伴随改革开放的深化，志愿服务的国际化影响以及本土化影响呈现出深化发展趋势。

首先，2001年是联合国确定的“国际志愿者年”，外经贸部、共青团中央发起成立了“2001国际志愿者年委员会”，作为“国际志愿者年”相关工作的规划、指导和协调机构，并组织开展了一系列庆祝活动。2002年5月，“2001国际志愿者年”委员会在北京召开志愿服务国际会议，这是我国首次召开的有关志愿服务的国际性大会。与此同时，中国青年志愿者海外服务计划开始实施，一批优秀青年志愿者赴国外开展中长期志愿服务。其次，全国性的重要志愿服务项目开展起来。例如从2000年起，共青团中央等单位先后发起实施了“全面推进中国青年志愿者社区发展计划”；2003年，团中央、教育部、财政部、人事部(现人力资源和社会保障部)共同实施了“大学生志愿服务西部计划”，在大学生群体中产生重要影响。2005年3月民政部成立了“中国社会工作协会社区志愿者工作委员会”，专门负责全国社区志愿服务的组织协调工作。再次，企业与民间组织的志愿服务也发展起来，进而形成了政府主导、企业以及社会民间组织广泛参与的志愿服务体系。

(5) 第五个阶段：志愿服务事业全面发展阶段(2008——至今)。

2008年是志愿服务事业发展史册上具有里程碑式意义的一年。两个重要事件促进了我国志愿服务的发展，一是汶川地震的发生，在灾难发生后，各种志愿组织以及志愿者纷纷参与紧急救援，据不完全统计，深入灾区的海内外志愿者达300多万人，在后方参与抗震救灾的志愿者更是多达1000万。灾区志愿者的善行义举既感动了世界，也彰显了公众的公民精神。二是奥运会的举办，在举世瞩目的北京奥运会、残奥会期间，超过170万志愿者(登记注册，还有数以万计未登记注册的志愿者)为奥运会提供了热情周到的服务，赢得了国际国内广泛赞誉，广大青年志愿者被外国媒体称赞为“鸟巢的一代”，2008年也被称为“中国志愿者元年”。

在这个时期，志愿服务法律建设也逐渐步入制度化、规范化和法治化的轨道。共青团中央于2002年颁布的《中国青年志愿者注册办法(试行)》之后，于2006年进行修订并确定了《中国注册志愿者管理办法》。各省各市也根据实际情况制定了地方性的《志愿服务条例》，例如汕头市的《汕头市青年志愿服务促进条例》是从2010年9月1日起施行的。这些法律法规的不断完善，为志愿服务活动的开展创造了良好的制度环境，有效促进了我国志愿服务事业的长远发展。

3.6.4 志愿活动的积极意义

1. 志愿活动的社会意义

(1) 传递爱心,传播文明。志愿者在把关怀带给社会的同时,也传递了爱心,传播了文明。这种“爱心”和“文明”从一个人身上传到另一个人身上,最终会汇聚成一股强大的社会暖流。

(2) 有助于建立和谐社会。志愿工作,提供了社交和互相帮助的机会,加强了人与人之间的交往及关怀,减低彼此间的疏远感,促进社会和谐。

(3) 促进社会进步。社会的进步需要全社会的共同参与和努力。志愿工作正是鼓励越来越多的人参与到服务社会的行列中来,对促进社会进步有一定的积极作用。

2. 志愿活动的个人意义

(1) 奉献社会。志愿者通过参与志愿工作,有机会为社会出力,尽一份公民责任和义务。

(2) 丰富生活体验。志愿者利用闲暇时间,参与一些有意义的工作和活动,既可扩大自己的生活圈子,更可亲身体验社会的人和事,加深对社会的认识,这对志愿者自身的成长和提高是十分有益的。

(3) 提供学习的机会。志愿者在参与志愿工作的过程中,除了可以帮助他人以外,更可培养自己的组织及领导能力。学习新知识、增强自信心及学会与人相处等。

3. 志愿活动的服务意义

(1) 接受个人化服务。志愿者服务,提供大量的人力资源的同时,更能发挥服务的人性化、个人化及全面化的功能,从而令服务对象受益。

(2) 帮助群众融入社会,增强群众归属感。通过志愿者服务活动,能有效地帮助服务对象扩大社交圈子,增强他们对人、对社会的信心。同时,志愿者以亲切的关怀和鼓励,帮助服务对象减轻接受服务时的自卑感和疏远感,从而使其建立自尊心和自信心。

3.6.5 志愿者团队的创建与管理

1. 志愿者团队的创建

(1) 确定目标与任务。首先确定志愿服务的具体目标和任务,明确志愿者团队的使命和愿景。

(2) 招募志愿者。通过各种途径(如宣传推广、社交媒体、招募会议等)吸引志愿者加入团队。

(3) 制定招募标准。制定招募志愿者的标准,包括志愿者的资质、技能、时间和意愿等方面的要求。

(4) 建立组织结构。确定团队的组织结构和管理层级,明确志愿者团队的领导机构和职责分工。

（5）培训与指导。为新加入的志愿者提供必要的培训和指导，使其了解组织的使命和价值观，掌握相关技能和知识。

2. 志愿者团队的管理

（1）沟通与协调。建立良好的沟通机制，及时向志愿者传达组织信息和活动安排，保持志愿者团队的凝聚力和团结性。

（2）激励与奖励。对于表现突出的志愿者给予适当的奖励和认可，激发其参与的积极性和热情。

（3）问题解决。及时解决志愿者团队中出现的问题和矛盾，保持团队的稳定和谐。

（4）培养领导力。培养和选拔具有领导才能的志愿者，建立合理的领导机制，推动志愿者团队的持续发展。

（5）评估与改进。定期对志愿者团队的工作进行评估和改进，了解团队的运作情况和问题，并及时调整和完善管理策略。

（6）资源保障。提供必要的资源支持，包括场地、物资、经费等，保障志愿者团队的正常运作和活动开展。

3. 志愿者团队的考核

（1）制定考核标准。根据志愿者团队的工作内容和目标，制定相应的考核标准和指标。

（2）定期评估。定期对志愿者团队的工作进行评估和考核，了解团队的工作表现和成果。

（3）反馈与改进。根据评估结果及时向志愿者团队反馈，并提出改进意见和建议，促进团队的持续发展和进步。

志愿者团队的创建与管理需要持续关注和努力，建立起有效的管理机制和工作流程，可以提高志愿服务活动的组织效率和服务质量，实现志愿者团队和志愿者活动的可持续发展。

项目小结

通过本项目的学习，我们了解了项目及项目管理的内涵，熟悉了项目的几个生命周期，了解了项目管理的发展历程，掌握了主题公园、森林康养等休闲项目的选择、开发与管理的基本要领。了解了组织和项目组织的概念、特点，熟悉了国内外主要的非营利性休闲组织机构，了解国内外志愿者组织的发展概况。

参考文献

[1] 毕星. 项目管理[M]. 北京：清华大学出版社，2017.
[2] 张喜征. 项目管理[M]. 北京：清华大学出版社，2018.
[3] 杨侃. 项目设计与范围管理[M]. 北京：电子工业出版社，2020.
[4] 樊小雷. 实战现代项目管理[M]. 北京：中国原子能出版社，2020.

项目4 休闲项目营销管理

学习目标

了解旅游地生命周期理论，熟悉休闲活动网络营销的含义、特点和主要工具，理解休闲活动定价方法和定价策略、休闲活动渠道管理和促销策略。

任务4.1 认识休闲产品的生命周期

产品的生命周期(product life cycle，简称PLC)是指一种新产品从开始进入市场到被市场淘汰的整个过程，由需求与技术的生产周期决定。典型的产品生命周期一般可以分成四个阶段，即介绍期(或引入期)、成长期、成熟期和衰退期。产品生命周期是市场营销学中极为重要的概念，它与企业制定产品策略及营销策略有着直接的联系。在产品生命周期的不同阶段，产品的销售额、成本、利润、市场竞争态势及消费者行为等都具有不同的特点，企业应该根据这些特点，制定相应的营销对策。因此，认识和理解休闲项目所处于的生命周期阶段是进行休闲项目营销管理的首要任务。

4.1.1 旅游地生命周期理论

旅游地生命周期的概念最早是由德国学者克里斯塔勒(Christaller W，1963)在研究欧洲的旅游发展时提出的，美国学者斯坦斯菲尔德(Stansfield C，1978)在研究美国大西洋城旅游发展时也提出了类似的概念。目前，被学者们公认并广泛应用的旅游地生命周期理论是由加拿大学者巴特勒(Butler，1980)提出的。

巴特勒根据产品周期的概念，提出旅游地的演变经过6个阶段：探查阶段、参与阶段、发展阶段、巩固阶段、停滞阶段、衰落或复苏阶段。

(1) 探查阶段(exploration stage)。这是旅游地发展的初始阶段，特点是旅游地只有零散的游客，没有特别的设施，其自然和社会环境未因旅游的产生而发生变化。

(2) 参与阶段(involvement stage)。随着旅游者人数增多,旅游逐渐变得有规律,本地居民开始为旅游者提供一些简便的设施。随着这个阶段的到来,广告开始出现,旅游市场范围已基本可以被界定出来,旅游季节也逐渐形成,一些本地居民为适应旅游季节调整生活方式,有组织的旅游开始出现,迫使地方政府和旅游机构增加、改善旅游设施和交通状况。

(3) 发展阶段(development stage)。在大量广告和旅游者宣传下,一个成熟的旅游市场已经形成,外来投资骤增,本地居民提供的简陋膳宿设施逐渐被规模化、现代化的设施取代,旅游地自然面貌的改变已比较显著。

(4) 巩固阶段(consolidation stage)。游客增长率将下降,但总游客量将继续增加并超过常住居民数量。旅游地大部分经济活动与旅游紧密联系在一起,为了扩大市场范围和延长旅游季节,广告无所不在。常住居民,特别是那些没有参与旅游业的常住居民,会对大量游客的到来和为游客服务而修建的设施产生反感和不满,因为这一切会限制他们的正常活动。旅游地在这一阶段有了界限分明的娱乐区、商业区。然而,以前的设施有可能降为二级设施,进而无法满足当前的需要。

(5) 停滞阶段(stagnation stage)。在这个阶段,游客量达到最大值,旅游环境容量已趋饱和或被超过,环境、社会和经济问题随之而至。旅游地在游客中建立起的良好形象已不再时兴,旅游市场很大程度上依赖于重游游客、会议游客等。接待设施过剩,要保持游客规模需要付出大量的努力。自然和文化的吸引力或许被"人造"设施所取代。

(6) 衰落或复苏阶段(decline or rejuvenation stage)。在衰落阶段,旅游地市场衰落,无论是吸引范围还是游客量,已不能和新的旅游地相竞争。随着旅游业的衰退,旅游设施逐渐被其他设施取代,更多的旅游设施因旅游地对游客的吸引力下降而消失,剩余设施的生存能力也逐渐成为问题。这个阶段,本地雇员和居民能以相当低的价格购买旅游设施,因此,本地居民介入旅游业的程度大大增加。宾馆可能变为公寓、疗养院或退休住宅,因为旅游地的良好设施无疑对常住居民有着吸引力,特别是对年老者。最终,原来的旅游地可能变为名副其实的"旅游贫民窟"或完全失去旅游功能。

另一方面,旅游地也可能进入复苏阶段,要进入复苏阶段,旅游地的吸引力必须发生根本的变化。达到这个目标有两种途径,一是增加人造景观的吸引力,例如美国大西洋赌城,但如果相邻有具竞争力的旅游地也如法炮制,这种效果就会降低。二是发挥未开发的自然旅游资源的优势,重新启动市场。

4.1.2 影响旅游地生命周期的因素

1. 经济效应

经济效应对旅游地生命周期的影响,可以集中反映在两个方面。一方面,持续的、积极的经济效应,包括对旅游地的开发经营者和对社区乃至社会的效应,不仅可以加速旅游地步入发展、巩固和成熟的阶段,增强其维持繁荣期的能力,同时也会诱发旅游地的深度开发。另一方面,任何消极的经济效应,都将最直接地构成经营者自身的经营阻力并引发外部社会的负面反应,而这种状况只能加速一个旅游地衰退期的到来。

2. 社会效应

一般而言，在旅游地的早期探险和随后的规模开发阶段，旅游者多数由一些具有冒险精神、不因循守旧的人构成，他们对旅游地的风俗习惯、社会规范都能积极适应，加之他们的出现给旅游地创造了又一个了解外部社会的渠道，因此，他们对旅游地生命周期的影响是正面的积极影响。而当旅游地达到饱和期或停滞期时，大众化旅游对地方文化的冲击变大，对地方社会的各种习俗和规范的适应性较差，由此而引发的种种社会摩擦，就可能现实或潜在地加速旅游地衰退期的到来。

3. 环境效应

旅游地的环境效应是一个日益引起人们关注的领域。越来越多的事实表明，旅游对环境的影响是非常严重的。一个旅游地，如果因管理不善而带来严重的环境问题，就意味着旅游者前往该地的初衷事实上已无法得到实现，加之环境问题所引起的社区各种利益集团的负面反应，就必然会加速旅游地衰退期的到来。旅游地企业的经营环境，包括内部组织条件、外部经营环境和外部社会大环境。这些环境因素对旅游地生命周期的作用力，除了来自环境系统本身外，还来自效应和需求因素的某种注入。旅游地在运作的过程中对外部社会大环境的积极适应能力，与外部经营环境中的协作关系的性质，以及自身在组织结构、企业文化和资源获得方面的组织情况，共同构成多元环境因子而不断渗入旅游地这个机体之中，成为能决定旅游地生命周期的重要因素。

4.1.3 控制与调整旅游地生命周期的战略措施

对旅游地生命周期的控制和调整，实际上采取的策略就是对相关影响因素的作用力和作用方向进行控制和引导，以期最大限度地发挥这些因素对旅游地生命周期所能产生的积极影响。因此，只有适时满足消费者的需求，不断增强旅游地的吸引力，控制或消除旅游效应的消极影响，充分发挥旅游效应的积极作用，不断改善休闲企业的经营环境，才能真正做到延缓和控制旅游地的生命周期。

1. 可持续旅游战略

形成休闲资源的战略性管理观念，通过全面实施可持续发展战略，来延长旅游地的生命周期，推迟旅游地衰退期的到来。

可持续旅游(sustainable tourism)强调以旅游开发的综合效应评估结果为出发点，以谋求旅游开发的长期价值为目标，并且对旅游的生态效益至为关注的理念。近年来广泛流行的，是一些以可持续旅游为出发点的新的旅游形式，如绿色旅游、软旅游、生态旅游、乡村旅游等。

2. 重塑形象战略

重塑形象战略顺应地方文脉，扬长避短，强调对原有产品进行加工和提升，发挥隐藏的优势，深化产品内涵，延展并突出其原有形象，避免盲目模仿，推出特色旅游产品，增加产品吸引力。例如，都江堰在20世纪90年代末，因环境容量超载，旅游产品老化等原因，游客量急剧下滑，成为成都市郊公园。随着都江堰及时申报世界遗产，并在此过程中加强生态修复、文化保护工作，深化并突出其文化内涵，使其走向了复苏。又如，丹霞山是广东省三个国家级风景名胜区之一，位列广东四大名山之首，是中国丹霞地貌的典型代表。在 20 世纪 80 年代中后期及 90 年代初，由于其特色形象弱化，吸引力减小，旅游市场停滞不前，旅游地走向衰落。后来，当地政府开发了阳元石景区，重塑丹霞地貌形象，带动丹霞山走出困境。

3. 改善环境战略

改善环境战略着眼于旅游地的整体氛围，从核心吸引物（主导或拳头旅游产品）的外围入手，改善其生存环境，从而达到维持市场的目的。这是一种眼界高远的战略，主要应用于基础设施落后或生态环境破坏严重的旅游地。如四川乐山大佛，在 20 世纪末旅游出现滑坡，主要原因是核心资源遭到严重的自然侵蚀，影响了其吸引力和长远发展。于是当地政府开展了修缮保护工程，收到了较好的效果。

4. 规划预防战略

规划预防战略是指在规划旅游地和打造每个旅游产品时，提前预测其生命周期，及时更新换代。这种战略主要用于人造景观的开发。如深圳华侨城，自成立以来，相继推出了锦绣中华、中国民俗文化村、世界之窗、“欢乐谷”一期、“欢乐谷”二期等主打产品，每隔几年就有新的产品问世，产品一步一步地由陈列观光型、表演欣赏型向主体参与体验型升级，这使其发展长盛不衰。而全国各地的许多主题公园却因其主导产品既不再为市场接受又没有新的产品推出而走向衰落。

5. 产品组合战略

产品组合战略强调以新的产品样式丰富原有的产品，通过配套组合来克服原有产品的弱点，全面提高品位和档次。例如，国家重点风景名胜区贵州舞阳河在 20 世纪 90 年代后期，旅游出现持续下滑的现象，其原因就在于单一地乘船观光，产品单调，全程走回头路，后来当地政府开始开发漂流等参与性与娱乐性较强的产品，并开发其支流白水河，引入一个新的入口，形成完整的环线。又如，四川碧峰峡在 1999 年打造推出野生动物园，取得了成功。但是，2001 年重庆野生动物园开业，2002 年成都野生动物世界开园，新的竞争者出现。面对新竞争者，碧峰峡积极利用自身优势进行产品组合，2002 年 5 月成功推出了中国第二个大熊猫研究基地；近年又利用雅安“雨城”的文脉，结合“西蜀漏天”的传说，推出“女娲”文化旅游产品。

6. 事件激活战略

事件激活战略充分运用注意力经济原理，制造和利用轰动的“外部事件”激活市场。如哈尔滨在 2024 年冬天的火爆，就是抓住了 11 个广西小朋友游学黑龙江这一事件，哈尔滨文旅部门使出各种花样招待游客的行为衍生出“哈尔滨，你让我感到陌生”“马铃薯公主”等网络热梗，有效地激活了黑龙江省的旅游热潮。又如现在各地较为通用的方法就是举办相关的节庆活动，如重庆茶山竹海，通过举办国际茶竹文化旅游节，突出了旅游地的旅游形象，起到了很好的营销推广作用，在相当程度上激活了中远程旅游市场，在一定程度上促进了旅游地的复苏。

4.1.4 主题公园及其生命周期

我国的主题公园诞生于20世纪80年代。当时的大观园、西游记宫是我国主题公园的雏形，主要特征是利用影视拍摄场景二次开发形成，再现了传统的文化和故事情节。

以1989年8月建成开园的深圳华侨城“锦绣中华”旅游微缩景区为代表，它是我国主题公园建设史上的里程碑，标志着国内诞生了真正有主题意义的主题公园。我国主题公园开始注重用鲜明的主题来突显自身的特色，主题概念清晰，在园区的设计、旅游路线设定以及娱乐项目的选择等方面都开始切合公园的主题，具体类型有微缩景观类、民俗风情类和动物园类。随后建设的主题公园更加凸显主题的多样化。情景模拟类(文化科技类)主题公园是近年来兴起的新的主题公园形式，主题公园也不再仅仅满足于游客的视觉享受，而且更加注重游客参与性、交互性和体验性。

1. 主题公园概述

主题公园(theme park)是指以营利为目的兴建的，占地、投资达到一定规模，实行封闭管理，具有一个或多个特定文化旅游主题，为游客有偿提供休闲体验、文化娱乐产品或服务的园区。主题公园主要包括以大型游乐设施为主体的游乐园，大型微缩景观公园，以及提供情景模拟、环境体验为主要内容的各类影视城、动漫城等园区。政府建设的各类公益性的城镇公园、动植物园等不属于主题公园。

2. 主题公园的生命周期

主题公园和其他旅游休闲产品一样，具有一定的生命周期，生命周期的每个阶段都具有各自的显著特征。一般来说，主题公园的生命周期可分为四个阶段，即建设期、成长期、成熟期和衰退期。

在主题公园的建设期，光顾旅游产品的是那些具有求新求异心理的游客，他们数量不是很大，但感情专注，示范性强，因此常常是一个旅游产品得以赢得一定市场份额的有利促导因素。

主题公园成长期的标志是伴随着各种促销努力和早期旅游市场的示范效应，旅游产品开始被市场接受并迅速发展的时期。

主题公园的发展进入成熟期后，营业额的相对增长已经停滞，尽管规模有可能进一步扩大，但增长速度已经放慢甚至出现负增长，它将在较长的时间里保持一种相对稳定。在我国主题公园业中，这一时期通常为3～5年。

主题公园的衰退期。这一时期主要是因产品失去吸引力而被消费者所抛弃，总体上表现为在同类产品中所占的市场份额逐渐减少，并最终淡出市场。近年来，我国一些早期主题公园客流量逐年减少，惨淡经营甚至关门歇业，就是因为已经步入了衰退期。

3. 控制和调整主题公园生命周期的策略

影响主题公园生命周期的基本因素有经济因素、效应因素与环境因素三种。要从根本上减小影响生命周期因素，使主题公园保持经久不衰的魅力，需要从以下几个方面着手。

1）确定主题公园的"主题"

主题公园的主题选择是集主观判断与理性市场分析相结合的决策过程。这需要我们具有敏锐的市场感觉以捕捉潜在的市场机会，并运用娴熟的商业运作方式，组织专业人员对主题进行提炼、包装和设计。对于一个纯人工建造的主题产品来说，需要跳出简单复制、机械模仿的窠臼，发挥自己独特的创意，从而在市场上拥有自身独特的卖点。这可以说是影响主题公园生命周期的决定性因素。如河南省开封市清明上河园景区，以开封市八朝古都的文化积淀为背景，按照中国传世名画《清明上河图》为蓝本按1：1复原再现的大型宋代历史文化主题公园。其主题选择和市场切入点十分准确，成为开封市甚至河南省旅游的招牌。

2）选择恰当的园址

园址的选择必须基于对周边客源市场的详尽分析和实地考察。主题公园的客源市场与周边地区常住人口和流动人口的数量密切相关。一般来说，主题公园周围1～1.5小时车程内的地区是其主打市场区位，因此该地区人口数量应为200万～300万；2～3小时车程内地区为其次要市场区位，人口也要超过200万；除此之外，第三市场区位和远距离游客则主要依赖主题公园的品牌影响力和便利快捷交通系统来导入。除了人口因素外，潜在客源市场的经济发展水平、居民可支配收入、消费习惯等也是选择园址时必须考虑的因素。例如2021年正式对外开放的北京环球度假区，其选址初衷就是考虑到北京及其周边地区无大型娱乐性主题公园，确定了通州区毗邻东六环和京哈高速公路的位置作为恰当的园址。

3）主题产品的动态调整

主题公园的主题选择需要创新思维，主题公园的经营更需要不断推陈出新，只有这样，主题公园才能让游客永远保持新鲜感，生命周期才能得以延长。为此，发展商在主题公园的景观设计、旅游产品后续更新方面必须走在市场前列。

主题公园的主题需要借助形象的景观来表达，因此园内的景观设计十分重要。我国早期主题公园建造的多是静态景观，游客进行的是走马观花式的纯观光活动，比较乏味。这种直观性强的静态景观，游客参观完一次后缺乏重复消费的动力。这种状况迫使主题公园发展商开始对园内的静态景观进行改造，设法在静态景观中注入动态元素。例如，深圳华侨城在民俗文化村等三个老主题公园度过高峰期后对景区进行重新设计，将一些观光性的街区如苏州街、欧洲街改造成小吃街、酒吧街，更新了民俗村中心剧场、世界之窗的广场节目，而且通过游乐广场的建设来带动更活跃的参与气氛，从而提升了票房收入。

所以，主题公园在布局上要讲究动静结合，纯粹静态景观在建造上要注重它的实用性，并预留出后期改造空间。主题公园静态人造景观一旦建成就具有一定的稳定性，后续空间毕竟有限，而动态的景观设计却可随专业人员的主观创造性的发挥得到无尽的开发。华侨城股份公司在编排演出节目上就不断创新，其推出的大型舞蹈"绿宝石""创世纪"，美轮美奂；组织的民俗节庆狂欢、主题晚会如火把节、泼水节精彩纷呈，这些引人入胜的节目设计极大地提高了主题公园的重游率，也创下了中国主题公园延长生命周期的成功范例。

4）开发有深度的主题产品

主题产品开发一般采取主题公园与影视传媒相结合的方式进行。主题公园内的主题人物被编成各种趣味故事的主人公，并通过电视和电影活灵活现地表现出来，进入千家万户，从而有效地带动主题公园游客市场，同时也为主题产品打开巨大的市场空间。主题产品所具有的高附加值的特征为经营商带来巨大的商业利润。据统计，目前美国玩具市场销售的50%是主题产品玩具。在主题公园与影视制作方面做得最出色的当数迪士尼公司,其开发的米老鼠、唐老鸭等系列儿童玩具、儿童服装行销世界。

5) 推行灵活的营销策略

有效客源市场半径内的潜在消费者是最有条件和最有可能进行二次游览消费的群体。因此,主题公园发展商需要针对有效客源市场采取灵活的营销策略,如加快信息传递、灵活定价、细分市场等着力培育稳定的消费群体。对主题公园的发展前景应该持谨慎乐观的态度。延长主题公园的生命周期是经营者必须跨越的难关。而这一问题的解决需要发展商改变以往粗放经营的模式,在服务和创新上多下功夫。只有这样,才能经受住市场的长期考验。

任务 4.2 休闲活动网络营销

4.2.1 认识休闲活动的网络营销

1. 什么是休闲活动网络营销

网络营销是以互联网技术为依托,通过对思想、产品和服务的构思,定价、促销和分销的计划与执行,达到个人和组织目标交换的目的。网络营销的产生有其在特定条件下的技术基础、观念基础和现实基础,是多种因素综合作用的结果。

2. 休闲活动网络营销的特点

1) 跨时空性

通过互联网能够超越时间约束和空间限制进行信息交换,因此,使得脱离时间限制达成交易成为可能。企业能有更多的时间在更大的空间中进行营销,以达到尽可能多地占有市场份额的目的。

2) 高效性

休闲活动网络营销利用电脑储存大量的信息,可以帮助消费者进行查询,所传送的信息数量与精确度远远超过其他传统媒体。同时,能够适应市场的需求,及时更新产品陈列或调整商品的价格。因此,能及时有效地了解和满足顾客的需求。

3) 互动性

休闲企业可以通过互联网向客户展示商品目录;通过链接资料库提供有关商品信息的查询;可以和顾客进行双向互动式的沟通;还可以搜集市场情报以及进行产品测试与消费者满意度的调查等。

4) 经济性

休闲活动网络营销使交易的双方能够通过互联网进行信息交换,代替传统的面对面的交易方式,可以减少印刷与邮递成本,进行无店面销售而免交租金,节约水电与人工等销售成本,同时也减少了由于多次交换带来的损耗,提高了交易的效率。

5）整合性

在互联网上开展的营销活动，可以完成从商品信息的发布到交易操作和售后服务的全过程，这是一种全新的营销渠道。另外，企业可以借助互联网将不同的传播营销活动进行统一的设计规划和实施，从而避免由于不同传播渠道中的不一致性产生的消极影响。

3. 网络营销与传统营销的关系

（1）网络营销与传统营销在营销载体、营销对象、营销策略、营销理念、营销过程等方面均存在明显区别。传统营销致力于开发、维护和依赖严密的营销渠道，在市场上投入大量人、财、物力，这些在网络时代是很多企业难以承担的高昂成本。

（2）网络营销与传统营销的整合渐成趋势。网络营销并非完全独立的，而是休闲企业整体营销策略中的组成部分，网上营销与网下营销相结合形成一个相辅相成、互相促进的营销体系。网络营销有很多优势，传统营销也有其难以取代的特点。只有两种营销策略实现整合，才能使企业的整体营销策略取得最大的成功。

4.2.2 休闲活动网络营销工具

1. 微信营销

1）微信营销定义

微信营销是移动营销的重要体现，是互联网时代网络营销模式的一种升级，伴随着微信的火热已成为当前我国网络营销的利器。微信不存在距离的限制，用户注册微信后，可与周围同样注册的“朋友”建立一种联系，用户订阅自己所需的信息，商家通过提供用户需要的信息，推广自己的产品，从而实现点对点的营销。微信一对一的交流方式具有良好的互动性，精准推送信息的同时更能形成一种朋友关系。基于微信的各种优势，借助微信平台开展客户服务营销已成为继微博之后的又一新兴营销渠道。

微信营销主要体现在以安卓系统、苹果系统的手机或者平板电脑中的移动客户端进行的区域定位营销，商家通过微信公众平台，展示商家微官网、微会员、微推送、微支付、微活动，已经形成了一种主流的线上线下微信互动营销方式。

2）微信营销的方式

（1）互动营销式——微信公众平台。对于大众化媒体、明星以及企业而言，如果微信开放平台＋朋友圈的社交分享功能的开放，使得微信成为一种移动互联网上不可忽视的营销渠道，那么微信公众平台的上线，则使这种营销渠道更加细化和直接。

（2）O2O互联式——扫一扫。移动应用中加入二维码扫描这种O2O方式已普及开来，对于线上和线下资源与信息联通、吸引和转化顾客，这种方式发挥了极大的作用。

（3）草根广告式——查看附近的人。营销人员在人流量最大的地方后台24小时运行微信，如果“查看附近的人”使用者足够多，这个广告效果也会随着微信用户数量的上升而上升，可能这个简单的签名栏会变成移动的“黄金广告位”。

（4）品牌活动式——漂流瓶。微信官方可以对漂流瓶的参数进行更改，使合作商家推广的活动在某一时间段内抛出的“漂流瓶”数量大增，普通用户“捞”到的频率也会增加。加上“漂流瓶”模式本身可以发送不同的文字内容甚至语音小游戏等，如果营销得当，也能取得不错的营销效果。这种语音的方式，也让用户感觉更加真实。但是，如果只是纯粹的广告语，是会招致用户反感的。

3）微信营销的特点

（1）熟人网络，小众传播。微信不同于其他社交平台的特点是其建立的好友圈中大部分是已经认识的人，建立起来的人际网络是一种熟人网络，其内部传播是一种基于熟人网络的小众传播，可信度和达到率是其他媒体无法比拟的。

（2）富媒体内容，便于分享。与传统媒体相比，新媒体的一个显著特点是移动互联网技术的应用，通过手机等终端可以随时随地浏览资讯、传递信息，充分利用用户碎片化的时间，而微信在这方面可谓做到了极致。微信集文字、声音、图片、视频于一身，在其服务的聊天、朋友圈、群聊等内容上均能有效传播。

（3）公众平台，一对多传播。微信在 2012 年 8 月 18 日开通了公众平台服务，个人和企业都可以打造一个微信公众号。微信公众号方便了与其他用户的一对多传播，信息的到达率和阅读率很高。现在已经有很多微信公众号因其高质量的推送内容而获得庞大的粉丝群体。这种群体对公众号有更高的认可度，基于公众号的广告推送也更容易取得效果。

（4）基于地理位置提供服务（LBS）。微信可以方便地通过手机的位置信息服务获取用户的地理位置信息，用户在分享最新动态时勾选地理位置，好友便能看到其所在地，而地理位置是商家进行精准营销的重要信息。

（5）便利的互动性，实时推送信息。微信作为一种社交软件，便利的互动性是其区别于其他网络媒体的优势所在。在微信公众平台中，用户可以像与好友沟通一样，与企业公众号进行互动。企业可以通过公众号及时更新推荐内容，用户也可以直接回复。这是其他网络媒介难以做到的。

2. 搜索引擎营销

1）搜索引擎营销介绍

搜索引擎营销（search engine marketing，简称为 SEM），是根据用户使用搜索引擎的方式，利用其检索信息的机会，尽可能将营销信息传递给目标用户。简单来说，搜索引擎营销就是基于搜索引擎平台的网络营销，利用人们对搜索引擎的依赖和使用习惯，在人们检索信息的时候尽可能将营销信息传递给目标客户。

2）搜索引擎营销方法

（1）了解休闲项目针对哪些用户群体。

（2）了解目标群体的搜索习惯，目标群体习惯使用什么关键词搜索目标产品。

（3）目标群体经常会访问哪些类型的网站。

（4）分析目标用户最关注产品的哪些特性。

（5）竞价广告账户及广告组规划。

（6）相关关键词的选择，可以借助搜索平台关键词分析工具及百度竞价后台的关键词分析工具，这些工具是以用户搜索数据为基础的，具有很高的参考价值。

（7）撰写有吸引力的广告文案。

（8）内容网络广告投放。

(9) 目标广告页面的设计。

(10) 基于KPI广告效果转换评估。

3) 搜索引擎营销技术

(1) 自然搜索。自然搜索是指利用搜索引擎找到与搜索请求最相关匹配网页的方法。自然搜索结果仅仅与搜索者所键入的搜索请求的相关程度有关,不会因为任何搜索引擎营销人员做出的支付而受到影响。搜索营销人员使用各种技术手段改进其网站在搜索结果中的表现,这些技术经常被称为搜索引擎优化(SEO)。

(2) 目录列表。目录列表通常保证推介你的网站(或是网站的一部分),但是并不承诺你的网站会出现在列表的哪一部分,可能是顶端,也可能底部,甚至是众多网站的中间,或者有多少人会点击你的网站。目录的编辑可以决定你的网站被放到什么主题类别之下,也可以要求一个具体的类别。绝大多数网站在一个主题类别中只有一个链接通往它们的主页,但是,中到大型的公司通常设有多个不同主题的网页,这样就能得到多个目录列表。

3. 网站与品牌社区

1) 网站与品牌社区介绍

网站是展现企业的形象和历史,吸引顾客,推动线下购买或直接线上购买的重要途径。如携程官方网站就以醒目的标题介绍产品,并提供详尽的信息和工具。同时,还有其他用户体验后的评价可供参考,为消费者提供充足的信息。

品牌社区,即虚拟品牌社区,它们不以直接销售商品为目的,其主要目的是展示品牌内容,吸引消费者,建设顾客-品牌社区,通常的表现为论坛、贴吧、微信群、微信公众号等形式。品牌社区在提供种类丰富的品牌信息、视频、博客、活动等特色内容的过程中,逐渐与顾客产生了紧密的联系,促进了品牌与顾客的互动关系。例如在小米社区中,顾客可以接触到大量的小米产品信息,参与各种功能的讨论。顾客在社区中能够与小米公司直接进行互动,也能够和其他顾客互动。这为小米的顾客提供了一个方便参与、了解彼此的虚拟品牌社区,形成独特的顾客体验。

除此之外,在创建网站和社区之后,企业还要考虑如何吸引顾客的访问。企业一般通过线下印刷品和广播广告,以及其他网站的广告和链接大力推广自己的网站。由于今天的网络使用者非常容易抛弃那些不合格的网站,因此提供高价值和刺激体验的相关因素是使顾客停留并再次访问的关键。一个有效的网站不只提供便于使用、外观设计专业且形式上具有吸引力的外在内容,还应该包含更多深入和有用的信息帮助购买者发现和评估感兴趣的产品的互动工具、与其他相关网站的链接、不断更新的促销优惠,吸引顾客时常访问。

2) 品牌社区营销需要注意以下事项

(1) 企业要设有专门的人员或聘请消费者代表来管理账号、发布帖子、回复帖子等。

(2) 标题要能吸引人的眼球,也就是要有创意,这样才会吸引读者,增强社区的黏性。

(3) 企业策划的内容要具有一定的互动性,网友看了之后觉得有话要说、愿意参与。

(4) 企业人员要积极回复,并鼓励其他参与者回复,形成顾客之间的互动。

(5) 大型企业要进行网络舆情的监控,及时发现不利于企业的言论,要正确地引导网友的回帖,不要让事件继续恶化。

(6) 对于第三方论坛,企业人员要及时与论坛管理员沟通,经常发帖、回帖。熟悉各大论坛的管理员和版主有助于论坛营销的开展。

4. 微博营销

1）微博营销介绍

微博营销是指休闲企业可以通过微博平台发现并满足用户的各类需求的商业行为方式。微博营销以微博作为营销平台，每一个听众（粉丝）都是潜在的营销对象，休闲企业利用更新自己的微型博客向网友传播企业信息、产品信息，树立良好的企业形象和产品形象。每天更新内容就可以跟大家交流互动，或者发布大家感兴趣的话题，这样来达到营销的目的。

该营销方式注重价值的传递、内容的互动、系统的布局、准确的定位，微博的火热发展也使得其营销效果尤为显著。微博营销涉及的范围包括认证、有效粉丝、朋友、话题、名博、开放平台、整体运营等。

2）微博营销形式

微博营销形式至少有四种：活动营销、植入式广告、客户服务的新平台、品牌宣传。微博营销很可能需要第三方即微博运营商的介入。第三方首先给出一种策划，然后需要对三类微博做组合，就是企业微博、代言人微博、用户微博，用一种受众群体可以接受，并且受欢迎的方式，对新产品、新品牌等进行主动的网络营销。

微博，作为营销平台的入口有待进一步开发。微博用户对微博上信息的信任度高，对微博上的商业信息、商业活动也都有较高的信任度，并且对关注的人或粉丝推荐的产品更是具有好感，微博具有较大的潜在营销价值。

5. 网络广告

1）网络广告介绍

网络广告是利用网站上的广告横幅、文本链接、多媒体等方法，在互联网刊登或发布广告，通过网络传递给互联网用户的一种高科技广告运作方式。

与传统的四大传播媒体（报纸、杂志、电视、广播）广告及近来备受垂青的户外广告相比，网络广告具有得天独厚的优势，是实施现代营销媒体战略的重要部分。

2）网络广告形式

(1) 网幅广告（包含 Banner、Button、通栏、竖边、巨幅等）。网幅广告是以 GIF、JPG、Flash 等格式建立的图像文件，定位在网页中大多用来表现广告内容，同时还可使用 Java 等语言使其产生交互性，用 Shockwave 等插件工具增强表现力。

(2) 文本链接广告。以一排文字作为一个广告，点击可以进入相应的广告页面。这是一种对浏览者干扰最少，但却较为有效果的网络广告形式。有时候，最简单的广告形式效果却最好。

(3) 电子邮件广告。它可以针对具体某一个人发送特定的广告，针对性强，为其他网上广告方式所不及。

(4) 赞助。比传统的网络广告给予广告主更多的选择。

(5) 插播式广告（弹出式广告）。访客在请求登录网页时被强制插入一个广告页面或弹出广告窗口。插播式广告有各种尺寸，有全屏的，也有小窗口的，而且互动的程度也不同，从静态的到动态的都有。

(6) 富媒体。一般指使用浏览器插件或其他脚本语言、Java 语言等编写的具有复杂视觉效果和交互功能的网络广告。这些效果的使用是否有效,一方面取决于站点的服务器端设置,另一方面取决于访问者浏览器是否能查看。

(7) 其他新型广告。视频广告、路演广告、巨幅联播广告、翻页广告、祝贺广告等。

(8) EDM 直投。通过 EDMSOFT、EDMSYS 向目标客户,定向投放对方感兴趣或者是需要的广告及促销内容,以及派发礼品、调查问卷,并及时获得目标客户的反馈信息。

6. 移动营销

1) 移动营销介绍

移动营销也称作手机互动营销或无线营销。无线营销是利用以手机为主要传播平台的第五媒体,直接向"分众目标受众"定向和精确地传递个性化即时信息,通过与消费者的信息互动实现市场沟通的目标。移动营销也可以理解为网络营销的技术性延伸。移动营销具有便捷性、整合性、创新性、移动性、精准性、互动性等六大特点。

2) 移动营销的类型

移动营销有 LBS、App、微信、二维码、移动广告等几种类型,以下主要介绍前两种。

(1) LBS(local based service),即基于地理位置的服务。从 LBS 的定义可以看出,其发展与互联网密不可分。智能手机的定位技术是这种服务的基础。作为当今移动互联网最热门的服务,LBS 能够高效地连接线上和线下。常见的 LBS 营销模式有以下几种。

一是生活服务模式。这类模式以生活服务为出发点,与人们的日常生活、旅游、购买等紧密结合在一起。比如大众点评、饿了么、美团外卖等应用,都是基于使用者的地理位置为特定商圈内的居民提供相关服务。

这一模式的最大特点是实用性极强,随时记录用户的相关信息,并将服务渗透到用户生活的方方面面,使人们的生活更加便利。除了上述的用户主动选择和搜索外,还包括以企业为核心的服务推送模式。服务推送模式能够利用 LBS 的定位功能,根据用户的喜好实现精准投递。例如,根据 LBS,给机场附近的用户推送休闲娱乐方面的内容,给商场附近的用户推送各种折扣信息,给电影院附近的用户推送影讯等。

二是社交模式。其主要方式是地点交友。不同的用户只要在同一时间出现在同一地点,就可以建立用户关联,然后商家在关联用户之间发起营销宣传、团购、优惠信息推送等活动,还可以以地理位置为基础建立小型社区,从而在社区中开展相关营销活动。这种社交模式近几年日渐淡出,逐渐被其他方式所取代。

LBS 营销服务有两大发展趋势:一是平台化,即 LBS 功能与生活服务、电商融合,提供以位置为导向的周边生活信息推荐和电商购买服务;二是垂直化,即移动终端上的各种垂直类内容和应用与 LBS 服务相结合。

(2) App,全称为 application,表示移动终端上的应用程序。移动互联网时代的 App,是用户接触移动互联网的基本途径,也为各个企业的营销提供了重要的契机。

App 营销正是利用了人们对移动设备的依赖性,通过手机、社区、SNS 等平台上运行的应用程序来开展营销活动。在采用 App 营销的企业中,大众点评、当当网、美丽说、有道词典等都有不少的用户和不错的用户体验。基于各个 App 所产生的用户群,企业可以有针对性地通过 App 对其进行营销内容的发布,以保留现有顾客。比如美丽说、汽车之家就在 App 上创造了一个优质的闭环社交圈，牢牢锁住了自己的顾客群体。其他企业可以通过该平台进行一些广告的推送。

除此之外，一种更为常见的App广告类型是视频广告。这类广告多出现在各种视频播放类App中，比如在爱奇艺、优酷、腾讯视频等视频类App中，用户播放其所选的视频之前会有一段较长时间的广告。企业在投放这类广告时，可根据视频内容对所要传播的用户群进行定位。

7. 网络事件营销

1）网络事件营销介绍

网络事件营销是企业、组织主要以网络为传播平台，通过精心策划、实施可以让公众直接参与并享受乐趣的事件，并通过这样的事件达到吸引或转移公众注意力，改善、增进与公众的关系，塑造企业、组织良好的形象的目的，以谋求企业、组织长久、持续发展的营销传播活动。

2）网络事件营销特点

（1）小投入，大产出。

（2）影响面广，关注度高。

（3）快速提高知名度。

目前国内率先从事网络事件营销的公司是阿凡达推广策划机构，还有中国事件营销网、品牌整合营销传播网。随着网络事件营销向专业化、行业化的发展，出现了一批针对特定行业的网络事件营销公司，如专注旅游行业的黑孩子旅游营销机构等。

8. 网络新闻传播

1）网络新闻传播介绍

网络新闻传播也称网络公关，即企业通过一定的新闻策划，用新闻的形式描述产品、品牌或企业，从而达到引起消费者关注的目的。

2）与广告、新闻的比较

与广告相比，网络新闻传播有新闻特性，以热点话题或新闻事件切入，与品牌信息关联，运用大量数据或事实进行信息传递。

与新闻相比，网络新闻传播有广告特性。标题与内容描述主要与品牌信息相关联，具有产品广告传播功能。新闻营销兼具可读性与可信度，感染力和影响力大，社会关注度高。

3）网络新闻传播特点

（1）瞬时性。网络新闻的传播速度非常快，可以迅速传递到全球范围内。只要有网络连接，人们就能够实时收到最新的新闻信息。

（2）互动性。网络新闻具有很强的互动性，读者可以通过评论、分享、转发等方式参与新闻传播中，形成庞大的信息交流和互动网络。

（3）多样性。网络新闻形式多样，不仅有文字新闻，还有图片、视频、音频等多种形式的新闻信息。这样更方便读者获取信息，增加了新闻传播的趣味性和多样性。

（4）无地域限制。网络新闻的传播没有地域限制，可以突破传统媒体的地域限制。无论新闻事件发生在哪里，只要有网络，就能够及时传播到全球范围内。

（5）个性化。网络新闻可以根据读者的兴趣和需求进行个性化推送。通过算法的分析和推荐，可以向读者推送与其兴趣相关的新闻信息，提高了新闻传播的针对性和有效性。

(6) 快速流失。网络新闻传播速度快，但也容易被新的信息所取代，读者容易产生信息饱和感，难以保持持续的关注和兴趣。

随着人们对网络的依赖性越来越强，通过网络开展营销的各种工具日渐增加。除了以上介绍的几种常见工具外，抖音、小红书等短视频直播平台占据了越来越多的流量关注，也成为网络营销的重要工具。对这些工具的研究讨论虽尚未出现比较统一的学术成果，但其在网络营销中的地位不可忽视。

任务 4.3　休闲活动定价管理

价格是一种产品或服务的标价。广义来看，价格是消费者为了换取获得和使用产品或服务的利益而支付的价值。当今市场是一个价格快速变化的定价环境，追求高性价比的消费者越来越多，互联网定价权越来越高，休闲企业面临的定价环境也越发残酷。无论市场如何变化，休闲企业只有明确其定价目标，方能在日新月异的竞争中保持优势。

拓展案例

4.3.1　休闲活动的定价目标

休闲企业在对其休闲项目、休闲活动制定价格时，有意识地要求达到的目的和标准称为定价目标，它是指导休闲企业进行价格决策的主要因素。对休闲企业来说，定价目标往往不是单一的，而是由多个具体目标组成。

1. 实现利润最大化

这是每家企业都追求的目标之一。企业通过制定合理的产品和服务价格来获得最大的销售额和利润。通过分析市场需求和竞争情况，企业可以确定适当的定价水平，以达到最大利润的目标。具体包括投资收益定价目标、短期最大利润目标、长期利润定价目标等。

2. 增加市场份额，扩大市场占有率

对新进入市场的休闲企业来说，制定出有价格竞争力的产品或服务，以吸引更多的顾客和建立品牌声誉，从现有市场格局中抢占其他企业的市场份额，提高本企业的市场占有率尤为重要。

3. 维持竞争优势

当休闲行业达到产品饱和时，行业内竞争将愈发激烈，休闲企业为了维持其竞争优势，可能选择降低现有产品或服务价格，或者通过提供高于竞争对手价值和品质的产品或服务来维持现有市场地位并确保长期可持续发展。

4. 建立品牌形象

稳定的价格有利于塑造企业的品牌形象。通过定价高于竞争对手来传递高端、奢华的形

象，或通过定价低于竞争对手来传递物美价廉、平民化的形象。品牌形象对于消费者的选择和忠诚度非常重要，对企业的长期发展具有重要影响。

5. 实现市场定位

休闲企业可以通过定价策略来实现特定的市场定位。例如，企业可以选择高价策略来定位为高端市场，或选择低价策略来定位为大众市场。市场定位有助于休闲企业确定其目标市场和目标消费者，并为其提供与竞争对手的差异化服务或产品。

6. 加强渠道控制

通过定价策略，休闲企业可以控制在不同渠道中的产品定价。这可以帮助企业更好地管理渠道冲突、价格干扰以及保持合作伙伴关系。控制渠道定价有助于确保产品价格的一致性和品牌形象的统一性。

7. 适应市场环境

休闲企业的定价目标也应根据市场环境的变化而调整。在市场需求低迷或竞争加剧的情况下，休闲企业可能需要调整定价策略来适应市场变化，并尽可能减少损失。

上述目标并非孤立存在，而是相互关联、相互影响的。休闲企业在设定定价目标时，需要综合考虑市场需求、竞争环境、成本结构和产品差异化等因素，才能制定出合适的定价策略，达到既实现短期利润，又能支撑长期发展的终极目标。

4.3.2 休闲活动的定价方法

1. 定价的影响因素

1）成本

成本是休闲企业在生产经营过程中各种费用的总和，是价格构成的基本因素和制定价格的基础。它不仅是休闲企业定价的依据，同时也是制定产品价格的最低界限。只有价格高于成本，企业才能弥补生产过程中的耗费，获得一定的利润。价格低于产品成本，不仅无法补偿生产经营中的耗费，而且还会导致不正当竞争的发生，影响企业的生存与发展。

成本的分类方法很多。在管理决策中，常把成本分为变动成本和固定成本。变动成本是指休闲企业在可变投入要素上的支出，其总量是随着产量的变化而变化的，如员工的工资、直接材料费用和直接营销费用等。固定成本是指休闲企业在固定投入要素上的支出，不受产量变化的影响，如折旧费、房租、借款利息和管理费用等。将成本划分为变动成本和固定成本，有利于休闲企业根据不同的定价目标选用不同的定价方法。

2）需求

众所周知薄利多销，厚利少销，当其他因素时，消费者对某一商品的需求量往往与其价格变化方向相反，价格下跌，需求量上升，价格上涨，则需求量下降。所以，市场需求状况往往决定了产品的最高定价。

需求价格弹性正是反映需求要素对价格影响程度的指标。需求价格弹性在经济学中一般用来衡量需求的数量随商品的价格的变动而变动的情况，反映了消费者需求对价格的敏感程度。在一般情况下，市场需求的变动方向和价格的变动方向相反。提高价格，市场需求减少；降低价格，市场需求增加。

$$\text{需求价格弹性}=\frac{\text{需求量变动的百分比}}{\text{价格变动的百分比}}=\frac{\Delta C}{\Delta P}$$

产品价格是由市场上的需求和供给决定的。需求受产品价格、消费者的购买力、消费偏好、消费观念、生活方式和价格预期等因素影响。在其他因素不变的情况下，需求量随着价格的上升而减少，随着价格的下降而增加，两者之间呈现一种负相关关系。这样，需求强度、需求层次、需求价格弹性等对价格的制定也有重要的影响。

对于需求强度大、需求层次高、需求价格弹性小的产品，价格可以提高一些；反之，较低的价格则更利于休闲企业获得较高的利润。此外，企业还要结合产品供给状况进行综合分析。在卖方市场条件下，休闲企业拥有市场主动权，采取高价策略能提高休闲企业的利润；而在买方市场条件下，消费者具有充分的选择权，休闲企业产品的价格应有市场竞争力，以保持和扩大市场份额，实现其营销目标。

休闲企业通过分析市场需求情况，判断产品需求价格弹性大小，可有针对性地采取价格策略。对需求价格弹性大的产品采取降价策略会产生明显效果，但对需求价格弹性小的产品则不适用。

3）竞争

根据市场上企业的数量和规模大小、产品的差异化程度以及新企业进入市场的可能性等，市场可分为完全竞争市场、垄断竞争市场、寡头垄断市场以及完全垄断市场四种结构类型。

现实生活中很少有完全竞争市场存在，在这种市场环境中，休闲企业并不是价格的制定者，价格完全由供需关系决定。

在垄断竞争市场中，存在一些龙头企业和一些小竞争者。在这样的环境中，休闲企业根据有差异性的产品、不同的渠道，制定适合自己的价格。产品的差异化程度高、竞争优势明显的休闲企业，其价格可高于其他竞争者。

寡头垄断市场是介于完全垄断市场和垄断竞争市场之间的一种市场模式，指某种产品的绝大部分由少数几家大型企业控制的市场。在这种市场环境中，价格由这几家寡头企业共同控制，休闲企业在定价时应充分考虑竞争者的反应从而采取相应的对策。

在完全垄断的条件下，行业中只有一个卖家，没有其他企业与之竞争，这个卖家完全控制了市场价格，它可以在国家法律允许的范围内随意定价。

2. 定价方法

在实际定价过程中，休闲企业往往根据对价格产生重要影响的一个或几个因素来选定定价方法，常用的定价方法主要包括成本导向定价法、需求导向定价法和竞争导向定价法。

1）成本导向定价法

从前面的学习中我们知道成本可以分为固定成本和变动成本。在产出水平一定的情况下，产品的总成本等于固定成本和变动成本之和。休闲企业在制定定价战略时，必须考虑不同成本的变动趋势。成本导向定价法就是以产品单位成本为基本依据，加上预期利润来确定价格的定价方法，是休闲企业最常用、最基本的定价方法。成本导向定价法又分为成本加成定价法、目标收益定价法、盈亏平衡定价法等几种具体的定价方法。

(1) 成本加成定价法。成本加成定价法是在单位产品成本的基础上，加上一定比例的预期利润作为产品的售价。售价与成本之间的差额即为利润。由于利润的多少是按成本的一定比例计算的，因此这种方法被称为成本加成定价法。它的计算公式为：

单位产品价格＝单位产品成本×(1＋加成率)

这种方法的优点是计算方便，因为确定成本要比确定需求容易得多，定价时着眼于成本，休闲企业可以简化定价工作，也不必经常依据需求情况而进行调整。在市场环境诸因素基本稳定的情况下，采用这种方法可保证休闲企业获得正常的利润，从而可以保障休闲企业经营的正常进行。

(2) 目标收益定价法。目标收益定价法又称目标利润定价法，它是在成本的基础上，按照目标收益率的高低计算售价的方法。这种方法适用于有一定影响力、市场占有率较高或具有垄断性质的休闲企业。其优点是可以保证企业既定目标利润的实现。缺点是只从卖方的利益出发，没有考虑竞争因素和市场需求的情况。

其计算步骤如下：①确定目标收益率，目标收益率可表现为投资收益率、成本利润率、销售利润率、资金利润率等多种不同的形式；②确定目标利润，根据所选择的目标收益率表现形式来确定目标利润；③计算售价。

$$售价 =(总成本 + 目标利润) \div 预计销售量$$

(3) 盈亏平衡定价法。盈亏平衡定价法也叫保本定价法，指在销量既定的条件下，休闲企业产品的价格必须达到一定的水平才能做到盈亏平衡、收支相抵，即根据盈亏平衡点原理进行定价。盈亏平衡点又称保本点，是指一定价格水平下，企业的销售收入刚好与同期发生的费用额相等，收支相抵、不盈不亏时的销售量，或在一定销售量前提下，使收支相抵的价格。其计算公式为：

$$盈亏平衡点价格 = \frac{总固定成本}{单位售价 - 单位变动成本}$$

根据盈亏平衡定价法确定的价格，是企业的保本价格。低于此价格休闲企业将面临亏损，高于此价格休闲企业才有盈利。实际售价高出保本价格越多，休闲企业盈利越多。因此，盈亏平衡定价法通常作为对休闲企业各种定价方案进行比较和选择的依据。

2) 需求导向定价法

需求导向定价法就是指休闲企业在定价时不再以成本为基础，而是以市场需求、消费者对产品价值的理解和接受程度为依据的一种定价方法。这也就是说，相同的商品因消费者需求和认知的差别，可以是不同的价格。在产品供过于求时，休闲企业运用需求导向法定价，效果会更好。需求导向定价法主要有认知价值定价法和需求差异定价法。

(1) 认知价值定价法

认知价值定价法是以消费者对商品价值的感受及理解程度为定价的基本依据的定价方法。与卖方的成本导向定价法相比，该方法更侧重考虑买方的价值判断。因为消费者购买商品时总会在同类商品之间进行比较，选购那些既能满足其消费需要，又符合其支付标准的商品。消费者对商品价值的理解不同，会形成不同的价格限度。如果价格刚好定在这一限度内，消费者就会顺利购买，即根据消费者对产品价值的认知和可接受程度来制定价格。总的来说，就是消费者觉得你的产品值多少钱，你就定价多少。一旦价格超过了消费者能够接受的阈值，消费者就不会产生购买行为。

（2）需求差异定价法

需求差异定价法，又称差别定价法，是指休闲企业根据销售的时间、地点及消费对象的不同而产生的需求差异，对相同的产品制定不同价格的定价方法。在需求差异定价法中，同一产品的价格差异并不是因为产品成本的不同而引起的，而主要是由消费者需求的差异所决定的。其好处是可以使休闲企业定价最大限度地符合市场需求，促进商品销售，有利于企业获取最佳的经济效益，即以不同时间、地点、产品及不同消费者的消费需求强度差异为定价的基本依据，针对每种差异决定在基础价格上是加价还是减价。

这种需求差异主要体现在时间、地点、消费对象三个方面。

① 时间差异。“时间就是金钱”在这点上彻底体现出来了，部分城市高峰电价和低谷电价不一样，机票价格和距起飞时间成反比，旅游景区的淡旺季门票差异等，都是时间差异化的定价方法。

② 地点差异。新开的一家超市附近没有竞争对手和有竞争对手时的定价策略是完全不一样的，一瓶同样的啤酒在超市和酒吧的价格大相径庭，演唱会前排的价格高于后排的价格等，这都是地点差异化的定价方法。

③ 消费对象差异。消费对象的定价差异更多体现在会员顾客和非会员顾客的价格差异上，以及女性相对于男性对价格敏感的差异上。未来随着科技的进步会逐渐发展到个体的定价差异上。例如，零售商根据你购买或维修冰箱的数据，发现你的冰箱到了要更换的时候，就会送你一张 200 元的冰箱代金券，这样你的价格就和其他人不一样了。

3）竞争导向定价法

竞争导向定价是休闲企业为了应对市场竞争的需要而采取的特殊定价方法。它是以竞争者的价格为基础，根据竞争双方的力量等情况，制定比竞争者价格低、高或相同的价格，以达到增加利润、扩大销售量或提高市场占有率等目标的定价方法。竞争导向定价法主要有随行就市定价法和密封投标定价法。

（1）随行就市定价法。随行就市定价法又称“流行价格定价法”，是指在一个竞争比较激烈的行业或部门中，某个企业根据市场竞争格局，跟随行业或部门中主要竞争者的价格，或各企业的平均价格，或市场上一般采用的价格，来确定自己的产品价格的定价方法。这种定价方法应用相当普遍，适用于除完全垄断以外的其他类型的市场结构。

由此可见，随行就市定价法就是企业使自己的商品价格与同行的平均价格水平保持一致。一般来说，在基于产品成本预测比较困难，竞争对手不确定，以及企业希望得到一种公平的报酬和不愿打乱市场现有正常秩序的情况下，这种定价方法较为行之有效。在竞争激烈而产品需求弹性较小或供需基本平衡的市场上，这是一种比较稳妥的定价方法。

（2）密封投标定价法。在国内外，许多大型休闲项目、旅游景区、主题公园的设计、建造承包往往采用发包人招标，承包人投标的方式来选择承包者，确定最终承包价格。一般来说，招标方只有一个，处于相对垄断地位，而投标方有多个，处于相互竞争地位。标的物的价格由参与投标的各家企业在相互独立的条件下确定。在买方招标的情况下，所有投标者中报价最低的投标者通常中标，它的报价就是承包价格。这样一种竞争性的定价方法就称为密封投标定价法,其主要用于招标投标交易方式。

在招标投标交易方式下,投标价格是企业能否中标的关键性因素。高价格固然能带来较高的利润,但中标机会相对减少。反之,价格低,虽然中标机会大,但其机会成本高,利润少。那么,企业应该怎样确定投标价格,就成了企业考虑的重难点问题。

4.3.3 休闲活动的定价策略

1. 定价策略的定义

定价策略是指休闲企业在充分考虑影响企业定价的内外部因素的基础上,为达到预定的定价目标而采取的策略。

2. 休闲活动的定价策略

1) 新产品定价策略

休闲企业根据市场需求和旅游地生命周期阶段,制定有针对性的价格。一般有以下三种类型。

(1) 撇脂定价策略是一种高价格策略。即在新产品上市初期,价格定得很高,目的在于短时期内获取高额利润。人造主题型景区常采用这种策略。

(2) 渗透定价策略是一种低价格策略。即在新产品投入市场时,以较低的价格吸引消费者,从而很快打开市场,像倒入泥土的水一样,从缝隙里很快渗透进去,因而称为渗透定价。一般适用于特色不显著,易被模仿的新产品。

(3) 满意定价策略是一种介于撇脂定价策略和渗透定价策略之间的折中价格策略。适合大多数消费者的购买能力和购买心理,比较容易建立稳定的商业信誉。

2) 差异化定价策略

差异化定价策略是根据不同的市场需求和客户群体,制定不同的价格以满足不同消费者的需求。例如,针对高端客户群体提供高端服务并制定高价,针对低端客户群体提供普通服务并制定低价。

(1) 差异化定价的四种形式:①顾客差异化定价。休闲企业对不同的顾客采取不同的价格,如会员享受折扣,而普通顾客只能原价购买。②项目差异化定价。休闲企业为不同类别项目制定不同的价格,如位于河南省开封市的国家5A级旅游景区清明上河园,其成人门票价格为129元,如游客选择观看价值249元的戏剧“大宋东京梦华”,则可以免去景区门票。③位置差异化定价。休闲企业根据消费者在不同位置下获得的体验感不同,差别化制定不同位置下的产品或服务价格,如在演艺场所中,内场和外场座位的价格跨度往往非常大。④时间差异化定价。在旅游交通行业中,这种差别定价尤为突出。休闲企业对于不同季节、不同时期甚至不同时点的产品或服务制定不同价格,如航空公司、旅游酒店在淡旺季执行淡旺季价格,电影院对首映场、下午场、晚上场及周末场制定不同的价格。

差异化定价是供求关系的一种直接表现,如在某话剧中,因演员热度较高,西安站场次莲花池区的官方票价高达1880元,而此前该演员未参演的场次在北京站的最低价格仅为80元。演艺运营机构根据演员关注度大,粉丝众多的特点采取了顾客差异化定价策略,提高了整体定价水平，结合位置差异化定价策略制定了不同区域的票价。因而虽然西安、北京两座城市存在位置差异，但预测因顾客差异带来的收益更显著，最终定价西安站的整体价格水平较北京站更高。

(2) 差异化定价策略的互联网进化。随着互联网技术的飞速发展，新时代的差别定价策略是什么样的呢？我们可参看拓展案例。

3) 捆绑定价策略

将多个产品或服务捆绑在一起销售，以低于单独购买的总价格吸引客户。这种策略可以增加客户黏性，提高销售额。比如河南省郑州、开封两城推出“2023 郑开旅游年卡”，包含60个景区，有效期12个月，可不限次数参观游玩，定价69元。购买该卡的游客为了最大程度利用此卡，有可能参观游玩原本不在计划内的目标景区，通过捆绑定价策略，增加了游玩人数，吸收了新游客群体，游客从中得到实惠，在第二年必然关注此类产品，进而增加了客户黏性。

4) 促销定价策略

通过短期降价或优惠活动来吸引客户，提高销售额和品牌知名度。但需注意促销活动的设计和时间安排，避免对正常销售造成不良影响。

“低价”对消费者来说总是最具吸引力的，大多数消费者在看到“低价”的时候都可能会走进门店逛一逛。虽然降价表面上减少了休闲企业的利润，但是因人流量的大幅增加，带动其他产品服务的销售，最终的局面是消费者心甘情愿地消费了更多产品，休闲企业获得的综合利润更多。

而在互联网时代，有的企业可以采取“免费＋增值”模式，做到“天天都是免费日”。

“免费＋增值”模式是由“免费”和“增值”这两个词组合而成的，其核心就是在免费提供一个产品或服务的基础版本的同时，客户可通过追加付费来获得产品或服务的高级版本。在这个模式下，发布免费版本的目的是让休闲企业建立起一个庞大的初始客户群，并在将来吸引更多的初始客户跳转到付费的高级版本，而转化率(即付费用户和非付费用户的比例)就是衡量休闲企业绩效的关键指标。由于绝大多数人都使用产品的免费版本，因此需要有付费客户来进行交叉补贴。它遵循的原则是：提供基础产品的成本要足够低，理想的状况是成本为0。在许多情况下，这是确保“免费”用户能得到支持且商业模式有可能为公司带来盈利的唯一途径。

目前比较典型的“免费＋增值”模式是各种云端储存，如百度云会为你免费提供有限的储存空间，而如果你觉得不够用的话，那么你就需要支付一定的费用来扩展储存容量。

免费模式的成功就在于它采用二段式收费，赚钱并不是凭借免费的软件，而是通过某个功能集聚大量有黏性的人群。在互联网时代，流量就是价值，它可以创造新的需求，比如广告植入和产品推荐，也能够成为它的盈利手段。

“免费＋增值”模式利用“免费”吸引消费者，在使用的过程中，企业不断优化免费产品或服务的质量和性能，从而留住消费者，提高留存率和转化率。消费者使用得越久，使用增值服务的可能性也会越大。

互联网时代促销定价策略胜在：产品服务价格更低，更能吸引消费者；持续时间更久，不限于某个促销期间，消费者更易留存，具有增值性。

5）心理定价策略

利用消费者的心理感受来制定价格，如采用吉祥数字、整数等来增加消费者的购买意愿。这种策略能够提高产品的附加值，提升品牌形象。

（1）心理定价策略的四种形式。

① 整数定价策略。整数定价策略是指企业根据消费者求方便的心理，有意将产品价格定为整数，一般以“0”作为尾数。这种定价策略容易使消费者产生“一分钱一分货”的感觉。整数定价策略通常用于价格较高的休闲活动或项目。

② 尾数定价策略。尾数定价策略是指休闲企业根据消费者求廉的心理，在定价时有意定一个与整数有一定差额的价格。这种定价策略会让消费者产生一种错觉，即带有零头的数比整数小。除此之外，该策略还会使消费者产生“价格经过了精确计算”的感觉，从而对休闲企业产生信任感。

③ 声望定价策略。声望定价策略是指休闲企业利用消费者崇尚品牌、以价论质的心理，对休闲产品定以较高价格。实施这种定价策略，则休闲企业应在行业具有较高声誉，提供的产品服务属于业内高水平优质产品，且能不断改进；产品价格不能超过消费者心理上和经济上的承受力。

④ 习惯定价策略。习惯定价策略是指按照消费者习惯的价位进行定价的策略。消费者对于自身比较了解的或曾经购买过的产品，形成了其自身认可并接受的价格区间。这类产品的价格不宜随便变动。降低价格会使消费者怀疑产品质量出现问题，提高价格会使其产生不满情绪，导致转移购买。

（2）心理定价策略是互联网时代的进化。

① 充分利用消费者心理——付出感。提问：1 元秒杀与免费哪个效果更好？如“1 元吃大餐”“1 元看电影”“1 元买水果”，其实 1 元，基本就等于免费了。那它和真的免费送，对用户心理会有什么不同影响吗？

一是剔除无价值用户。一件明明不需要的东西，在免费的情况下，消费者就会想，反正是送的，自己不会有什么经济上的损失，一般会选择买。如果不买，会让人觉得失去了一次占便宜的机会，反而成了一种“损失”。所以，即使不需要这种商品，但它免费了，普通人内心欲望一定是“买”。但是，如果收费 1 元，那个东西对自己来说一无是处，大多数人会选择观望和思考。如果思索后发现自己还是有用到的可能，就会选择付费购买，并感觉自己买到了真正的便宜的东西。过 1 元的价格，可以过滤掉一大部分只想占便宜的人。

二是促进用户体验。花 1 元钱买了张电影票或者抵用券，有事用不了，可能会想办法协调时间或送给朋友，总之价值会得以体现。免费的东西，可能放在那儿，慢慢就淡忘了，去不了就浪费了。用户付出 1 元的代价试用产品，企业就获得了一个稳定可靠的渠道，效率比传统营销方式要高得多。而免费可能一大批人涌入，导致次序混乱，造成不必要的纷争。其实，用户参与这个活动时，会感觉体验差，让品牌口碑、资金都受到损失，导致品牌营销的失败。

② 充分利用消费者心理——稀缺感。为什么很多商品明明货源充足，却让你抢购并且标明倒计时，如“距离优惠结束还剩 4 小时”。即使 4 小时后商家又重置时间，变成距离优惠结束还剩 24 小时。

这是因为比起收益带来的快乐，消费者们更在意损失带来的不快乐。通过抢购和限时优惠营造的“稀缺感”，让消费者们觉得如果不参与这个促销，就失去了一次机会。而这种“失去感"激励他们迅速下单购买。

当消费者感知某个机会稀缺的时候，就会增加购买可能。例如，"双十一"就是营造稀缺的节日（限时＋限量的折扣抢购），大家聚集在同一天，也是在消费"稀缺感"。这个时候，消费者会对任何稀缺的、稍纵即逝的信息更加敏感，如果能够营造这种感觉，就会比平时更能瞬间抓住他们的注意力。

由此可见，互联网定价策略是传统定价策略的更新迭代。

任务 4.4　休闲活动营销渠道管理

4.4.1　休闲活动营销渠道的定义

拓展案例

休闲活动的营销渠道又称分销渠道，是指休闲产品或服务从生产者向消费者转移过程中所经过的、由中间环节连接起来而形成的路径。休闲活动营销渠道的起点是休闲产品或服务的生产者，终点是消费者，中间环节称为中间商。

4.4.2　休闲活动营销渠道类型

渠道以休闲企业能否自己开展销售为标准，分为直接分销渠道和间接分销渠道。

1. 直接分销渠道

直接分销渠道，又称零级营销渠道，就是不经过中间商，生产者把休闲产品或服务直接销售给最终消费者的渠道，即生产与流通两种职能都由生产者承担。形式有现场购买、电话购买等各种预订及景区自设零售系统购买。

2. 间接分销渠道

间接分销渠道是生产者借助中间商向消费者或用户销售产品的形式。间接分销渠道的中间环节可能只有一个，也可能有若干个。一个中间环节有时不止一个中间商，因此，参与销售的中间商的数量有时会大于中间环节的数量。

大多数休闲活动营销都要经过中间环节，间接分销渠道是休闲活动流通的主要渠道。中间商主要有休闲项目零售商、休闲项目批发商和休闲项目代理商。由于生产企业选用中间商的类型不同，选用的数量不同，形成了多种形式的间接分销渠道，主要形式如下。

1）生产者→休闲项目零售商→旅游者

由生产者把休闲产品出售给休闲项目零售商，再由休闲项目零售商转卖给消费者，中间经过一道中间环节。

2）生产者→休闲项目代理商→休闲项目零售商→消费者

生产者通过代理商行和经纪人等休闲项目代理商把休闲产品卖给休闲项目零售商，休闲项目零售商再将休闲产品销售给消费者。

3）生产者→休闲项目批发商→休闲项目零售商→消费者

生产者把商品出售给休闲项目批发商，休闲项目批发商转卖给休闲项目零售商，再由休闲项目零售商转卖给消费者，中间经过两道以上的中间环节。

4）生产者→休闲项目代理商→休闲项目批发商→休闲项目零售商→消费者

这是在第三种形式的生产者和休闲项目批发商之间加入了休闲项目代理商，生产者经由休闲项目代理商将休闲产品销售给休闲项目批发商。

4.4.3 休闲活动营销渠道的发展

1. 单渠道模式

单渠道策略就是指通过一条渠道(零售店、网店、社交商店等)完成销售的全部功能。

单渠道策略通常被认为是窄渠道策略，无论这一条渠道是实体店、邮购，还是网店。从技术上来说，单渠道时代就是"实体店铺"时代或是"网店"时代，为少数的客户提供服务。比如知名咖啡连锁企业星巴克始终坚持实体店直营，成长为世界最具价值的品牌之一，与始终坚持单渠道发展，注重产品品质和直营店服务标准关系密切。

单渠道策略的优势是能够低成本、方便快捷地进行部署，易于检测，让有竞争优势的品牌垄断市场，利润最大化。谈及劣势，单渠道策略严重地限制了潜在消费者的规模和多样性。除少数专业性比较强的产品或者贵重耐用消费品外，单渠道并不是一个可行的策略。除此之外，由于只有一个合作伙伴，合作关系一旦恶化，生产者将蒙受巨大的损失。

2. 多渠道模式

多渠道策略是指通过两条及以上独立完整的销售渠道完成销售的全部功能，每条渠道完成渠道的全部功能，通常实体店加网店的分销被视为多渠道。实际上，多渠道是多个单渠道的组合，每条渠道相互之间并没有统一的操作标准和规范，同时，每条渠道通常面对不同类型的客户。

多渠道是单渠道质量的提升，它帮助食品休闲企业开发市场，使其在营销活动中能够触及更广泛、更多样化的受众，并可以在不同渠道利用不同的营销活动策略抓取潜在的消费者需求。多渠道模式销售地区广，销售量大，且中间商数量较多，更有利于生产者进行选择。但是，由于销售点数量较多且销售点间关系复杂，渠道情况变化较大，存在产销关系又难以协调的弱点，如果这些多样的渠道不能流通以及实现连接，必然会导致运营效率低下，效果分析不清晰。

3. 跨渠道模式

跨渠道策略是在多种渠道环境下的一种整合战略，通过多条零售渠道组合完成销售的全部功能，每条渠道仅完成渠道的部分而非全部功能。一般来说，跨渠道是"实体店铺＋虚拟店铺＋移动商店"的结合。消费者可以在多个不同的渠道上完成同一购物过程的不同阶段。

休闲企业实施跨渠道整合战略后，顾客可以通过企业门户网站了解休闲产品或服务的相关信息，到实体店亲身体验以确定产品的选择，然后在虚拟店付款，使用后在网络平台给出产品评价，如出现问题则可以在实体店铺维修或退换。休闲企业通过对不同渠道和各个顾客接触点的充分整合，使顾客能在成本最优的情况下得到无缝衔接的购物体验。

多渠道策略和跨渠道策略看似相似，实际区别很大。多渠道策略表现为多渠道零售的组合，每条渠道完成渠道的全部而非部分功能；跨渠道策略则表现为多渠道零售整合，整合意味着每条渠道完成渠道的部分而非全部功能。例如，休闲企业可以通过网络与顾客进行商品介绍和推销，顾客在实体店体验，通过移动终端或网店完成交易，产生售后服务则在实体店进行维保等。

在跨渠道阶段，最具代表性的模式是 O2O 模式。O2O(Online to Offline 的缩写)又称离线商务模式，是指线上营销和线上购买带动线下经营和线下消费。O2O 通过打折、提供信息、服务预订等方式，把线下商店的消息推送给互联网用户，从而将他们转换为自己的线下客户，这就特别适合必须到店消费的产品和服务，如餐饮、健身、电影、演出、美容美发等餐饮服务与休闲企业。

4. 全渠道阶段

1) 全渠道的定义

全渠道是指企业采取尽可能多的零售渠道类型进行组合和整合销售的行为，以满足顾客在任何时间任何地点所产生的购物、娱乐、社交的综合体验需求。这些渠道类型包括有形店铺(实体店铺服务网点)和无形店铺(上门直销、直邮、电话购物、电视商场、网店、手机商店)，以及信息媒体(网站、呼叫中心、社交媒体、Email、微博、微信)等。在今天，几乎一种媒体就是一种零售渠道。

2) 全渠道的特点

(1) 全程。一个消费者从接触一个品牌到最后购买的过程中，全程会有五个关键环节：搜寻、比较、下单、体验、分享，企业必须在这些关键节点保持与消费者全程零距离接触。

(2) 全面。企业可以跟踪和积累消费者的购物全过程的数据，在这个过程中与消费者及时互动，掌握消费者在购买过程中的决策变化，给消费者提供个性化建议，提升消费者购物体验。

(3) 全线。渠道的发展经历了单渠道阶段、多渠道阶段、跨渠道阶段，到达了渠道全线覆盖的线上线下全渠道阶段。全线覆盖包括实体渠道、电子商务渠道、移动商务渠道的线上与线下的融合。

图 4.4.1 说明了单渠道、多渠道、跨渠道和全渠道策略的区别。

5. 新零售阶段

1) 新零售定义

新零售，是指即企业以互联网为依托，通过运用大数据、人工智能等先进技术手段，对休闲产品或服务的生产、流通与销售过程进行升级改造，进而重塑业态结构与生态圈，并对线上服务、线下体验以及现代物流进行深度融合的零售新模式。

2) 新零售的特征

新零售具有生态性、无界化、智慧型、体验式的时代特征，“新零售”的核心要义在于推动线上与线下的一体化进程，其关键在于使线上的互联网力量和线下的实体店终端形成真正意义

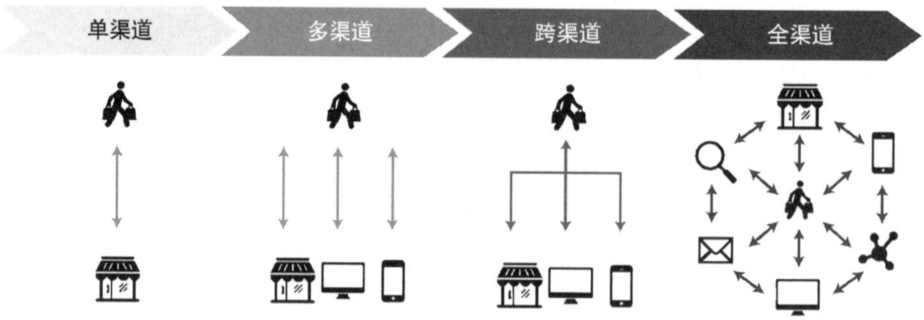

图 4.4.1 各渠道策略的区别

上的合力，从而完成电商平台和实体零售店面在商业维度上的优化升级。同时，促成价格消费时代向价值消费时代的全面转型。

3）新零售主要模式有三种

新零售主要模式有三种：①线上线下与物流结合的同时，实现商品与物流渠道整合；②提供更广范围内的体验式消费服务，实现消费场景化；③营造包括零售企业内部员工及上下游合作伙伴的新零售平台，即打造全渠道产业生态链。

新零售只有与新制造、新金融、新技术和新资源等相结合，才能实现良性发展。

互联网时代，年轻消费群体越来越依赖网络平台，他们往往更倾向于选择来自网红博主、明星、知名主播等群体所推荐的产品服务，对传统实体零售形式缺乏兴趣，在新零售下的场景革命中，积极表达着“娱乐、互动、体验”的诉求。休闲企业应以消费者需求为导向，将商业环境融入娱乐、艺术、人文的主题，嫁接更多跨界元素，为消费者提供人性化的关怀、多元化的体验，形成新的商业空间和氛围。

任务 4.5 休闲活动促销策略

休闲活动促销主要有两种方式：直接促销和间接促销。随着休闲活动营销的不断发展，将间接促销和直接促销结合起来是更为有效的促销方法，而这两种促销方法都离不开促销工具。从促销工具上来说，主要有四种形式：人员推销、广告促销、公共关系、销售促进。

拓展案例

1. 人员推销

人员推销是指休闲企业派出推销员或宣传员、介绍员直接与客源市场或客源市场的中间商和目标层进行交流，运用灵活多变的方式刺激欲望、诱导消费。人员推销是一种最普遍、最基本的促销工作方式，在促销信息传递方面属双向传递。人员推销可以较为直接和及时地推广产品并了解旅游者的意向和市场竞争状况，使企业得以及时、合理地调整营销策略。

但人员推销的市场面较窄，成本费用较高，而且消费群体分散、难以分辨，推销人员与消费者或潜在消费者面对面地传递信息客观上存在困难。

2. 广告促销

广告促销是由休闲企业向媒体公开支付费用，以非人员的任何形式，通过各种媒体把休闲产品或服务或休闲企业品牌形象等信息传送给公众，广而告之，促进销售的方式。广告促销是一种非人员推销，在信息传递方面属于单向传递。作为促销工具，广告能迅速传递休闲产品或服务的信息，具有传递面较大、传递速度快、推销面广等优点。

但广告促销也存在着宣传的针对性不强、游客反馈较难等不足。

3. 公共关系

公共关系是通过各种传播方式与相关公众进行交流与沟通，形成相互了解、信赖的关系，能够帮助休闲企业树立良好的企业形象，提高品牌知名度，争取社会公众的理解和支持，以及助力新产品开拓市场等。公共关系本质上是一个双向传播与沟通的过程。

常见的公共关系工具主要有新闻宣传、热点事件、公益活动、出版各类刊物等。

4. 销售促进

销售促进是指休闲企业在特定时期与区域范围内，采用各种刺激手段鼓励消费者购买休闲产品或服务。销售促进也称营业推广。在中国，销售促进作为一种竞争性工具，休闲企业在其投入费用总额中已超过了广告投入费用总额。销售促进的例子也比比皆是，比如生活中常见的买一送一，第二个半价，电商购物节中的跨店满减等活动均是销售促进。休闲产品中也常有新客户首单打折等也属于这种情况。

销售促进是竞争中的一把双刃剑，市场竞争加剧，休闲产品同质化严重的情况下，企业往往利用促销方式增加消费者对产品的认识，扩大企业销售量。而过度使用这种促销策略，会降低消费者对产品价值的认知定位，最终影响总销售额的达成。

休闲企业的销售促进决策包括四个步骤：确定销售促进目标，选择销售促进工具，制订销售促进方案，销售促进方案的实施与评价。销售促进也称营业推广或特种推销，是企业运用各种手段，鼓励购买或销售产品和服务的促销活动。销售促进是非常规的、非经常性的推销活动，作为人员推销和广告促销的一种补充，一般用于暂时的和额外的促销活动。如某度假村推出的“旅游观光优惠月”活动。

项目小结

休闲活动营销管理是休闲企业为了实现其经营目标，通过以需求为核心的市场活动分析、规划、执行和控制而实施的构思、定价、促销的一系列管理行为，其实质是对需求的管理。因而休闲活动营销管理是休闲活动策划的基础，休闲活动策划是休闲活动管理的手段，二者的最终目标都是达到顾客满意，实现休闲企业利润最大化。

通过本项目的学习，学生能够了解旅游地生命周期理论，控制和调整主题公园生命周期的策略，掌握搜索引擎、微信、微博、网站等常见休闲活动网络营销工具的使用原理及特点，熟悉休闲活动定价方法及定价策略，掌握直销渠道与分销渠道的区别，理解跨渠道策略、全渠道阶段以及新媒体等营销渠道的新发展方向，熟悉人员推销、广告、公共关系、销售促进等促销策略。

参考文献

[1] [美]菲利普·科特勒(Philip Kotler)，加里·阿姆斯特朗(Gary Armstrong). 市场营销原理[M]. 郭国庆，译. 北京：清华大学出版社，2020.
[2] 张维亚，汤澍. 休闲学概论[M]. 大连：东北财经大学出版社，2021.
[3] 孟涛. 市场营销策划[M]. 大连：东北财经大学出版社，2022.
[4] 杜鹏，樊帅. 市场营销策划[M]. 大连：东北财经大学出版社，2022.

项目5 休闲项目安全管理

学习目标

熟悉旅游安全、岛屿旅游安全、极高山旅游安全、自助旅游安全、体育旅游安全、大型活动安全、游乐设施安全等内涵和特点，掌握旅游安全、岛屿、极高山、自助、体育等专项旅游、大型活动和游乐设施安全问题的影响因素、管理的基本原则和要领。

任务 5.1 认识旅游安全

5.1.1 旅游安全的内涵

拓展案例

旅游业是一个具有敏感性和脆弱性特点的综合性产业，比较容易受到外在环境中各种因素的影响。因此，旅游安全在旅游业中扮演着极其重要而特殊的角色。旅游安全不仅是旅游活动得以顺利进行的保障，也是确保旅游业发展的前提。

常规上所讲的旅游安全仅指旅游者安全，即旅游者在游览过程中的人身、财产和心理安全。但旅游活动的顺利进行，除了旅游者以外，还涉及旅游资源以及一系列相关的服务设施、设备，它们也同样面临安全隐患的困扰，同样也会制约旅游业的发展，如旅游资源破坏严重，降低了吸引力；向游客提供服务的企业或部门由于内部或外部因素影响无法保证服务质量等。因此，旅游安全的内涵应该更广，覆盖的范围也应该更大。根据旅游学研究要素，旅游安全问题应该分为旅游主体安全（旅游者安全）、旅游媒介安全（旅游产业安全）、旅游客体安全（旅游资源安全）。

5.1.2 旅游安全问题的表现形态

1. 旅游主体安全

（1）交通事故。具体分为航空事故、水难事故、景区交通事故以及缆车事故等。

(2) 犯罪。旅游业中存在的犯罪现象数量众多,具有一定的规律和特点,大体可分为三大类。一是侵犯财产的犯罪,其核心就是非法获取旅游者的钱财。二是危害人身安全的犯罪。该犯罪是在侵犯财产的同时侵犯旅游者的人身安全。三是性犯罪和与毒品、赌博等有关的犯罪。毒品、赌博等虽然并不一定给旅游者带来直接的安全威胁,但其本身是犯罪的温床,是威胁旅游安全的潜在因素之一。

(3) 火灾与爆炸。火灾与爆炸往往给游客的生命财产安全和旅游业造成灾难性的影响,如基础设施被破坏、财产遭受损失等,甚至造成整个旅游经济系统的紊乱。

(4) 疾病或中毒。由于旅游具有异地性,旅途疲劳和食品卫生等问题常常诱发此类事件。

(5) 游乐设施安全事故。如机械游乐设施安全事故、水难事故、航空热气球事故、景区交通事故(缆车)等。

(6) 旅游活动安全事故。如攀岩事故、探险事故等。

(7) 其他意外安全事故。旅游安全表现出复杂性和突发性,往往会发生特殊、意外的事件。

2. 旅游媒介安全

旅游媒介安全即旅游产业安全。旅游产业安全是指一个国家或地区的旅游产业运行环境、市场需求与供给要素之间处于相互适应、协调发展、持续增长的状态,通过对旅游产业的运行,旅游经济体系能够实现旅游资源的优化配置,具有可持续发展的能力。旅游产业安全侧重于宏观层面和长期的发展趋势,一旦呈现不安全运作状态,旅游业和其他相关的产业都会受到制约。

决定产业发展的因素是全方位的,大体上可概括为内生因素、外生因素和突发因素。内生因素源于某一区域的旅游产业内部僵化或者要素的不协调发展,进而减少产业提供产品的能力及创新能力。外生因素主要源于旅游者需求发生变化及竞争对手的竞争能力提高,这些因素通过一定的传导机制可能使某一区域的旅游产业安全处于较低级别。突发因素主要指疾病等公共卫生问题、政治动荡、经济危机等。它们可能在短期内对旅游目的地的旅游产业产生强烈的抑制作用。

3. 旅游客体安全

旅游客体安全即旅游资源安全。旅游资源是发展旅游业的基础,如果在旅游业发展中只注重经济效益和眼前利益,对旅游资源过度开发,保护不力,造成生态环境和文物的破坏,不仅直接影响旅游业的发展,也关系到整个社会的科学、协调发展。

5.1.3 旅游安全的特征

一是隐蔽性。旅游活动中的安全问题为数不少,但由于旅游安全问题本身的敏感性所带来的负面影响往往易被旅游经营管理者所掩盖,因此,旅游活动中实际发生的安全问题具有隐蔽性特征。

二是复杂性。旅游活动是一种开放性的活动,而旅游企业正是为开放性活动提供各种服务的企业。旅游景区作为一个公共场所,每天接待大量的人流,鱼龙混杂,同时也有着天然的不安全因素。因此，旅游安全表现出极大的复杂性。

三是特殊性。在旅游活动中，旅游者为追求精神愉悦与放松，常常对安全防范有所放松，因此，旅游活动过程中发生的各类事件不同于一般民事案件或刑事案件，有其自身的规律性和特殊性。

四是突发性。在旅游活动中发生的各种安全问题，往往带有突发性。例如旅游活动中的很多安全问题都是在极短的时间内、在毫无防备的状况下发生的。旅游中的自然灾害也具有突发性。

五是广泛性。旅游安全问题存在于旅游“六要素”的各个环节，几乎所有的环节都有安全隐患存在。因此，旅游安全具有广泛性特征。

六是巨大性。旅游安全问题造成的危害和破坏巨大。旅游安全问题不仅使旅游者蒙受巨大的经济与名誉损失、遭受生命威胁，而且更进一步从社会角度看，将可能造成旅游企业的财产损失等，从而使整个社会受到巨大的损失。

5.1.4 制约旅游安全的主要因素

1. 政治因素

政治因素主要包括：①国家内部政局状况。政局不稳定的国家，很难吸引国际游客的前往。②与其他国家的外交关系状况。与其他国家的外交关系不融洽，甚至发生战争时，自然谈不到旅游业的发展、旅游资源的保护、旅游者的人身安全等问题。

2. 经济因素

经济危机的影响、贫富差距引发的问题，对旅游安全有很大影响。在全球经济一体化的今天，各国间的经济关联比以往任何时候都要紧密。因此，哪一个国家或地区发生了经济危机，都会引发有商贸往来国家的经济震荡，会使各国旅游业遭受打击或重创。除此之外，贫富差距过大以及由此而带来的社会矛盾和纷争，也会对旅游安全问题产生一定的影响。

3. 法律因素

法律因素对旅游安全影响最大的是相关法律、法规不配套、不健全，或者未能严格执行，从而影响旅游活动的顺利开展，使旅游者的合法权益得不到保护，影响旅游业的可持续发展。

4. 社会文化因素

一是社会治安条件。社会的安全程度决定着旅游安全实现的可能性。如果旅游目的地治安案件频发、偷盗者横行，旅游安全自然难以保证。

二是旅游目的地居民与旅游者之间的矛盾。随着旅游者数量的日益增多，当地居民传统文化和观念受到冲击，更容易引发当地居民与旅游者的矛盾。

5. 自然因素

台风、海啸、暴风雪、地震、泥石流等自然灾害，对旅游者、旅游从业人员的人身和财产都会造成威胁，对旅游资源的破坏性也极为巨大，严重影响、限制着旅游安全的实现。

6. 旅游系统自身因素

旅游系统自身也有诸多因素成为旅游安全实现的障碍，如旅游行政管理部门和旅游企业的管理能力、旅游从业人员和旅游者的安全意识等。旅游系统自身一旦出现问题，就会给旅游安全带来不良后果。

7. 其他因素

高原反应、极端气温、凶禽猛兽、有毒动植物、森林火灾等也都会影响旅游安全的实现。另外，科技的发展为旅游业的发展提供了推动力，如交通技术的发展使旅游者的出行更加便捷，声控技术和光学技术在旅游人造景观上的运用增加了旅游景点对游人的吸引力等。同时，也应意识到，如果在设计、施工、使用等阶段出现失误，则再先进的科技也有可能成为旅游安全隐患。

5.1.5 加强旅游安全保障的措施

1. 发挥政府在旅游安全体系构建中的主导作用

首先，政府具有制定社会秩序、行政规划的权力，政府应具备长远的旅游安全视野。旅游行业的安全标准、旅游经营者的安全规范、旅游保险和旅游救援的规范，以及旅游者在旅游过程中应当遵从的行为准则，都包含在政府对旅游安全的思考范围之内。

其次，及时发布旅游安全警示与安全预案。旅游安全警示可以以警告、提醒等各种方式向旅游者提示，目的是为旅游者提供有效的信息。把可能出现的危险事先向旅游者传达出来，对旅游安全保障十分必要。如 2006 年 4 月，我国公布的《中国公民出境旅游突发事件应急预案》中第一次对旅游安全警示做出了具体的规定，按照旅游安全的轻重程度，采取提示、劝告、警告三种警示形式。2006 年 1 月，国务院发布了《国家突发公共事件总体应急预案》，将突发公共安全事件分为四级，依次用红色、橙色、黄色和蓝色表示。

另外，营救旅游者是政府不可推卸的责任。随着中国公民国内旅游和出境旅游的发展，旅游救援问题逐渐显露出来。目前我国在探险旅游中一些安全事件的救援，主要靠政府力量来进行。但从长远看，政府除了参与救援外，更主要的是建立旅游救援制度，扶持救援机构的建立。

2. 完善旅游经营者在旅游各环节的安全操作

每一个旅游经营者、旅行社及旅游交通部门都有责任保障旅游者的健康，将旅游者在旅游、访问中出现问题的概率降至最低。因此，旅游经营者在旅游的各环节必须做到安全操作，要对食、住、行、游、购、娱六个环节全面实施安全管理，真正做到饮食安全、住宿安全、旅行安全、游览安全、购物安全、娱乐安全。

旅游活动中的饮食直接影响着旅游者的健康状况，进而影响着旅游活动能否顺利完成。旅游饮食中的安全问题首先是食物中毒和营养不良引发的不适。为确保旅游饮食安全，要对食品卫生进行安全管理，做到餐饮生产卫生、餐饮服务卫生、旅游者个人卫生。第二是对饮食场所消防进行安全管理，避免电气失火、烹调起火、抽烟失火、管道起火、加热设备起火以及其他人为因素的火灾等。第三是对旅游饮食场所进行防盗管理，杜绝在旅游饮食场所发生盗窃，加强治安管理。

住宿也是旅游活动中不可或缺的部分。旅游住宿中的安全问题主要表现为偷盗、火灾、逃账等问题。为确保旅游住宿安全，住宿场所管理者应根据住宿场所的特点，根据国家的有关法规，制定出科学、有效的安全管理的计划、制度与措施，并使这个计划、制度与措施和住宿场所（饭店）的经营管理工作紧密结合起来。

旅行是旅游者借助各种交通工具，来往于居住地到旅游目的地或者是旅游目的地间的空间位移活动。旅行安全事故主要有旅游交通事故、疾病、黄赌毒、犯罪、自然灾害以及特殊事故等表现形态，其中又以旅游交通事故、犯罪最为经常发生。旅游交通安全管理法规是旅游安全管理的依据，是旅游交通安全管理的基础。与旅游交通安全管理有关的交通管理法规有道路交通法规、铁路交通法规、水上交通法规、航空运输法规等。

游览是旅游活动中的核心环节。与其他安全管理相比，游览安全管理具有安全责任更大、安全管理难度更大、技术要求更高、不安全因素更多的特点，因此，游览安全管理比其他安全管理更为复杂和困难。游览安全主要有景区犯罪、自然灾害、旅游设施安全事故、疾病、火灾以及其他意外事故等表现形态。为确保旅游者的游览安全，必须建立包括安全岗位责任制、领导责任制、主要岗位安全责任制、安全管理工作制度、经济责任制等在内的景区安全管理制度，并在具体工作中认真落实和遵守。

旅游购物是我国旅游活动六个环节中最薄弱也是最有发展空间的环节之一。购物安全主要表现为欺诈、偷窃、勒索、火灾等方面。旅游购物安全管理对于其他旅游安全管理而言相对较为薄弱，主要应从旅游购物安全和旅游购物行业安全教育两方面入手，在加强旅游购物行业安全管理的同时，加强对旅游者的购物安全教育，让旅游者提高警惕，增强消费安全意识。

随着旅游业的发展，各种各样的娱乐活动丰富了旅游者的活动内容。健康、文明的旅游娱乐活动不仅可以开阔旅游者的眼界、充实旅游活动内容，还能帮助旅游者进一步了解各地文化，起到推动中外文化交流的作用。为确保旅游者在游乐场所的安全，我国制定了安全管理标准与法规条例，贯彻实施这些标准对保障娱乐安全起到了巨大作用。当前对黄赌毒的防控与管理仍然是一项长期艰巨的任务，应从行业控制与管理、旅游者禁黄赌毒教育与管理等方面同时入手。

3. 旅游者自身务必树立“安全第一”的观念

即使旅游者购买了全包价旅游产品，也应在安全问题上避免对旅游企业的过分依赖，应树立“安全第一”的观念，提前做好预防性措施，最大限度地杜绝和避免旅游安全事故的发生。这就要求旅游者掌握必要的旅游安全常识，旅游行程开始前对旅游目的地的基本情况做一些了解。尤其对出境游客来说，更应注意以下问题：①了解旅游目的地的相关禁忌；②了解相关国际公约和目的地国家和地区的相关法律；③了解不同国家和地区的海关规定。

任务 5.2 专项旅游活动安全管理

5.2.1 岛屿旅游安全管理

拓展案例

1. 构建岛屿旅游安全管理系统的必要性

1）由岛屿旅游的特殊性所决定

岛屿旅游是指在江、河流、湖泊、海洋等水域的岛屿及周围水域中开展的观光、休闲、娱乐、游览和度假等活动。岛屿旅游安全管理是一个十分复杂的工程，它不仅具有一般旅游安全管理的内容，还需要考虑岛屿特殊的地理、气候等因素，需要与气象、交通、海防等各个有关部门进行合作与沟通。除此之外，还必须保证岛屿旅游安全管理部门之间的沟通顺畅、指挥统一。岛屿旅游安全管理的复杂性和综合性要求岛屿旅游安全管理要有一套合理的系统来进行规范。

2）保护岛屿生态环境的需要

岛屿在地理上是独立的单元，生态环境单一，旅游承载力有限，生态环境十分脆弱，是旅游安全事故的易发区。而岛屿旅游安全管理系统的构建可以通过控制游客量等手段，最大限度地维护岛屿旅游的生态环境，使岛屿旅游生态环境处于最佳状态。因此，岛屿旅游安全管理系统的构建是保护岛屿旅游生态环境的必要手段。

3）减少岛屿旅游灾害损失的必然要求

岛屿特殊的地理位置决定了其是自然灾害频繁和不可预见性事故的高发区，再加上岛屿旅游休憩性强、依海活动项目多、受自然因素影响大、游客在景区逗留时间长等特点，使岛屿旅游安全对人体健康的威胁和事故或灾害造成的经济损失巨大。2011 年 3 月 11 日下午，在日本东北地区的太平洋海域发生了一起里氏 8.8 级的巨大地震，这场地震随后引发了一场规模巨大的海啸，海啸几乎侵袭了日本列岛太平洋的所有地区，导致南亚丧生 25 万人，直接经济损失 2 万亿日元。这场威力巨大的海啸不仅造成了巨大的伤亡，而且其衍生灾害还导致了福岛核电站的核泄漏。因此，如何减少岛屿旅游灾害损失是岛屿旅游安全管理的核心，这就必然要求岛屿旅游安全管理要有一套能够及时传递有效信息、做好预防救援工作的系统。

2. 构建岛屿旅游安全管理系统

1）信息管理系统

信息管理系统主要由天气预报信息、环境污染信息和旅游容量信息三个子系统构成，每个子系统都有信息的收集和报送两个环节。岛屿是海啸、地震、台风、赤潮等自然环境灾害发生的敏感区，旅游安全有很强的不可预见性，及时、准确的预警信息有利于缓解和减少其带来的巨大经济损失和对人们生命财产的威胁。岛屿旅游安全预警应实时监测潮差、天气、海水水质等指标数据并进行对比分析，预测可能引发的各种危及旅游安全的灾害与事故，同时根据可能发生的危害程度，发出不同级别的警报。

2）安全预警系统

安全预警系统由环境污染预警、环境容量预警两部分组成。

岛屿旅游会造成旅游区海水、固体垃圾、空气和噪声等环境影响。为了控制和减缓污染，确保旅游者身体健康，必须实时监测岛屿的海水水质、空气质量、气象要素、海滩游客量、海水涨落等情况，对污染物超标可能发生污染事故的地区发出预警信息。岛屿旅游环境容量是指岛屿旅游区环境各要素在特定时期内所能承受的旅游者人数和旅游活动强度。旅游环境容量是旅游安全管理中的关键性问题，可以通过计算得出。

3）安全监督系统

安全监督是岛屿旅游安全管理的必不可少的一个环节。只有建立有效的岛屿旅游安全监督系统，才能保障其他管理系统的有效运行。以旅游六要素为监督对象，安全监督系统又可细分为餐饮、住宿、交通、游览、购物、娱乐六个项目的监督。岛屿旅游这六个要素的安全标准除了符合一般的标准外，由于岛屿淡水资源缺乏，餐饮的安全监督要特别关注水质的监测。另外，水上交通和海上旅游项目也是岛屿旅游安全监督的重点。

4）应急救援系统

由于岛屿旅游自身的特点，事故一旦发生，如果得不到及时、有效的处理和控制，会造成重大损失。因此，必须制定事故应急预案，有效地降低事故造成的损失。

岛屿旅游除环境脆弱特征外，游客多以休憩、度假、疗养为主，逗留时间长，人口高度密集，对旅游景区环境容量要求较高。由此引发的旅游安全事故种类多、情况复杂，同时事故应急救援涉及面广，涵盖了气象、环保、公安、医疗、海上救助、交通、社区服务等不同领域，这些都给事故的应急处理带来了困难。岛屿旅游安全预警与事故应急救援系统的建立应实现各部门间的联合互动，帮助决策者选择合理预案，为现场应急方案的最终制定提供科学依据。

5）生态安全系统

岛屿上的资源大多为不可再生资源，并且这些资源一经破坏则很难恢复，甚至还会引发安全事故。因此，岛屿生态安全系统的建立也是岛屿旅游安全管理关键的一环。外来物种的进入可能对岛上原有的生物造成威胁，游客不经意间从外面带来的生物物种是岛屿生态安全应该防范的，因此，有必要设立外来物种的控制系统，保护岛屿的生态环境和旅游资源，使岛屿的旅游环境、旅游资源安全有所保障，旅游环境容量得到有效控制，岛屿旅游实现可持续发展。

5.2.2　极高山旅游安全管理

极高山凭着得天独厚的天然条件与旅游资源在探险、登山、科考等特种旅游市场有着巨大的发展潜力。相对于观光旅游，开展该种旅游活动的风险是不言而喻的。为确保极高山旅游健康可持续发展，其旅游安全保障体系的建立和实施必须跟上旅游发展的速度。

1. 极高山旅游的特征

地貌学界按山地形态和高度，习惯上把中国山地划分为极高山、中山、低山和丘陵五类，海拔在 5 000 m 以上的山称为极高山。中国境内的极高山众多，其中以世界第一高峰珠穆朗玛峰（海拔 8 848 m）以及世界第二高峰乔戈里峰（海拔 8 611 m）最为险要。

极高山很早就成为登山运动员、探险家和科学工作者攀登和考察的对象。目前，绝大多数极高山既是风景区，又是自然保护区。极高山气候复杂多样，植被完整，生态环境原始，景区内风光优美，有森林、瀑布、温泉、湖泊、冰川、雪峰等自然资源形态，是开展科考与旅游活动的极佳场所，因而日益受到普通旅游者的青睐。

然而，因极高山地势崎岖、位置偏僻、气候多变、交通不便，再加上相当部分景区的开发和管理不完善，旅游设施不足等，在给旅游活动提供广阔空间的同时，也给普通旅游者带来了诸多的安全隐患。为了保证极高山旅游健康可持续发展，建立一套科学、合理、具有可操作性的极高山旅游安全保障体系尤其重要。

2. 极高山旅游安全问题影响因素

影响山地景区旅游安全问题的因素诸多，如特殊的地理环境、山地交通的危险性、游客安全意识的缺乏、景区安全设施的滞后等，将影响山地景区旅游安全问题的因素总结为人员因素、物的因素、环境的因素以及管理的因素，其中人、物、环境为直接因素，管理为间接因素，人、物、环境等因素可以通过管理来规避或控制。

1）人员因素

旅游活动涉及的主体包括旅游者、旅游从业人员、旅游地居民，这三类人员都对极高山旅游安全有不同程度的影响。其中旅游者的安全意识高低、身体素质、性格特征、环境熟悉程度、旅游经验等，都对极高山旅游安全问题的产生有重要的影响，而游客的安全意识尤为重要；旅游从业人员的安全服务意识、安全知识水平、业务水平及从业人员健康状况均会影响极高山旅游安全；旅游地居民的安全法治观念、对待游客的态度等也会对极高山旅游安全造成不同程度的影响。

2）物的因素

物主要指机械、设施设备、工具等，物的安全涉及其功能安全、可靠性等。极高山景区交通类型多样安全系数较低，涉及公路、索道、登山步道等，加之山地景区由于地形崎岖，交通道路条件复杂，极易出现交通安全事故。一套完备、智能、运行良好、维护及时的景区安全设施设备不仅能降低发生安全问题的概率，也能在紧急安全事件时最大化降低旅游安全问题所带来的各类损失与伤害。

3）环境因素

环境因素主要涉及所有能影响极高山景区安全的空间及其范围内的一切物质状态所产生的因素。极高山景区内部拥有较为复杂多变的自然地理环境，包括地质构造、气候条件、山地生态环境脆弱性、野生动植物等在内的自然环境或多或少都存在不同程度的安全隐患，容易影响景区旅游安全。而景区内部以及景区所处地市、省域甚至国家的社会环境也会影响景区旅游安全，如政局稳定程度、地域文化冲突、当地治安环境、当地医疗救援条件、景区内部游客密度等都会对极高山景区旅游安全产生一定的影响。

4）管理因素

极高山旅游景区的安全管理需要景区、政府部门、旅游企业等多方协调。其中政府部门的安全政策法律法规健全程度、执行力度是极高山景区旅游安全的根源性政策保障，而极高山景区内部安全管理部门对景区旅游安全问题具有针对性的影响，如景区旅游安全宣传教育情况、旅游安全投入力度、景区安全管理制度完善度、旅游安全重视程度、各部门协调执行能力、安保系统完善度、安保系统智能化程度、管理理念的科学性、管理机制的智慧化程度、安全文化氛围等，这些因素能集中反映景区安全管理的水平，对极高山景区旅游安全影响重大。

3. 极高山旅游安全保障体系

一套完善、科学的旅游安全保障体系是旅游者旅游活动能够安全、顺利进行，旅游业得以正常健康发展的关键。建立包括旅游者安全保障、旅游从业人员安全保障、旅游资源安全保障在内的旅游安全保障体系，为各地的旅游安全管理相关部门与机构提供宏观和微观方面指导至关重要。

1）旅游安全政策法规

与旅游安全相关的政策法规是旅游安全保障体系的基础，指导并规范着旅游安全保障体系中的预警、控制、施救等环节，并为旅游安全管理提供法律依据。为了确保极高山观光休闲旅游和特种旅游的可持续发展，其政策法规应包括旅游安全法、户外运动法、登山旅游管理条例、探险旅游管理条例以及相关的休闲旅游管理条例等。这些旅游安全政策法规的设立与出台将确保极高山旅游健康可持续发展，约束旅游相关方的行为，降低极高山旅游安全事故发生的概率。

2）旅游安全预警

极高山旅游安全预警的实现必须依靠信息来支撑，有关安全的信息应由专门的信息机构进行收集、分析，并制定相应的对策以及发布信息。针对极高山旅游活动的特征以及容易出现的安全事故，信息应包括自然条件方面的因素，如气候变化带来的安全隐患，地质地貌引起的地震、塌方、泥石流等自然灾害，以及人为因素如交通治安等。旅游安全预警应重点针对两种情况：一是对可能发生事故及灾害的区域提前发出预测和预警信息，防止或避免其发生；二是对已发生的安全事故发布报警信息，减少事故损失，保护旅游者的生命与财产安全。

3）旅游安全控制

旅游安全控制是旅游行政主管部门、旅游企业、旅游者及其他社会机构之间通过制度、政策控制和利益协调而相互影响、相互作用的管理过程。极高山旅游安全控制可以从极高山旅游制度、技术和旅游文化三方面进行，三者相互联系，密不可分。

4）旅游安全救援

旅游安全救援是为预防、控制和消除旅游景区对旅游者生命、财产和景区资源造成重大损害所采取的救援行动。旅游安全应急救援指挥体系应在应急救援指挥中心的统一指导下，由领导机构、协调机构、专家组、救援机构和支撑保障部门组成。同时，在这个体系中，各级政府相关部门应起到重要的作用。

5）旅游保险

旅游保险可以分散旅游风险，保障旅游企业和旅游者的权益，旅游企业或组织在开展旅游活动时应购买相应的责任险。除此之外，针对极高山开展的特种旅游，旅游险种应具有针对性，普通旅游者除了购买人身意外险外，还应购买旅游救助险。该险种是专门针对山地旅游活动而设立的一种保险项目，它将原来的旅游人身意外保险的服务扩大，将传统保险公司的一般事后理赔向前延伸，变为事故发生时能提供及时有效的救助。

5.2.3 体育旅游安全管理

1. 构建体育旅游安全体系的必要性

体育旅游已成为当今一种重要的旅游活动形式，徒步旅游、骑马旅游、登山旅游、狩猎旅游、滑雪旅游、野营旅游、自行车旅游、自驾车旅游、探险旅游、漂流、攀岩等具有一定刺激性和挑战性的体育旅游项目吸引了大量体育旅游爱好者，体育旅游在满足人们的精神需要和促进国民经济发展方面，都发挥着日益重要的作用。

在体育旅游迅猛发展的同时，旅游者的安全保障问题日益突出。体育旅游者通过挑战和超越自我而获得满足和愉悦，正是体育旅游的魅力所在。有些体育旅游项目（如攀岩、蹦极、探险等）本身具有一定的危险性，一些大型体育旅游活动的顺利开展，也更需要安全措施的保障。因此，如何做好体育旅游安全管理成为影响体育旅游活动持续发展的重要问题。

2. 影响体育旅游安全的因素

1）自然环境因素

如在体育旅游过程中，发生的山洪、滑坡、泥石流、暴风雪等自然灾害，或体育旅游者不慎接触到有毒动植物，遭遇凶猛野兽等。

2）人为因素

如体育旅游设施存在质量问题、交通车辆车况不佳、景区防护设施缺乏、食物中毒、刑事犯罪等。而所有这些原因，归根结底是由以下方面造成的。

一是政府对体育旅游业的宏观调控和管理力度不够；二是目前许多体育旅游企业（如旅行社、旅游景区景点）经营管理不善，经营理念落后，安全意识淡薄，硬件设施跟不上；三是部分体育旅游者安全意识淡薄，过分信赖活动组织部门。

无论是自然环境因素还是人为因素，安全事故并不是不可避免的。只要体育旅游各相关方面积极行动起来，发挥各自的作用，尽职尽责，一定能构建出既能保障体育旅游者的安全，又能促进各方自身持续发展的体育旅游安全体系。

3. 构建体育旅游安全体系的措施

旅游行政组织是代表政府直接管理旅游业的组织。无论在何种旅游业发展模式中，保护旅游者的安全都是旅游行政组织的主要职能之一。旅游行政组织在保障体育旅游安全方面的职能主要有以下几点。

（1）完善相关法律、法规。中国现有的体育旅游方面的法律、法规还很不完善，为了满足体育旅游发展的需要，亟须出台更多的法律、法规。体育旅游活动的开展不只涉及旅游方面的法律、法规，还涉及体育方面的法律、法规，这就需要旅游行政组织要加强与体育行政组织的协调和沟通，取得体育行政组织的支持和配合。

（2）协调、沟通和合作。建立和健全安全检查工作制度，根据不同时期的不同重点，联合各部门开展旅游安全检查，强化旅游安全管理，消除旅游安全隐患，特别要加强对汽车、游船、轮渡、缆车等游客运载工具，攀岩、蹦极、探险、漂流、射击、大型游艺机等容易发生安全事故的旅游项目和装备，以及容易发生火灾、食物中毒以及群死群伤事故的大众娱乐场所、餐馆摊点等设施和场所的重点检查。

（3）建立体育旅游安全预警机制。自然灾害、疾病、社会治安等许多突发事件对体育旅游业都会有影响，但如果我们有相应的安全预警机制和措施，会把损失降低到最低程度。由于企业的信息获取渠道有限，旅游行政管理组织应该完善公共信息平台，对国内外一些影响体育旅游的事件，如疫情、社会问题、地质灾害等予以发布并警示，引导游客分流，防止拥挤、踩踏等安全事故的发生。

4. 体育旅游行业组织

体育旅游行业组织是指由旅游、体育、体育旅游有关社团组织和企事业单位在平等自愿的基础上组成的各种行业协会，代表和维护会员的共同利益和合法权益，在旅游行政组织和体育旅游企业之间发挥桥梁和纽带作用，协助旅游行政组织加强对体育旅游行业的宏观管理，具有协调和监督作用。

体育旅游行业组织可以通过以下方式，发挥其协调、监督作用，保障体育旅游者的安全。一是向会员宣传政府制定的安全相关政策、法律法规并协助贯彻执行。二是组织会员订立行规、行约并监督遵守，加强行业自律，规范和监督会员的行为，从而保障体育旅游者的安全。三是定期检查企业会员的经营管理，对安全措施良好或发生安全事故的会员采取相应的奖惩措施。四是通过制定质量标准，搞好质量管理工作，不断提高体育旅游企业的服务质量，从而防止安全事故的发生。

5. 体育旅游企业

体育旅游企业是体育旅游服务的直接提供者，其经营管理直接关系到体育旅游者的安全。体育旅游企业的安全管理职能主要包括以下几个方面。

(1) 加强安全意识，遵守安全法律、法规。在企业内部设立安全管理机构，配备安全管理人员，制定安全管理规章制度，实施安全责任制。对重大体育旅游活动，要制定安全保护预案和急救措施，重视对服务设施的定期检查和保养，及时发现安全隐患，防患于未然。

(2) 在企业内部建立安全预警机制。出游前必须与旅行社签订详尽的全程合同，落实旅游安全和卫生等各项防范保险措施，告知旅游目的地的基本情况，如某种疾病的多发季节、多发区，地区水质如何等，并告知应采取的相应措施。

(3) 加强对员工的安全教育。包括安全意识的教育和安全措施的培训，为体育旅游者提供服务，保障体育旅游者的安全。

(4) 重视对体育旅游者的安全教育，发挥他们保护自身安全的主观能动性。可在出行前和旅途中，抓住适当时机对他们进行安全教育，培养他们的安全意识，并传授安全自救方法。

6. 体育旅游者

(1) 提高体育旅游者的安全意识。安全防范意识是指对不安全因素及潜在危险的预判和辨别能力。体育旅游者应该针对项目或是出行计划进行充足的事前准备，包括熟悉运动装备及路线，了解危险性质并正确地估量自己的身体情况和心理情况及社会环境的情况，做到心中有数。

(2) 正确理解体育旅游中的安全问题。参与者应该主动掌握运动项目及出行计划的各个环节的详细信息，充分认识客观条件下存在的各种安全问题，如交通安全、饮食安全、人身安全、财产安全以及其他各种形式的安全问题；要正视一切客观存在的安全问题，不能因尴尬、困惑、纠纷等因素而回避实际存在的危险信息。

(3) 加强体育旅游经验的交流和学习。体育旅游者应定期参与专业性的安全知识技能培训，接受专业的技术指导。应充分了解所参与的体育旅游活动的基本知识和安全技能，在参与体育旅游活动过程中不要因享受活动的体验和刺激，盲目向大自然发起挑战，忽视自身与自然力量悬殊的对比性。

(4) 熟悉体育旅游环境的具体情况。参与者在到达新的环境后要主动充分了解当地的天气情况、地域情况以及当地的经济、政治、文化、社会以及治安环境，根据实地特点为自己即将开展的活动做好必要的人身及财产安全的防护。在出发前要尽量掌握与目的地之间的天气和路段情况，必要时，要了解当地宗教和风俗习惯，以免带来麻烦。

(5) 重视运动风险危害评估，加强自救和互救能力。在体育旅游活动中，安全问题无处不在，既要重视自己敏感的安全问题，也要正确理解他人敏感的安全问题，从而弥补因差异性导致的安全防范工作的缺陷。另一方面要加强对一般性运动伤害的了解和自救技巧，学会一般性运动损伤的包扎方法和救治方法，掌握必要的急救方法。

7. 旅游目的地居民

旅游目的地居民是当地的常住居民，在此主要指当地非从事体育旅游业的居民。旅游目的地居民在日常生活、工作中会经常和到当地进行体育旅游活动的旅游者接触。在体育旅游者发生安全事故时，这些当地居民可以利用其熟悉环境的优势，为体育旅游者提供帮助。当然，当地居民的乐于助人行为，除了当地居民的自发行动外，还需要当地政府的大力培育和引导，如宣传、奖励先进典型等。

5.2.4 自助旅游安全管理

1. 自助游的含义和特点

自助旅游是旅游者完全自主选择和安排旅游活动，没有全程导游陪同的一种旅游方式。随着现代旅游业的繁荣发展、人们出游能力的增强以及人们个性化需求的增长，自助旅游方式将为越来越多的旅游者所喜爱。

自助旅游在旅游组织方式和旅游目的方面与传统的包价旅游有所不同，其旅游活动安排自主性更强，旅游目的以消遣性为主，没有全程领队、导游陪同，旅游者须具备一定的素质和旅行经验。

自助游不仅能张扬个性、亲近自然、放松身心，更重要的是能完全自主选择和安排旅游活动，因而受到旅行者的推崇。同时，旅行社在产品深度开发与创新、服务标准与服务创新方面的不足也是造成旅游者更喜欢自助出游方式的一个原因。另一方面，交通、住宿等硬件条件的改善，客观上也为旅游者选择自助游提供了条件。

自助旅游区别于传统的包价旅游，因而在自助旅游中除了要注意一般的旅游安全问题，更要结合自助游的特点来规避可能的旅游风险，避免和减少旅游事故的发生。

2. 自助旅游安全问题产生的主要原因

1) 非可控因素

(1) 由于个性化的自助旅游与团队游相比人员少、信息较闭塞、景区景点相对独立或具有探险挑战性，旅游随意性较大，因而自助旅游更容易受到恶劣气候与自然灾害的影响。

(2) 法律、法规不健全是导致自助旅游事故发生的另一主要原因。目前中国政府及旅游行政管理部门虽已注意到迅猛发展的自助旅游,但是在如何以法律的形式保障这种既没有签署合同也无明确责任承担者的旅游方式方面基本上还是空白。这也为自助旅游安全事故发生后的处理埋下了隐患。

(3) 相关社会保障机制不完善,政府及旅游行政管理部门对自助旅游管理不到位,天气、路况及安全形势等出游信息的流通不畅等也是导致自助旅游事故发生的主要原因。

2) 可控因素

(1) 游客因素。自助旅游者由于出游前准备不充分,对旅游目的地的信息了解较少,对旅游过程中出现的突发性问题估计不足,高估自己的能力以及自身缺乏旅游经验、缺少紧急情况下的自救知识、安全意识淡薄、自身身体素质差等原因,导致在旅游过程中由游客自身原因引发的事故较多。另外,相对于国外旅游者而言,国内旅游者的保险意识薄弱。自助旅游者更是如此,大约90%以上的自助旅游者出行都不会购买旅游意外险,因此等到意外发生时得不到相应的经济补偿。

(2) 组织管理因素。景区景点负有对包括自助旅游者在内的所有游客的安全管理责任,以保障旅游者的人身财产安全。目前景区景点存在的如设备设施不健全、缺乏有经验的员工、对设施的检查力度不足、景区景点人员安全意识淡薄、旅游安全宣传力度不够等问题,为旅游事故的发生埋下了隐患。再加上景区往往视自助旅游者进入景区后的旅游行为为“走私旅行”,认为这种性质的旅行不但损害景区利益,还会给景区景点带来很多麻烦。因此,在对待自助旅游者的安全管理上不是很严格,从而进一步导致了自助旅游事故的发生。

3. 减少自助旅游安全事故的措施

1) 加强宣传教育,培养安全意识

自助旅游中的安全问题大多与自助旅游者安全意识缺乏有关。目前政府及景区在自助旅游安全方面的指导与教育力度明显不足。相关部门可以设立专门机构、安排专门经费,采取多种形式对自助旅游进行广泛的出行知识宣传与安全教育,为自助旅游者提供有效的旅游安全与出行指导。增强自助旅游者的安全意识,预防事故的发生。

2) 注重领队的作用

目前有些自助旅游实行的是领队带队出游,并有少数约伴活动。领队将被视为是活动的组织者,领队跟队员之间存在着领导和被领导的关系,领队对队员承担着安全保障义务。但目前不少自助游团队的“领队”并没有得到相关部门的认证,只是出于经验和热情担当此任。一些提供此项服务的网站管理者、版主也只是义务监督,并没有对领队做出具体条件的限制。面对越来越频繁的户外事故,政府应该对自助旅游活动的发起者有一定的限定,如领队必须有一定的旅游经验,并受过比较正规的培训等。此外可以考虑推行自助旅游活动责任权利协议书,以合同的形式来约定领队和队员的责任与义务,以便事故发生后有据可凭。

3) 推行自助旅游保险

对于旅行社组团旅游,国家已经立法强制旅行社投保责任险,由旅行社对游客安全负责。自助旅游者出游往往放弃成熟景区而选择待开发区域,而目前的一个现实是,只有在已开发成熟的景区才有出现安全事故时可由已投保景区负责安全事故处理的相关规定。因此在强制推行景区与旅行社责任险的同时，也可以考虑强制推行自助旅游者个人保险，如旅游救助险、旅客人身意外伤害险、住宿旅客人身保险等针对自助旅游者的一些特殊险种。

4）完善相关法规体系

尽管国家和地方政府在旅游管理方面制定了众多的旅游管理法规，但在自助旅游的安全管理、旅游消费安全等方面尚无法律规定。为了保证自助旅游者的安全，防止自助旅游者在旅途中各类安全事故的发生，以及在自助旅游中发生安全问题后能及时得到处理，推动自助旅游消费安全与管理立法是十分必要的。自助旅游发展比较迅速的省市可以优先考虑出台一些地方性的法规，规范自助旅游市场。

5）完善安全事故救援体系

为了确保自助旅行的顺利进行，国家和旅游行政管理部门除要全面建立旅游预警制度外，还应建立完善自助旅游救助系统，使自助旅游者在遇到意外事件时能立刻得到相应救助。各旅游景区及其主管部门要制定安全事故应急预案，突发安全事故应该得到及时处理。通过以上措施为自助游客提供优质的安全与出行服务。除此之外，建立健全由有爱心、有经验的户外爱好者组成的民间户外救援体系，宣传户外安全意识，普及户外知识，提高自助旅游者的户外安全能力，并与当地政府、公安消防部队相互配合，发挥各自的长处，以较低社会成本及时完成救援。

任务 5.3 大型活动安全管理

5.3.1 认识大型活动

拓展案例

1. 定义

根据国务院颁布的《大型群众性活动安全管理条例》，大型群众性活动是指法人或其他组织面向社会公众举办的、每场次预计参加人数在 1 000 人以上的系列活动，包括体育比赛、演唱会、音乐会、展览展销会、游园会、灯会、庙会、花会、焰火晚会等活动。

2. 特点

1）人数多，规模大

参与人群在一定时间内高度集中，是大型活动的一个最显著特点。另外，虽然一些大型活动的人群规模、人员流动有预测的可能，但由于各种不确定因素的影响，预测结果与实际情况往往存在很大的出入，呈现出一定的不可预测性。

2）人群分布的不均匀性

人群分布可分为时间分布和空间分布。根据重大活动的统计数据，大型活动人群的日分布、时段分布不均匀的现象明显。周末、节假日人员较多；周期较长的活动，启动与收尾阶段人员较多，是人群的两个高峰期；单日人员主要集中于上午 10 点至下午 2 点。大型活动场所的不同区域，人群分布同样不均匀，如展览会人群集中于展台，游园活动中人群主要集中在几个热门园区。

3）时空特定，主题明确

不同活动举办的场所虽然有所不同，有的在露天场所，有的在室内场所，有的是临时搭建的舞台，有的是固定的舞台，但大型活动都是在一个特定的时间和空间内，围绕一个明确的主题举行的。

4）社会公开性

大型活动不同于某些单位或部门组织的内部活动，一般是向社会公众主办的，同时也需要群众的参与，因而具有社会公开性的特点。

5）非日常性

大型活动不是经常举办的活动，这一特点使其与日常进行的活动或例行事务区别开来，对人们而言是提供了正常选择范围以外或非日常经历的一种体验。

3. 分类

根据大型活动的定义与特点，我们可以从不同的角度将其进行分类。

按照活动内容划分，大型活动可分为文艺演出、体育比赛、庆典活动、展览展销、招聘会、庙会、灯会、游园会等。按照活动性质划分，大型活动可分为政府行为类活动、商业行为类活动、文艺行为类活动、体育行为类活动、群众行为类活动等。按照活动场所划分，大型活动可以分为开放空间的大型活动和封闭空间的大型活动等。

5.3.2　大型活动安全事故的主要表现

大型活动期间，人员数量一旦超过预期规模，将很可能引发相关服务设施、服务人员、管理能力等“高峰效应”，从而增加发生坍塌、火灾、人群挤压等事故的概率。另外，活动的休闲性降低了人们对随身携带财物的防范能力，给违法犯罪分子提供了可乘之机，易导致财物受损或遗失。

踩踏是指在人员密集场所中，由于现场秩序失去控制，发生拥挤、混乱，导致大量人员被挤伤、窒息或踩踏致死的事故。例如 2022 年 10 月 29 日，韩国首尔龙山区梨泰院举行万圣节派对，最终导致 158 人死亡；2021 年 11 月，美国发生 18 年来最严重踩踏事故，当时正在美国的休斯敦 NRG 公园举办天文世界音乐节，这起事故造成 18 人死亡，超过 300 人受伤。大型活动场所一般都是在体育场馆、礼堂或特定的公共聚集场所，这些相对较小的公共场所由于集中汇聚大量人群，一旦有事故出现，由于恐慌心理及其他原因，极易产生连锁反应，造成比原发事故更为严重的后果，成为聚集人群的扩大效应。例如，演唱会、体育比赛的看台因设计、结构或材料等原因倒塌后，引起观众的惊慌和拥挤，从而使看台的裂隙进一步增大而压伤更多的人，或者导致有人被汹涌的人流所踏伤，事故危害范围和程度增加。

5.3.3　我国大型活动安全管理存在的问题

1. 安全意识薄弱，管理理念落后

我国《群众性文化体育活动治安管理办法》第五条规定：申请举办群众性文化体育活动的

公民、法人和其他组织应对活动的具体内容、安全保卫措施承担责任，并制定安全管理的方案。由此可见，我国在大型活动的安全管理中倡导“谁主办，谁负责”的原则，公安机关是承担监督、检查和指导的职能。但是，在日常工作中，由于安全意识薄弱，管理理念落后，这一原则还远远没有在理念和行动上得到贯彻。

2. 安全管理体制不健全，应急管理机制落实不到位

大型活动安全管理涉及多个部门，只有各相关部门之间互通信息、相互配合，才能凝聚成强大的力量，构筑严密的安全网。因此，在大型活动中建立科学的安全管理领导体制是必不可少的。我国大型活动安全管理的领导体制还不完善，普遍存在着领导层级繁杂、指令缺乏权威性的情况。另外，我国大型活动应急机制落实不到位，缺乏有效的应急措施，一旦发生突发事件，警方及其他部门会措手不及。

3. 安全管理力量专业化程度低，安全管理科技含量低

从目前大型活动的安全管理现状看，我国安全管理对科技的运用主要存在以下几个问题。一是装备科技含量低，目前公安机关所使用的安全管理产品不能完全满足勤务的需要。二是科技投入不够。由于我国已经在较长的时间内处于和平状态，一些管理部门对于高科技的技术防范缺乏重视。三是我国安防产业自身发展比较落后，自主开发的安防产品较少，缺乏研发创新能力，不能满足大型活动对优良安全管理产品的需求。

4. 法律保障滞后，难以满足现实工作的需要

目前，我国大型活动的安全管理正在步入法治化轨道，但是与实际需要相比，与国际化目标相比，法律、法规的不完善仍是我国大型活动安全管理发展的一个瓶颈。一方面，我国当前的大型活动安全管理许多都是在沿用过去的法律条款，由于受时代的限制，有些法律条文已经和当前的社会现实有了较大的差距，现实作用性减弱。另一方面，我国在大型活动上的法律规范远远不够，与一些规章制度产生矛盾，致使法律不能起到应有的作用。

5.3.4 加强大型活动安全管理的措施

1. 加强安全意识，落实安全许可制度

大型活动的安全管理应遵循安全第一、预防为主的方针，坚持承办者负责、政府监管的原则。我国《大型群众性活动安全管理条例》规定，大型群众性活动的预计参加人数在 1 000 人以上 5 000 人以下的，由活动所在地县级人民政府公安机关实施安全许可；预计参加人数在 5 000 人以上的，由活动所在地设区的市级人民政府公安机关或者直辖市人民政府公安机关实施安全许可；跨省、自治区、直辖市举办大型群众性活动的，由国务院公安部门实施安全许可。

2. 制订并落实安全工作方案

举办大型群众性活动，承办者应当制订安全工作方案。安全工作方案包括下列内容：活动的时间、地点、内容及组织方式；安全工作人员的数量、任务分配和识别标志；活动场所消防安

全措施；活动场所可容纳的人员数量以及活动预计参加人数；治安缓冲区域的设定及其标识；入场人员的票证查验和安全检查措施；车辆停放、疏导措施；现场秩序维护、人员疏导措施；应急救援预案。

3. 明确并落实承办者、场所管理者、公安机关的安全责任

我国《大型群众性活动安全管理条例》规定，大型活动的承办者对其承办活动的安全负责，县级以上人民政府公安机关负责大型群众性活动的安全管理工作，县级以上人民政府其他有关主管部门按照各自的职责，负责大型群众性活动的有关安全工作。

承办者具体负责的安全事项：落实大型群众性活动安全工作方案和安全责任制度，明确安全措施、安全工作人员岗位职责，开展安全宣传教育；保障临时搭建的设施、建筑物的安全，消除安全隐患；按照负责许可的公安机关的要求，配备必要的安全检查设备，对参加大型群众性活动的人员进行安全检查，对拒不接受安全检查的，承办者有权拒绝其进入；按照核准的活动场所容纳人员数量、划定的区域发放或者出售门票；落实医疗救护、灭火、应急疏散等应急救援措施并组织演练；对妨碍大型群众性活动安全的行为及时予以制止，发现违法犯罪行为及时向公安机关报告；配备与大型群众性活动安全工作需要相适应的专业保安人员以及其他安全工作人员；为大型群众性活动的安全工作提供必要的保障。

大型群众性活动的场所管理者具体负责的安全事项：保障活动场所、设施符合国家安全标准和安全规定；保障疏散通道、安全出口、消防车通道、应急广播、应急照明、疏散指示标志符合法律、法规、技术标准的规定；保障监控设备和消防设施、器材配置齐全、完好有效；提供必要的停车场地，并维护安全秩序。

公安机关应当履行的职责：审核承办者提交的大型群众性活动申请材料，实施安全许可；制订大型群众性活动安全监督方案和突发事件处置预案；指导对安全工作人员的教育培训；在大型群众性活动举办前，对活动场所组织安全检查，发现安全隐患及时责令改正；在大型群众性活动举办过程中，对安全工作的落实情况实施监督检查，发现安全隐患及时责令改正；依法查处大型群众性活动中的违法犯罪行为，处置危害公共安全的突发事件。

4. 加强宣传教育和业务培训

一是对经常举办大型活动的法人和场地出租单位的安全责任人进行培训。通过培训，使他们了解、掌握、申办大型活动的程序、方法，特别是要明确自身的安全责任，积极主动地落实责任，开展安全管理工作。二是搞好对大型活动的主管人员的培训。通过培训，增强民警的安全责任意识和法治意识，规范对大型活动的安全管理，提高应对、处置突发事件的能力。三是教育参加大型活动的人员提高安全意识，遵守法律、法规和社会公德，遵守大型群众性活动场所治安、消防等管理制度。

5. 加快法治建设步伐，为安全管理提供完善的法律依据

法律、法规是做好大型活动安全管理的根本依据。法制不健全，就会使执法活动无法可依，不能为正常的安全管理提供保障。在新形势下，大型活动的增多意味着安全管理任务更加繁重，而管理的疏漏也为犯罪分子提供了机会。随着我国与国际接轨步伐的加快，我国相关的安全管理法律要更多地考虑国际因素，尽快跟上国际步伐。

任务 5.4 大型游乐设施安全管理

大型游乐设施，是指用于经营目的，承载乘客游乐的设施，其范围规定为能够设计最大运行线速度大于或者等于 2 m/s，或者运行高度距地面高于或者等于 2 m 的载人大型游乐设施。作为特种设备的一个种类，大型游乐设施广泛存在于公园、游乐场、商场等公共场所。其社会关注度高，事故发生时大众容忍度低。由于乘客不断追求刺激，决定了大型游乐设施“新、奇、快”的特点。持续创新，成了游乐行业的永恒主题。与之对应的是设备运动越来越复杂、运行高度越来越高、速度越来越快，但危险性也越来越大。辨识危险源对于预防危险和事故的发生有重大意义。

拓展案例

5.4.1 国内外大型游乐设施的发展历程和现状

大型游乐设施的制造和利用历史悠久。1837 年维也纳世界博览会推出第一台木马乘骑机，1900 年第 1 家游艺机制造公司-艾利桥公司在美国诞生。20 世纪 50 年代，大型游乐设施的技术发展进入白热化。1955 年美国迪士尼乐园的出现，是社会物质文明和工业水平发展到一定阶段的产物，同时也标志着游乐行业作为一个新兴产业出现在世界舞台上。

20 世纪 80 年代以前，我国现代游乐设施建设十分落后。直至近三十年，伴随国民经济持续、快速、健康发展，我国现代游乐业才出现迅猛发展的势头。大型游乐设施从无到有、从小到大、从粗到精、从进口到出口，并逐步形成包括设计、制造、安装、使用、维护保养、监督检验和安全监察七个环节的一整套较完善的管理体系；游乐设施的设计从仿制走向自主研发。生产厂家由开始的几家发展到目前的 100 多家，游乐设施制造业初具规模。各类大型游乐设施不断被开发并迅速投入运营。最新的游乐设施安全标准是 2018 年 5 月 17 日，国家市场监督管理总局、国家标准化管理委员会批准发布的 GB8408 - 2018《大型游乐设施安全规范》。

5.4.2 大型游乐设施的危险源分析

1. 大型游乐设施设计不合理

大型游乐设施的设计关系到它的安全使用，设计不合理往往导致游乐设施控制系统紊乱、结构失稳等，在使用过程中会出现设备失控、吊箱或者配重坠落、金属结构变形等现象，从而造成人员伤亡。

2. 制造安装质量存在问题

大型游乐设施制造单位不按照设计要求进行制造，偷工减料，配置不可靠的零部件，导致游乐设施在使用一段时间后出现零部件磨损、烧毁、断裂等现象。游乐设施安装时，零部件安装不到位，导致零部件松动、电气接线不牢靠，也易引起故障或事故的发生。

3. 日常维护保养不到位

如部件润滑不足、重要焊缝开裂、零部件松动、疲劳损坏后得不到及时更换调整、保护功能失效后得不到及时有效处理、钢结构锈蚀严重等，也是诱发游乐设施故障和事故的一个主要原因。特别是一些元件如油管、密封件等的老化，也容易导致设备故障或事故的发生。

4. 使用单位安全管理不到位

大型游乐设施使用单位对游乐设施安全管理重视程度不足，安全管理制度不健全或执行不到位，游乐设施安全管理人员配备不足，缺乏必要的培训，甚至无证上岗擅自操作，日常安全检查管理流于形式，致使安全隐患不能及时发现。

5. 操作人员违章操作

大型游乐设施运行前，操作人员没有按照设施运行规章进行操作，如未向乘客讲解安全注意事项；未对保护乘客的安全带、安全压杠、舱门或进出口处拦挡物的锁紧装置是否锁紧进行检查确认；未发出开机信号；未确认是否有险情就开机；遇到问题不能采取紧急救护措施等。

6. 乘客行为不规范

乘客在乘坐游乐设施时，不遵守乘客须知，也是造成游乐设施故障或事故的一个原因，例如松开安全带、用手探出外面等。

5.4.3 大型游乐设施安全维护与保养规章制度

根据《中华人民共和国特种设备安全法》《特种设备安全监察条例》《特种设备使用管理规则》《大型游乐设施安全监察规定》《大型游乐设施安全规范》，使用单位必须对游乐设施严格执行维修保养制度，明确维修保养者的责任，对游乐设施定期进行维修保养。使用单位没能力进行维修保养的，必须委托有资格的单位进行维修保养，双方必须签订维修保养合同，接受游乐设施维修保养委托的单位应对其维修保养质量负责。大型游乐设施设备的维护制度可以分为四种，即日常维护、定期维护、区域维护和指令维护。

1. 日常维护

日常维护特点是经常化、制度化，它是全部维护工作的基础。对于大型游乐设施和服务设施应该做到：班前检查设施设备是否安全可靠、良好，安全保护装置是否齐全有效；设施运行中检查是否有异常情况；班后对设施设备进行清洁保养，如发现损坏和故障，应及时维修。

2. 定期维护

定期维护是在日常维护的基础上，在一定的时间周期内对设施设备进行更深层次的维护与保养，力求消除事故隐患，减少设备磨损，保证设备的正常运行。

3. 区域维护

大型设施设备和基础设施分布在景区景点各处，需要对其进行区域维护。区域维护工作人员遵照区域巡回检查制度，科学安排巡检路线，对分布在景区景点各处的设施设备进行巡回检查，发现故障和损坏要及时处理或报修。

4. 指令维护

指令维护又称计划维护，它是以全部设施设备的维护任务为基础，向维护人员发出指令，使维护人员完成指定维护任务的一种管理方法。

5.4.4 大型游乐设施设备维护与保养的工作流程与规范

1. 设备的保养

保养一般分为三级保养制度：日常维护保养、一级保养、二级保养。其目的是保持设备的良好性能，提高设备效率，降低成本，更好地为景区经营服务。

一是设备的日常维护，这项工作是设备维护工作的基础。景区的各种设备，由于结构、性能和使用方法不同，其设备维护保养工作也不完全一样。日常维护保养的基本内容有清洁、润滑、防腐、防虫等。

(1) 清洁。是指各种工具、附件摆放整齐，各种标志醒目美观。

(2) 润滑。是指有些设备必须定时、定点、定量加油，保证设备运行正常。

(3) 防腐。是指景区的设备要进行防腐处理以及保新。

(4) 防虫。是指对景区易产生虫害的设施设备进行防虫处理。

二是设备的一级保养。设备的一级保养是使设备达到整齐、清洁、润滑和安全的要求，减少设备的磨损，消除设备的隐患，排除小故障，使设备处于正常状态。设备的一级保养的内容有：对一些零件、部件进行拆卸、清洗；去除设备表面的油污；检查、调整油路，保持畅通不漏。设备一级保养之后要填写保养登记卡，将其放入设备档案。

三是设备的二级保养。设备的二级保养是为了延长设备的使用年限，使设备达到完好标准，保持设备的完好率。设备二级保养内容如下：根据设备使用情况进行部分或全部解体检查或清洗；检修设备的各个部件和线路；修复和更换损坏部件。

2. 设备的点检

设施设备的点检是一种先进的设备维护管理方法，是对影响设备正常运行的一些关键部分进行经常性检查和重点控制的方法。对于有大型的游乐设施设备的景区如主题公园等，设备点检十分必要。

一是设备点检的概念。设备点检是指为了维持、提高生产设备的原有性能，通过人的五感（视、听、嗅、味、触）或者借助工具、仪器，按照预先设定的周期和方法，对明能够得到早期发现、早期预防、早期处理，这样的设备检查称为点检。

二是设备点检的内容。设备点检通常分为日常点检、定期点检和专项点检三个部分。

(1) 日常点检。每日通过当班员工对设备运行中的关键部位的声音、振动、温度、油压等进行检查,并将检查结果记录在点检卡中。大型游乐设施设备的日常点检尤为重要。

(2) 定期点检。按一定的时间间隔,用专用检测仪表工具对设备的性能状况进行检查。

(3) 专项点检。是指有针对性地对设备进行特定项目的检测,使用专用仪器工具,对设备进行检查。

项目小结

通过本项目的学习,熟悉旅游安全的内涵和特点,掌握岛屿、极高山、自助、体育等专项旅游项目以及大型活动、游乐设施安全问题的影响因素、管理的基本原则及措施。

参考文献

[1] 王乐. 大型游乐设施危险源分析及预防[J]. 中国科技信息,2019(23):99-100.
[2] 岑乔,黄玉理. 极高山旅游安全保障体系研究[J]. 成都大学学报(自然科学版),2011,30(01):93-95.
[3] 李锦. 体育旅游安全研究[D]. 长沙:湖南大学,2015.
[4] 李琴. 玉龙雪山景区旅游安全管理研究[D]. 昆明:云南师范大学,2022.
[5] 叶仁杰,钟海玥,杨莹. 岛屿旅游安全事故分析及安全管理措施创新[J]. 农村经济与科技,2019,30(02):68-69.

项目6 主流休闲项目

学习目标

了解主流旅游休闲项目与分类，掌握节庆项目、文体项目、海钓项目、游艇项目、邮轮项目、婚庆项目、露营项目、马术项目、高尔夫项目、旅游演艺项目的策划流程与方法，完成项目策划方案，掌握休闲项目营销的策略。

主流休闲
项目